本书得到 2013 年度国家社会科学基金青年项目"意象的哲学问题研究"(项目批准号：13CZX006，结项证书号：20183226)、2015 年度山西省高等学校优秀青年学术带头人支持计划"意象的生成机制及其表征方式的可认知性研究"和 2018 年度山西省哲学社会科学后期资助课题"意象哲学"的资助。

意象哲学

白洁——著

THE
PHILOSOPHY OF
IMAGERY

中央编译出版社
Central Compilation & Translation Press

图书在版编目（CIP）数据

意象哲学 / 白洁著. —北京：中央编译出版社，2019.7
ISBN 978-7-5117-3563-8

Ⅰ. ①意… Ⅱ. ①白… Ⅲ. ①西方哲学 - 现代哲学 - 哲学史 Ⅳ. ①B5

中国版本图书馆 CIP 数据核字（2019）第 090054 号

意象哲学

出 版 人：葛海彦
出版统筹：贾宇琰
责任编辑：李易明
执行编辑：周　毅
责任印制：刘　慧
出版发行：中央编译出版社
地　　址：北京西城区车公庄大街乙 5 号鸿儒大厦 B 座（100044）
电　　话：(010) 52612345（总编室）　　(010) 52612352（编辑室）
　　　　　(010) 52612316（发行部）　　(010) 52612346（馆配部）
传　　真：(010) 66515838
经　　销：全国新华书店
印　　刷：北京中兴印刷有限公司
开　　本：710 毫米 × 1000 毫米　1/16
字　　数：234 千字
印　　张：18.75
版　　次：2019 年 7 月第 1 版
印　　次：2019 年 7 月第 1 次印刷
定　　价：85.00 元

网　　址：www.cctphome.com　　　邮　　箱：cctp@cctphome.com
新浪微博：@中央编译出版社　　　　微　　信：中央编译出版社(ID: cctphome)
淘宝店铺：中央编译出版社直销店（http://shop108367160.taobao.com）
　　　　　(010) 55626985

本社常年法律顾问：北京市吴栾赵阎律师事务所律师　闫军　梁勤
凡有印装质量问题，本社负责调换，电话：(010) 55626985

目 录

绪 论 …………………………………………………………… 1

第一章　国内外学派简述 ……………………………………… 5
第一节　自然主义色彩的意象思维 …………………………… 5
第二节　精神分析学派：无意识意象的存在 ………………… 7
第三节　现象学学派：意象是在场对不在场的显示 ………… 8
第四节　新行为主义学派：想象是有目的的行动 …………… 11
第五节　科学实证主义：意象研究的模型法 ………………… 12
第六节　认知学派：意象模型范式的更替 …………………… 16
第七节　认知行为主义：阈下知觉 …………………………… 19

第二章　意象的哲学思想溯源 ………………………………… 22
第一节　古代本体论意象观 …………………………………… 22
第二节　近代认识论意象观 …………………………………… 26
第三节　心灵哲学的意象观 …………………………………… 30
第四节　认知科学的身体意象观 ……………………………… 32

第三章 意象的特点、分类及解释 …… 35
第一节 意象的特点 …… 36
第二节 意象的分类 …… 45
第三节 意象形成的基本过程 …… 69
第四节 关系组织理论 …… 88
第五节 小　结 …… 93

第四章 心理学视角下的意象 …… 96
第一节 意象是一种心理表征 …… 97
第二节 意象是一种"副现象" …… 100
第三节 意象与记忆 …… 102
第四节 意象与思维 …… 112
第五节 意象与摹仿 …… 123
第六节 小　结 …… 128

第五章 哲学视阈中的意象 …… 130
第一节 "名"或"理"的意象观 …… 131
第二节 "符号"或"概念"的意象解释说 …… 141
第三节 意象建构论 …… 151
第四节 身体意象与具身认知 …… 161
第五节 小　结 …… 168

第六章 认知科学研究阐释的意象 …… 170
第一节 意象是信息的一种表现方式 …… 171
第二节 认知神经心理学对意象阐释 …… 174
第三节 心理模仿 …… 188
第四节 运动意象与模拟 …… 198

第五节　意象研究的模型法 …………………………… 211
　　第六节　小　结 ………………………………………… 217

第七章　文学、艺术中的意象 ………………………………… 223
　　第一节　中国诗词中的泛化意象 ……………………… 224
　　第二节　中国小说中的"梦"中意象 ………………… 228
　　第三节　外国文学中的以物托象 ……………………… 231
　　第四节　意象与艺术作品 ……………………………… 235
　　第五节　文学作品的解释 ……………………………… 243
　　第六节　小　结 ………………………………………… 252

结　语 ……………………………………………………………… 254

术语表 …………………………………………………………… 259

参考文献 ………………………………………………………… 272

绪　论

意象是什么？意象是如何产生的？意象是如何进行思维工作的？这些话题已经困扰了研究者很长时间。意象问题虽然不像"意识"问题是中西哲学永恒的话题，但是，作为与意识一样的不可观察的现象和不可言说的对象，意象问题也是亘古未决：从柏拉图到康德，从亚里士多德到黑格尔，从克罗齐到庞德，意象从未脱离人们的视线，它一直是哲学反思和思辨建构的对象。从东方到西方、从心理学到认知神经科学、从哲学到文学，人们将科学实证模型研究的方法和神经科学的研究结论不断地融入到了哲学思辨的过程当中，目的只为见识意象之"庐山真面目"，虽然意象从未成为哲学和心理学的主角。对意象过程的探讨展现出深广繁复的牵连，意象问题成为一个颇具意义的话题。

在认知心理学关于意象的研究中，达成共识的定义是：意象（imagery）是在感知觉基础上形成的表现在记忆和思维活动中的一种感性形象，是当前物体不存在时的一种心理表征。[1] 意象是潜意识的心理倾向，它表征着个体对过去事物的印象和积累，成为指引当前行为和认识的重要方法。[2] 意象是认知主体在受到客观物体的感觉

---

[1]　白洁：《记忆重构与意象表征》，载《自然辩证法研究》，2014年第6期。
[2]　白洁：《西方哲学意象观的历史演进》，载《山西高等学校社会科学学报》，2014年第8期。

刺激之后，大脑将这些感觉信息编码为表象信息进行加工、存储、提取、表征，这一过程需要认知和原有记忆信息的加入，使得所形成的新的物象与原有反应刺激的物象之间存在着诸多差别：前者更模糊、更形象、更概括且具有创造性、象征性和多变性的特点。

在国内，心理学、神经科学、认知语言学等诸多学科，以及跨学科领域对意象均有研究。心理学方面，通常将意象用作"表象"，比如"认知地图""心理旋转"，强调的是心理的认知加工的过程。神经学方面，主要是对脑损伤患者的意象功能的监测，同时与失忆症、失认症相结合，发现意象产生的脑部位及其神经机制。语言学方面，多以认知语言学为导向，运用意象图式的方法探索意象对语义、语言表达、翻译方面所起到的作用。国内的研究更注重研究结果的实际应用，即意象功能的体现，很少从哲学的角度探究意象的本质、前提和表征机制，这也是我们只能感受到意象的巨大作用，却不能回答意象为什么会起到这样的作用。所以，从哲学的视角解释意象的本质及机制将是本研究的目的之一。

国外目前的研究主要是"身体意象"、"自我意象"、意象与意识的关系、语言依赖的意象特征等几个方面。（1）"身体意象"的模型方法研究。这些方法包括身体意象失调理论、社会文化理论模型、神经网络模型、信息加工理论模型。这些模型多侧重于对身体某一部分的解释，尤其注重外部因素对身体意象的影响，但身体意象是一个复杂的整体，需要内外结合才能系统整合地对其加以解释。（2）意象与意识的关系问题研究。珍妮罗德在"The Neuropsychiatry of Limbic and Subcortical Disorder"一文中提到了知觉意象、行为和潜意识的关系，认为个体的行为也会受到潜意识支配。知觉意象为目标定向、行为提供了方法而且会出现潜意识的表现形式。从方法论角度讲，意象的指引作用类似"意向性"的角色，这是我们后续研究的问题之一。"自我意象"（self-image）的研究，卢通过PET和

TMS 技术研究了人类和灵长类动物的自我意识的脑部区域的研究，发现我们每个人都有一个心理空间，很像电脑显示器的屏幕，就是在这个空间中我们利用心理能力视觉化并操控我们的感觉表象。比如，右侧顶叶在自我评价时会被激活，其神经活动显著活跃。(3) 语言依赖的意象特征。认知语言学家朗加塞尔认为，意象与不同的注意点、视角、情境等相联系，以此会产生不同的意象，并构成不同的语义结构。这种意象思维对语言的影响，不仅在语言主体，在非语言主体中通过手势的变化，也能够表达出其观点和思想，也从另一个方面表明语言不能决定思维，二者互为前提和条件。

从心理学的角度，意象是人的意念或情感所产生的物象或形象，这里的"象"不是普通意义上的客观物象，而是经意念或意识加工改造后的虚拟的形象，是认知主体对客观对象融合自己的情感、情绪、欲望、意念等因素而合成的"新形象"。这个"新形象"不仅是结果，也表征着其产生的过程。我们将从意象与记忆、意象与思维、意象与知觉和意象与创造性等关系中探索之。

从哲学的角度，意象是影像、声音、文字符号的混合体，它是主体心灵上的观念群、意念的集合体，反映了主体以外的形象、性质、规律和关系，它既是思维的工具，又是思维的元素。从哲学的角度分析意象，其实更多的是从主观唯心的角度出发，这是因为意象是不可观察的现象，它无法捕捉到。意象又是思维的工具和元素，是个体通达未知世界的中介和工具。无论是中国哲学的"名""理"的意象观，还是作为一种虚拟的存在，意象本身所蕴含的矛盾性、不确定性都值得我们去探究。

从认知科学的角度，意象是个体对先前存储的感觉经验——包括视觉、听觉、嗅觉、触觉、动觉以及味觉等的心理表征。意象不是一种对感知觉的反应，也不是完全的信息提取和复制，它是自我状态的一种呈现方式，生理上所测到的物理信息，只是意识状态的一种证明而已。从人工智能的角度看,人类的发展因为信息技术的不断突破和创新进入了一个崭新的阶段。创造性的意象思维将已知信息衍生到未知世界,再将之转化为已知信息,因而意象具有全方位的渗透性和灵活性以及充盈性。

从文学和艺术的角度,主体可以用语言记录感知觉,并表达为意象观念。意象既是一种修辞手段也是一种认知的模式。文学和艺术作品都是主体借助意象的想象和创造性功能用另一个事物含混隐匿了其真正意图却又很好地表达了这个意图。人类的思想进步经由通过想象来构建世界的诗性阶段,即便在随后的科学阶段,人们依旧以意象的世界进行探究。

本书的研究方法主要是:

第一,哲学反思方法的运用。纵观整篇研究成果,我们无论是从心理学、认知科学、哲学,还是从文学和艺术等几个角度探讨意象的存在及其表征过程,都使用了哲学辩证思维的方法对各个角度的研究进行了反思和分析。

第二,多学科角度的探讨。尽管意象作为不可观察现象难以准确地定义,但是我们还是试图从心理学、哲学、认知科学、文学和艺术等几个方面对其定义之,以便能够让意象的本质略清晰一些。

第三,间接的角度探讨意象。从意象的建构、意象与思维、意象与语言、意象与模仿、意象与模拟等各种相关概念之间的关系,间接地、深入地了解意象。

第四,深究意象存在的意义及其研究方法,可以对之后的以哲学角度认识认知加工的各个过程以启示。

第一章　国内外学派简述

从柏拉图到康德，从克罗齐到庞德，从先秦到魏晋，从唐宋到明清……古今中外各领域一直对意象有着各自的认识，以不同的时代特点、社会角色、文化氛围践行着意象的功能，体验着"象"之意义。当代，意象的形成机制及其运作方式和过程成为了人们讨论的重点，也融入了科学的实证研究。认知科学对意象的研究让我们从模型的建构和解释中似乎找到了这一不可观察现象的认识途径，文学艺术领域又让我们以社会文化、语言哲学的视角在另一个层面上了解了意象的存在。

第一节　自然主义色彩的意象思维

人们如何真正地运用意象思维来认识未知世界？这恐怕要追溯到巫师的占卜，集大成应该是《易经》。《易经》本来是通过数字和文字符号解释状态的变化与更替，以形而上的思想、以阴阳两种元素的对立统一描绘万千变化的世界。《易经》中蕴含着丰富的、发达的东方感性思维特点：想象着世界最大系统，超越了太阳系、银河系，然"其大无外"；想象着最小的粒子结构，诸如质子、电子，然"其小无内"。于是,《易经》融入到了人们的日常生活,更深刻地影响着中国人的想象思维,它将天干地支、日月经行、四季更迭与人生命运相关联,成为了宇宙人生密码的宝典。

人们长期以来的意象思维,是象征性形象与事物的本质的一种非逻辑的联系,是一种依赖于直觉的神秘的联系。这其中既有类比参照,又有现象学的意境;既有自然实体,又有伦理道德。甚至哲学家黑格尔认为,西方艺术想象源起于东方。以《易经》为例,"易"字的解读就包含万象:

第一,"易"可以分解为上下两部分,上面"日"表阳,下面是"勿",甲骨文象形为树,属"阴",因此,合在一起是阴阳之具。

第二,"易"的字形犹如一只飞翔的大鸟。

第三,取"易"的读音"Yì",这是蜥蜴的简称,因为蜥蜴可以变换身体的颜色来适应外界,于是"易"就表示了一种变化。

第四,取"繁"的反义——简单、容易,万物皆由繁入简,天地合一是简而已。

第五,取"易"变换、交换之意,即阴阳寒暑的变化,春夏秋冬的循环往复。

第六,取"易"的"道"的含义,即虽包罗万象、变化不断,但其"道"之稳定是永恒不变的。

第七,"易"在甲骨文中的形象是"彡"可以解释为半圆是太阳、长弧为遮阳的阴云,三点是透过阴云的光点(三在古意中表示多的意思)。于是,"易"涵盖了天气之变化,既阴又阳,是自然之象的会意。

无论"易"字多少种释义,都是中国古代劳动人民对于自然天象的一种想象思维,它既可代表日月,又可表示阴阳;它既可以象形为动物,又可会意为天象,但都是在以形象和意会的方式表达人们对自然变化的想象和将之归为一种规律的认识。

面对变化无常的自然环境，人们无法预知未来可能的情形，于是，用意象的象征之物来简化人们对复杂状况的判定。通过意象，找出与世界能够同一的感知意义，就在"易"中体现出来。我们认识世界是普遍性的，而事物的分类和特点，才是认识不可观察世界的前提。我们需要想象和联想，需要将未知世界寓于具体的自然事物之中，这就为事物与意义建立了一种同一的关系，意象在其中起到了重要的媒介作用。因此，意象是人们思维的一种表达。

第二节 精神分析学派：无意识意象的存在

意象在心理学中最直观的表现就是记忆、思维等意识活动过程。意象的产生很多时候是无意识的，我们已有的记忆痕迹在感觉信息输入的时候会不自觉地被"唤起"，之后，信息与记忆痕迹在无意识意象的联结下被整合为一个新的内容，经过一系列的认知加工，最后形成了意象的表征。

从精神分析学派的观点出发可以很好地解释无意识的意象。比如，弗洛伊德曾经对一些妇女做过一项实验，目的是唤起她们童年的"创伤记忆"。在弗洛伊德看来，童年的记忆与经历会影响人的一生，而创伤性记忆对之后的生活影响更甚，它直接导致了成年后个体价值观的形成。于是，在实验的开始，弗洛伊德作为主试就"指导"性地告诉被试：我们的这项实验是想唤起你曾经遭受过的伤害性记忆，很多人可能"遗忘"了，但是这样的记忆并没有从内心真正抹去，是主体不愿意从内心将其唤醒而压抑至角落。毕竟，唤醒不过是再次沉浸于其境的过程，这个过程过于艰辛和痛苦。当你把这些记忆提取出来的时候，我们可以试图帮助你妥善地处理掉它，让你逃出创伤的囹圄。这项实验是在催眠的状态下进行的，有一半以上的被试在催眠状态下报告说她们曾经遭受过性侵犯或身体上的伤害。也就是说，有多数的妇女"创伤性记忆"被唤醒和提取出来。这是催眠下的自由想象，这个自由想象的前提是有那么一段真实的经历和对主试施加催眠的信任。

然而，令人不解并大为吃惊的是，当对这些"确实的创伤性记忆"进行调查核实的时候，主试发现，很多人其实是自己欺骗了自己，她们说了一个错误的事实，她们大部分并没有遭受过性侵犯或身体的伤害。妇女们之所以能够"回忆"出来，是她们受到了强大的指导语暗示。这个记忆之所以是错误的、建构性的，是由于无意识的想象被输入的信息所干扰，我们不断地为输入的新信息融入一些图景、内部语言、符号、甚至是声音等，造就了一个假的画面，这个画面丰富、清晰、生动，仿佛一切都是"客观现实"的真实反映。意象这种无意识性使得主体性和主体间性达到了和谐统一。

第三节 现象学学派：意象是在场对不在场的显示

胡塞尔：意象是纯意识的生成。 胡塞尔认为意识的变更使得意象生成。他认为诗歌是意象或自由想象力发挥得最好的途径。诗歌通过主体意向性、还原、直观和交互主体性显现了一个生活的世界。这个世界是在场与不在场的情意世界的统一体，它是自明而生和活泼、生动、饱满的。通过意象，以在场显示了不在场，意象是纯意识的，它的方向性是非常明确的——直指不在场。他与海德格尔、德里达都认为意象是一种抽象理念，借助在场的物理实体表现依存性和互动地构成体。也就是说，意象是带有意向性的，它的建构使得在场与不在场通达且彼此仍具有独立性,是还原直接经验后的纯意识产物。

诗歌是现象学下纯意识的生成,这种意象只能也必须是相通地、能动地构成,而非机械地反映。主体与他人之间的关系是以物质世界为基础的相互沟通和构造。当主体与周围世界沟通后,世界才得以明亮和丰满。意象的生成往往伴随着情绪的体验,比如我们想象自己躺在温暖的沙滩,那么不自觉地会有身体上的放松,血流缓慢,呼吸平稳,这是心灵的感觉和身体的生理体验的融合,是意象对身体的给予。

意象本身所具有的意向性,悬搁了在场的抽象界限,直指潜在的不在场,这个过程和结果都是直观和直接的。意象的自由与天马行空是主体对世界感知的组块的重新组合,即以发散性思维重新对感知信息编码和储存,但其本质还是在"质"的世界的基础上生成。意象不仅使外部世界以明晰和丰富的样子还原于头脑中,而且还表征出更加多样的世界构成,即构造性的想象让世界更丰满,让意向性更明确、更直接。

意象使"我"与世界更加完美地融合为一体,是反应和给予,是聚合与发散,是被动又主动,也是有意与无意共同参与的过程。意象以其自由联想的功能将现象还原为本质,将真实变为抽象,再将抽象变为真实。

海德格尔:意象是直观与知性的核心联结。海德格尔关于想象力的观点是对康德的"先验想象力"批判中形成的。康德认为,先验的想象力在认知过程中具有建构性,而且想象力是先天就具有的、是统觉统摄下的能力,其来源是纯粹统觉。换句话说,康德认为想象力是与生俱来的,是用来构造科学知识的一种能力。海德格尔认为康德陷入了笛卡尔"我思"的牢笼,即"我思"的世界才是我存在的世界,关于物质世界的所有关系是因为我的想象才得以物物相连，事事相关，否则，是不构成真实世界的，而这个"我思"终究还是会回到主体（实体）"我"之中。于是，就会形成外部世界成于我思——我思建构外部世界——外部世界再回归于我思这样一个循环无解的过程。因此，海德格尔很明确地认为先验统觉演绎出来的先验想象力是站不住脚的。

海德格尔进一步认为，如果将外部世界统统理解为主体先验想象力的结果，那么世界的多样性、复杂性以及无数个体的交互作用就可能存在与发生，显然，横向的世界与纵向的历史都不是这样。因此，想象力要得以实现和成为可能，必须"去存在"，想象力应当是自由的、开放的、本源性的。自我想象力是随着时间的变化而不断自我变化和修正的，以此不断丰富自我，达到完满，世界正是这样由不断自异的个体组成的。

此外，海德格尔认为想象力不是支离破碎的片段，而是一股连续不断地对感知的"体验流"，它不仅是对当下的活的"现在"的"原印象"，而且是对当下、即刻、未来三个时间上的一种"时间流"，该"时间流"具有很强的延展性和无限性。所以，前摄、滞留、原印象是感知和体验的三重要素。这三重要素涵盖了感性、感知、知性、想象等，海德格尔认为从内化的角度看，这些感知和想象是不能够明确区分的，从时间内意识的综合本质上讲，它们都是由本源所给予，而且是一种被动的给予。这与康德先验的"主动性"是背道而驰的。

海德格尔认为想象力不属于当下，而属于"未来""即将""之后"，但这个"未来"是借助本己的能来到自身的"来"，这样才能使"我"这个存在者保有生存可能性不致坠落的通达性。想象力不仅担负着"存在的我"的现实性，还超越了在场和自身的还原。这里的想象不完全归于抽象理性思维，尽管它超越了不在场，但它仍然依附于时间流，这保证了想象力存在的本真性，也体现了想象力在感性认识和知性范畴中的桥梁作用。

第四节　新行为主义学派：想象是有目的的行动

新行为主义学派是区别于"刺激—反应"的旧行为主义学派而言的，新派更强调人的行为不是简单的刺激—反应，而是有一个中间过程，这个中间过程包括个体的知识储备、思维想象、计划推理、目的和意向等等，也即，新行为主义学派更强调行为从无到有发生的整体性和意向性，摒弃了过去的机械性和单一性。以托尔曼为代表的学者用著名的"迷宫实验"证明了上述论断。

前人的研究认为大白鼠通过"试误"和奖励来学习迷宫。爱德华·托尔曼认为他们低估了大白鼠的认知加工和认知学习。他注意到迷宫中的大白鼠看起来在某些交叉口暂停，好像在考虑走哪条路。当允许它们在迷宫中无目的地漫游，最后都没有食物奖励的时候，大白鼠似乎也形成了迷宫的认知地图或心理表征。

为了检验认知学习的想法，托尔曼让一组大白鼠在迷宫里漫无目的地探索，没有任何强化。另一组大白鼠只要走到迷宫的出口，就会获得食物奖励。第三组大白鼠一开始没有得到食物奖励（在前10天的实验中）。但从第11天开始，它们发现了迷宫终点的食物。按照简单的操作性条件作用的预期，第一组和第三组大白鼠应该很慢才能学会迷宫，而第二组因为曾经有过强化，应该稳步提高，很快学会迷宫。但是，当第三组在第11天开始受到强化后，它们很快就学会了走迷宫，表现得不比曾经受到过奖励的组差。对于托尔曼来说，这证明了没有受到强化的大白鼠无目的探索的时候也在思考并构建认知地图，它们隐藏的潜在学习只会在有理由（食物奖励）的时候才会表现出来。

认知学习不只局限在大白鼠身上。如果往一只金花鼠的领地里放一段木头，它会去探索一番，但若没有找到食物就会很快离开。然而，当天敌出现在这块领地的时候，金花鼠会直接跑向木头藏在下面。托尔曼未受强化的大白鼠很快就成为受过强化的，金花鼠知道圆木底下可以藏身等都是潜在学习的清晰证据，它们清楚地表明内部认知地图是存在的。

新行为主义学派强调了主观能动性对环境的反作用，也重视起了意志和意象对刺激反应、记忆的调控作用。他们并没有延续环境的决定作用，而是将行为置于了一个灵活的境地，但却也未能摆脱行为主义本身"心灵等同于行为"的诟病。

第五节 科学实证主义：意象研究的模型法

根据心理本质主义的观点，如果我们想要很好地理解事物，那么我们需要根据已有的经验对某些种类的范畴成员进行资格鉴定（即它究竟可以归为我们已有"图式"中的哪一类），这个归类的过程离不开我们的意象功能，甚至是意象内容的一种归类。方法是将此物和一个实例展示出某些可观察的属性相比，该成员更主要依赖于这个事项所具有的内在结构或者某个别的"隐含"属性（包括关系属性和历史属性）。不同的人在考虑某一物种时，会把不同的信息描述为具有一个唯一的本质。由于信念的不同，就会产生不同的概念，虽然两个概念在内容上仍然是足够类似的。

保罗·丘奇兰德提出了状态空间语义学。这一模型是关于内容的一个理论，在神经网络中，内容应是具有整体论性质的。一个激活向量的内容——即在这样已给定的网络中，横跨一个结点几何的一个激活的样式——应该是由它在这个更大的网络结构中所处的位置决定的。因为这个位置将会随着网络中众多其他结点的位置的转移而转移，所以状态空间语义学在实现内容稳定时，会具有相当大的困难。想象一个联结主义者的网络带有一系列的输入结点、输出结点和中间状态的一组所谓隐藏结点，他们把这些隐藏结点看作是指定了有内容的维度，那么，有多少隐藏的结点，我们就能够构造出多少维的一个语义空间。在这里，空间中的诸点对应着横跨这些结点的激活的样式。简言之，假定只有三个隐藏结点，因而产生的这个语义空间将会是一个立方体，这个立方体的每一根轴对应一个特定的隐藏结点及其激活的水平。在丘奇兰德早期的处理中，内容类似性被理解为在一个类别的空间中的相对紧密度。但是，这一模型解释内容的类似性仅仅是通过预设了一个先天概念的同一性观念（即适用于这个空间且构成维度的观念）而实现的。

丘奇兰德认为，在激活空间中的一个点，需要一个专门的语义内容不是作为这个点相对于这个空间的构成轴的位置的应变物，而是作为这个点相对于这个空间中所有其他有内容的点的空间位置的应变物，以及这个点与外部环境稳定并且客观的宏观特性的因果关系的应变物。但是假定两个网络中的某些结点有完全相同的相对位置，那么单凭这一点还不足以确定它们的内容；因为人们完全有理由质疑，为什么随便哪个网络中的任何特定的结点具有它所具有的这个特定内容（而不是别的某个内容）。例如，丘奇兰德把一个类型的网络描述成是表征了截然不同的家族，就好像是输入的照片，它一定会抽取四个原代表性的外观。可是，是什么因素使得这些网络结点把家族和外观描述成对立与种类广泛的潜在对象中的任何一个？为了规避这个问题，丘奇兰德又限定了与环境特性的因果关系。然而，疑问又接踵而至，这个结点与其周围诸结点的关系好像与其内容又毫无瓜葛？对内容起作用的只是一个与这个环境的诸特性可靠的因果连接的存在?!① 一个人或者一种文化足够可信地把小猫们与环境区别开来,但是若在各个方面都把它们看作是田鼠的一个变元形式,那么这样一只猫或者一种文化,必定会被归属到与我们的"小猫"概念大大不同的某个"小猫"的概念。另一方面,若一个外星人或外星种族对小猫们的预期和行为与我们如出一辙,那么,这个外星人或外星种族就必定会被归属到这同一个"小猫"概念。

不可否认,语义网络中的连接提供了一种稳定性,但这仅仅是因为它们认定了一个内容同一性理论:只有两个结点被连接于相同的环境特性时,它们才具有相同的内容。

理论模型提出的前提是预设了意象表征的机制,这个机制是以经验为背景,以概念的彼此联系为依托,在"联想或意象"的功能作用下,以整体运作的方式表现为概念表征或知识表征。我们这里之所以要将概念表征或知识表征的种种模型或解释放在意象表征的框架里,是因为概念或知识的形成来源于个体判断时的归类特性,即我们总是倾向于将不稳定、不可靠、不知道、不了解、不清晰的事件或新兴事物以头脑中原有的经验、图式加以解释,我们将其归为某种属性或某一类别来识别该事物或该事件。简言之,概念也好、知识也罢,它其实是我们凭借意象主观设定的一种属性或类别,这种属性或类别必须与相关的已有的概念或属性发生联系,无论是肯定的还是否定的,目的是确认这个物件或事件究竟该如何界定。这是一个抽象意象的过程,其结果也是不稳定、模棱两可的,可能又会将这一解释归为不可知论,但是,事实的确如此。比如,在自然类别中,某一类别中的某些例子会比其他的更具代表性,但是这种代表性的例子往往具有跨文化的稳定性,这是通过进化的自然选择

---

① 丘奇兰德的模型最多表明心理过程何以可能具有整体论性质。因为它们牵涉到横跨一个网络中大量相关结点的激活模式,所以它们是具有整体论性质的。但这并不意味着这个网络中的语义学基于整体论性质。

而保留下来的，心理学界称这种非常具有代表性的例子为"处于基本水平的类别"。

处于基本水平的那些类别拥有处于其他水平类别所没有的某些特征。首先，基本水平是成人自发地对对象进行命名的水平，而且也是儿童首先掌握的水平。其次，基本水平是最具普遍性的水平。在这个水平中，人们使用相似的动作使类别内各成员交互作用。例如，所有椅子大致可以以相同方式排列在一起，而这与我们处理桌子内各成员间的交互作用是很不相同的。处在基本水平上的类别成员也具有大致相似的整体形状，因而一个心理意象可以代表整个类别。最后，对处于基本水平上的对象进行识别要比对处于更高或更低的对象的识别更快一些。在基本水平上，相对于类别间相似性，也就是说，彼此相似的类别被组合在一起，使得它们与其他类别的差别更明显。

模型理论的这些组织特征旨在反映信息丰富性和认知经济性原则之间的某种平衡。基本水平类别被信息丰富性（概念所拥有的属性数目）和经济性（能够对它与其他类别进行区分的重要属性的总结）之间的平衡所标记。在最高水平，信息丰富性变得缺乏，因为概念没有拥有多少条属性，而在最低水平，经济性就会缺失，因为太多条属性交汇在一起。

概念的不稳定性、模糊性（事实上确实是不明确、并不断被修订的）与意象的不稳定性和模糊性是一致的。首先，概念源自意象，概念本身就是抽象的，它以命题表征的方式呈现，随着其外延、内涵的不断变化，命题会不时发生变化，导致概念出现不稳定性，再加上环境的不断变化，使人们对某一自然物、社会物、社会事件的认识也不断发生变化，因而所谓的"基本水平类别"其实只是我们认知经济性的一个体现，即我们习惯将其想象成一个基本可以确定的东西或实例的说明，以便可以减少脑损耗。其次，概念会随不同信息在不同情境下与某一概念的表征结合的程度不同而有所不同。在一个给定情景下，似乎只有关于某一类别的部分知识被激活了，即"情境依赖性信息"。一个类别的渐进式结构是样例从最典型到最不典型的依次排列而已。例如，在鸟类里，美国被试会把下列实例根据其典型性从高至低排列，即知更鸟—鸽子—鹦鹉—鸵鸟。不稳定性表现在因人口数量、个体或情景的变化，这种排序也会改变。例如，即使美国人认为知更鸟比天鹅更具典型性一些，当美国被试被要求按照一般中国人的习惯接受它时，他们会把天鹅看得比知更鸟更典型。最后，一些类别在记忆里并没有被很好地建构起来，而似乎是在闲暇时形成的。这些所谓的专门类别被人们建构起来去实现一定的目标。例如，如果你要卖掉你不需要的东西时，你可能会建构"在二手市场上出售的东西"这样一个类别。因此，概念的不稳定性与概念实例和概念本身之间的联系的不稳定性都是由于意象本身没有建构成稳定的记忆元素，可是，它在必要时又可以建构出来。

第六节　认知学派：意象模型范式的更替

意象的认知转向主要体现在信息学、认知神经科学、认知心理学的影响之下，意象研究的范式形成了模型范式的更迭。模型是建立在数学层面上的，它是对一个物体利用接收到的对外界的感觉信号以及内部储存的关于世界结构的表征形式，并选择最优行为过程时所需的计算进行的描述。模型法是对于大脑可能进行的运算的一个强有力的描述工具，在认知科学中其影响力迅速扩大，甚至构成了该学科的基础。但是，任何一种使用确定性数学模型来解释行为、大脑和心智之间关系的程序性方法都存在着显著的不确定性。

　　意象研究的模型法，最早可以追溯到柏拉图和亚里士多德的蜡丸模型、大型鸟舍模型和文书模型。因为模型本身就是一个类比和隐喻兼而有之的东西，它一定包含着人们对未知或不可观察对象的想象，所以模型中的符号和路径是内部语言对心灵思维的表征。受当时自然条件的限制，这些模型大都以自然之物来代替意识的思维活动（认知活动），比如亚里士多德认为内部语言与意义之间是无理据的关系。怎么讲？就是作为精神实体的意象不存在于词语之中，而是存在于运用这些词语的人的心灵之中，心灵经过认知活动将这些意象转化为了言语和图式。

　　计算机科学的发展带动了信息学发展的车轮。因而，将认知活动以计算模型的方式呈现出来就水到渠成了。相关的模型有韦斯伯格和柯林斯的命题网络模型和语义网络模型，它们主要讨论的是信息表征的内容与目的。之后是斯诺德格拉斯建构的多水平模型，他将信息加工分为了三个阶段，第一次提出了"表象信息"。在前面三种模型研究的基础上，心理学家韩丁建构了网络模型，将感觉信息的输入与大脑分管各感觉器官的部位相联系，提出了著名的"分布式表征模型"的概念。波利策的状态空间语义模型与韩丁的模型基本原理是一致的，即将神经网络与脑部区域相结合地考虑认知信息的加工，他进一步地提出了"整体性"加工的认识。当代，最著名的当属考斯林的表象计算模型，他以视觉表象和"空间载体"的实验任务验证了表象文件信息和空间载体信息的可类比性。

　　意象模型研究的不断更迭是科学实证主义不断发展的结果，如果说蜡丸模型还停留在自然主义层面，那么到表象计算模型，关于认知的各个核心问题的研究就进入到了社会科学的层面。模型研究的前提和假设本身就是"意象"生成的过程，由不可观察到可以显现；由不可知或未知到已存实体，意象不仅使自身的本质有了显著的释义，而且还进一步发展了认知过程的研究进路。尽管模型仍是隐喻和象征性的，但是科学的特征让其慢慢形成标志和概念。反过来，意象自身孕育的意识性和思维性，即便再多的科学验证也难以掩饰掉。

表1-1 意象模型研究范式更迭表

模型名称	年代	代表人物	主要观点
蜡丸模型 大型鸟舍模型 文书模型	古希腊时期	柏拉图 亚里士多德	蜡丸模型将记忆痕迹比喻成蜡丸上的印记；鸟舍模型将每种记忆表征为不同类型的鸟；文书模型假设每个个体内部有一个私人秘书来记录自己的经历。[1]
语义网络模型[2]	1970年	柯林斯	语义表征就是将语义、事实、概念和提取事件之间建立一种关系，达到表征的目的。
命题网络模型[3]	1973年	韦斯伯格	命题是可以作为独立断言的最小知识单元；我们记忆中的信息表征不会保存任何具体措辞信息，而是保存基本命题的意义。
多水平模型	1984年	斯诺德格拉斯	信息加工可以分为三个水平： 水平Ⅰ：识别外界信息的物理特征； 水平Ⅱ：粗略加工水平Ⅰ的基本物理特征； 水平Ⅲ：表征言语和表象信息。
韩丁网络模型[4]	1986年	韩丁	从感觉器官输入的信息以分布式方式表征了各感觉器官的信息。在同一组单元里，不同感官输入的信息对应于不同的兴奋模式。

---

[1] 杜文娟：《不同生存压力条件对记忆保持的影响》，河南大学硕士学位论文，2011年。
[2] Collins, A. M., Quillian, M. R., "Does category size affect categorisation time", *Journal of Verbal Learning & Verbal Behavior*, 1970 (9), pp. 432-438.
[3] Weisberg, R. W., Suls, J., "An information processing model of Duncker's candle problem", *Cognitive Psychology*, 1973 (4), pp. 255-276.
[4] Hinton, G. E., McClelland, J. L., Rumdlhart, D. E., "Distributed representations", In D. E. Rumdlhart, J. L. Mc Clelland, & the PDP Research Group (Eds.), *Parallel distributed processing*: Volume 1, foundations. Cambridge, MA: MIT Press, 1986.

(续表)

模型名称	年代	代表人物	主要观点
表象计算模型①	1994年	科斯林	1. 视觉表象通过具有特定形状和空间功能的"空间载体"来表征各种空间关系； 2. 空间载体的表征分辨率不高； 3. 表象一旦产生就开始衰退； 4. 表象文件信息和空间载体信息具有可类比性。

第七节 认知行为主义：阈下知觉

认知行为主义的诞生是当代认知观点的一种转向：心理的研究又重新回到了对思维、知觉以及记忆、想象、信息加工等问题的讨论。当代认知心理学研究人们如何使用各种各样的心理过程从环境中收集、编码和储存信息。比如你正在倾听你的朋友讲述游轮之旅，认知心理学家感兴趣的是你如何对他的话进行破译，如何在脑中形成海上游轮航行的图像，如何将你的印象与他的体验整合到你先前对游轮的概念和体验中，等等。

在有选择性地对感觉信息经过意象的分类和重新组织后形成新的模式，大脑再对这些新模式进行判断和解释，于是对外部世界的知觉形成。知觉的最后阶段是解释，这一解释受到了知觉适应②、知

---

① Kosslyn, S. M., *Image & brain*: *The resolution of the imagery debate*, Cambridge, MA: MIT Press, 1994.

② 知觉适应——我们的大脑可以创造一个新的连贯和熟悉的世界以帮助我们适应知觉。为回答这个问题，心理学家乔治·斯特拉顿用八天时间戴一个特殊的眼镜。在最初的两天里，斯特拉顿经历了一段极为困难的摸索和处理日常事务的阶段。但到了第三天，情况发生了改变，他如此说："穿越家具的狭窄空隙已经没那么难了，我也能看着我的手写字了，于是也不再迟疑和窘迫。"到了第五天，他基本完全适应了这个奇怪的知觉环境，对世界应当样子的预期也已经改变了。这个实验显示，我们的大脑可以创造一个新的连贯和熟悉的世界以帮助我们知觉适应。（资料来源于［美］卡伦·霍夫曼:《行动中的心理学》，苏彦捷等译，中国人民大学出版社2011年版，第165页.）

觉定式①、参照系②和自下而上或自上而下的加工③。

阈下知觉是知觉的一种特殊情况，是指呈现于意识阈限之下的刺激（即非常微弱的刺激，我们有时根本感觉不到），它包含两个主要问题：第一，人是否可以在无意识的情况下知觉到信息？答案是肯定的。对阈下刺激的研究说明了即使我们无意识，也会发生信息加工。比如，在一个实验中，向被试呈现一张中性脸的刺激，又呈现两张高兴或生气的脸的刺激。结果发现被试对阈下刺激的无意识以及他们相应的面部反应会引起情绪生成，也就是阈下知觉发生了。第二，阈下知觉的发生是否可以有效地被利用。这一问题目前的研究还没有确凿的证据。

阈下知觉的发生是阈下刺激的无意识，比如我们在一群快乐、和善的人之间会不自觉地感觉快乐一些，而与一群怒气冲冲的人一起，我们也会感觉焦虑不安。这就是为什么我们现在流行的一句话——和充满正能量的人在一起你也会变得正能量。显然，阈下知觉和我们的情绪有着非常紧密的联系，包括最近的研究也表明面部反馈假设理论也从神经生理的角度证实了这一点。由此，我们可以大胆地推断，心理意象的无意识性也是和神经生理有着紧密的联系，它也会在某种程度上受到环境氛围的影响，直接影响人们对事物及其关系的下意识思考，进而影响人们的情绪和行为。我们也会在接下来的章节专门讨论情绪意象，以便更好地解释清楚一些问题。

---

① 知觉定式——我们先前的经验、假设和预期会影响我们解释和知觉世界的方式。比如相信外来客人会将气象气球或一个古怪形状的云彩人做成一艘宇宙飞船。又比如一些表达：吝啬的犹太人、懒惰的墨西哥人、疯狂的精神分裂症等等，这些都会造成人身伤害并形成歧视。

② 参照系——我们对人、物或情景的知觉会受到参照物的影响。比如大象站在老鼠的边上比站在狗熊的边上显得更大。

③ 自下而上的加工——通过眼、耳、鼻、舌等感受器接收感觉信息，再将其向上输送到大脑处理。自上而下的加工——开始于较高级别，加工过程牵涉到思维、先前经验、期望、语言和文化背景，之后下行到感觉层面。比如当我们第一次学习阅读的时候，我们使用自下而上的加工。我们开始一笔一画地学习字母的时候，慢慢地意识到这些字母可以组成单词。在多年的经验和语言训练之后，我们不用看字母就能看懂句子中的单词，这是自上而下的加工。

以上就是关于意象研究的历史回顾和当前的研究进展,尽管各学者站在了不同的学科视角,各学派延续了之前的研究思想,而且由于意象本身的不可观察性,直接导致了个体思维表征的差异性,直至今日,意象能够达成共识的概念涵义还在讨论之中。但不可否认的是,我们似乎越来越能够看清这个过程,尽管它是隐匿的、压抑的、神秘的,这也促使我们继续寻找解答路径和方法。

第二章　意象的哲学思想溯源[①]

意象是影像、声音、文字符号的混合体，它是主体心灵上的观念群、意念的集合体，反映了主体以外的形象、性质、规律和关系，它既是思维的工具，又是思维的元素。意象是潜意识的心理倾向，它表征着个体对过去事物的印象和积累，成为指引当前行为和认识的重要方法。意象作为主体的心智活动之一，随着当代哲学对主体认识的要求不断提高而重新得到重视。西方哲学的意象观经历了古代本体论意象观、中世纪基督教神学意象观、近代认识论意象观和当代心灵哲学意象观等几种历史类型。考察这种哲学意象观的历史演进，对于推动哲学认识论的发展具有非常重要的意义。

第一节　古代本体论意象观

古希腊时期的意象观由于受到当时生产力条件的制约，人们对意象的思考往往还是客体性的，同时兼有自然主义的特征，这就不

[①] 本章内容以《西方哲学意象观的历史演进》为题目发表于《山西高等学校社会科学学报》2014年第6期。

免带有主观性和神秘感,但也颇有蕴意。

一、柏拉图的"洞穴观"

哲学史上最早提出意象问题的是柏拉图,其思想倾向于客体性的外形方面的描述。意象的表征方式之一是"隐喻",这一方法被柏拉图运用在《国家篇》中对"洞穴"的阐释。[①] 洞穴如同监狱,监狱里的人被限制了自由,尤其是从幼年时期就已经被束缚了手脚,所以个体的存在只能以影子为参照物,且人们误将这个影子作为了真实的存在,但实际上,真实的世界和存在只有走出洞穴才能体验得到。"洞喻"体现了柏拉图对人的理解,且往往是通过"他人"这个客体而映衬出的。所以,柏拉图哲学中有关人的理解、制约人的因素应有两种:一是肉体对灵魂的束缚;二是社会对人的约束。那么,人从幼年时期就被捆绑了手脚,只生活在影子的世界里,说的是前者;而被绑了手脚的人同时又被囚禁在洞穴内部,意味着人的一生离不开自己的生存环境,这显然是对后者的描述。通过意象的作用,柏拉图关于人的生存状态就刻上了这样的烙印:人是无法超越来自社会与肉体的双重束缚的,人的一生只有在这样双重的束缚中生存与生活。也许有些人可以暂时逃离洞穴,但是个体终将会重返洞穴的,这是由个体的社会性决定的,肉体是物质基础,环境是本质属性,二者将个体牢牢锁住。柏拉图运用意象的手法,表达了他关于存在的两个世界的区分,一是"洞外"就是柏拉图所说的"相界(idea)",即"本真世界"的隐喻;另一个是"洞内",是"感觉界",即"现象世界"的象征。

[①] 林美茂:《柏拉图"洞喻"问题再认识》,载《南开学报》,2006年第3期。

二、亚里士多德的"四因论"

亚里士多德认为感觉、表象（意象）、概念等都是从实物中派生出来的。他的"四因论"是对事物动因的解说，比如，把制作一座雕像的过程看作运动，那么铜的原料就是质料因，雕像的模型就是形式因，雕雕像的艺术家就是动力因，雕像的成品就是目的因。再如，建造房子，砖头石块是质料因，房子的设计图是形式因，建造者是动力因，成品房屋就是目的因。因此，质料因是物质基础，即事物在运动中存在的原因；形式因解释物质或存在以何种方式运动或表征；动力因则可以理解为主体性因素，尤其是具有意向性的主体对物质的能动性；目的因则完全体现了意向性，这个意向性是带有"意象"的意向，即主体已经有了对客体的心理表征，进而朝着这个表征或意象之物的趋向过程。"四因说"强调了客体的独立自在性，这是客体获得价值的前提，而且这一客体有内在的潜能，这种潜在的力量在主体的能动性之下实现了自身的目的。

纵观亚里士多德的意象观，已经摆脱了柏拉图"纯美"的想象，他的意象是一种潜在的能量，这种能量可以帮助模拟事物，从而加深对事物的认识；这种能量亦可帮助人们获得愉悦感，体现了其价值性。意象可以通过有限的、在场的事物中去发现无限的、有内涵的世界。从这个层面上讲，亚氏的意象观更趋于具体性、真实性、渗透性，因而，也就具有了一定的哲学高度。

三、基督教神学意象观

欧洲中世纪基督教神学盛行，所有的理论和思想论争都在神学的范围内发生，人们不再如柏拉图和亚里士多德般地探求自然和宇宙的奥秘，而致力于对上帝信仰的论证与理解。古希腊的哲学文化传统和希伯来的宗教文化传统逐渐融合为一体化的神学哲学理论，直至经院哲学的诞生，哲学完全沦为神学的婢女。奥古斯丁的思想就充分体现了神学框架下的哲学辨析。

基督教神学认为，可以将身体意象分为两个方面：血气之身和属灵之体。奥古斯丁的理解是：血气之身为感觉和营养传输的承担者，是灵魂认识世界的基础和条件。灵魂藏于深处，因而不能直接接触外物，必须利用血气之身，借助该"身"之动作和知觉，方能获得后天知识。所以，血气之身尽管没有灵魂的高度，但是却为灵魂提供了帮助。但是灵魂却被包括奥古斯丁在内的神学家刻意美化，他们认为灵魂是精细、灵巧、通达、宽广之物，而血气之身则相形见绌——笨拙、粗鄙、狭隘、沉重，甚至拖累了灵魂的事业。按照上述逻辑，这种意象观自相矛盾，灵魂既依附于血气之身，却又鄙视血气之身，这恰恰体现了当时神学盛行的时代背景，即将灵魂置于了崇高的地位，其他皆有其衍生或派生，且都低于灵魂，不可与灵魂同日而语。

此外，奥古斯丁还将血气之身比作了衣服，其暗含之意是灵魂可以随时脱掉、放下这件衣服，而能做到随时脱卸外衣举动的只有上帝。这再一次将血气之身的尊严、地位、价值贬低和否定，尤其是这种身体是指向肉体本身的，也就从另一个层面否定了主体自身。

从逻辑上讲，血气之躯之所以能升华为属灵之体，源于上帝的恩典，但也说明它本身就内蕴着这种可能性。然而，按照大多数神学家的说法，灵魂之所以必须与身体相结合，是因为身体拥有感觉能力。可是，由血气之躯升华为属灵之体以后，身体已抛弃了其动物性，还如何拥有感觉能力？一旦感觉能力丧失，其之于灵魂的作用也随之消失，那么必然被"灵魂"如衣服般"褪去"，灵魂又何以用之？尽管奥古斯丁辩解，属灵之体还是肉体，并未失去人的自然属性，当然有可能保持其原有的感觉能力。但这只是文字的游戏而已，逻辑困难不言自明：既然身体可以在保持其自然性的情况下进入天国，那么，对身体肉身性的苛刻指责就显得无关紧要，甚至毫无必要。这种悖论并非偶然，其根源在于基督神学对身体的肯定导致了对身体的否定的观点，他们对身体主体性的肯定局限于狭小的语境中，身体与灵魂的地位既非伙伴，也非敌人，而是控制与被控制、服从与被服从的关系。在当今，身体的主体性不仅仅体现在感知觉层面，还体现在理智和意志等高级精神活动中的观点，是普遍认同的。

奥古斯丁的意象观是其神学和哲学的结合与枢纽，对于身体意象的"先信仰然后理解"在他的神学继承者那里一直是争论不休的话题，开辟了经院哲学系统化的道路；而关于身体和灵魂的关系，经院哲学家始终没有逃出上述自相矛盾的窠臼，也注定了经院哲学的瓦解。

第二节　近代认识论意象观

带着文艺复兴的余温以及资本主义经济的迅速发展，近代欧洲对自然、精神、政治和文化的哲学思考进入了黄金时期。人们孜孜以求地去探索自然界的奥秘，以哲学的思想指导着生产力和科学实验的发展与研究。更为重要的是，通过科学实验的方法，人们取得了巨大的成就，进而为哲学在认识论和方法论上提出了新的要求。相应地，对意象问题的探讨再也不能在原来神学的框架内进行了，它被纳入了对知识的来源、性质、范围等问题的探讨中，其中尤以经验论哲学为甚。[①]

---

① 孙德忠：《西方哲学意象观的历史演进》，载《武汉理工大学学报》，2008年第4期。

一、康德的"艺术天才论"

首次从理论上阐明审美意象论的主体性、超越性和非理性特征的人是康德。他在《判断力批判》中将审美意象定义为构成艺术天才的某种独特的"心意能力",这种能力可以很独特地表达其审美的意象:它能够想象出很多新东西,却不能用有限的、恰当的词汇或概念表达出来,甚至没有什么语言可以帮助理解这些想象之物。在康德看来,审美意象是一种特殊的表象,它是非理性的、是超越性的、是无法用语言形容的理性观念的对立物、是不可名状的感情,因而,在这种审美意象里,形象的内涵大于能确切把握和明白的部分。因为他所认为的审美意象是从属某一概念并趋向理性理念的感性表象;形成审美意象的想象力是一种"创造"的想象力。之所以有这样的观点,是因为康德受到了大陆理性学派和英国经验派的影响,他的"审美意象"是以"象"的形式出现,但这种象又绝不是可感可见的、具有物质属性的"象",而是一种"表象",它是先验的理论理性的产物。康德的意象观其本质仍是人们对于世界和人生的一种哲理思考,所"象"之物其功能并不代表它自己,而是为了引导出另一个世界。

二、克罗齐的"直觉主义"

克罗齐的直觉主义立场继承和发展了康德的"审美意象观"。但是,克罗齐的意象观强调绝对非理性,他说:"艺术是直觉中的情感与意象的真正审美的先验综合,对此可以重复一句:没有意象的情感是盲目的情感,没有情感的意象是空洞的意象。"[①] 这句

[①] 任灵华:《意象论》,载《名作欣赏》,2008年第16期。

话中表达的思想是：直觉就是艺术，直觉依赖于想象，直觉发生的是形象而非理性的观念。直觉是主动的，它不属于被动范畴，直觉通过心灵的主动性将感觉的被动性和兽性直接压制或降服，于是最终转化为人们所熟知之物。克罗齐的意象观是康德"先验论"和黑格尔"展现说"的很好结合，是情势、感觉、经验的明晰和综合。

康德和克罗齐的意象观是从审美意象角度出发的表象的情意化，这是艺术获得物化形态的前提。表象的情意化其实是一种主观投射活动，通过这种投射，编织成情意网，当意象置于这种情意网之中时，意象的特质就在此时形成。因此，康德和克罗齐的观点是较为显著的主观性、非理性的代表，其中无法隐藏的"中介论"则为意象的功能另启了一扇门，使得随后心理学家皮亚杰的思想有章可循。

三、庞德的"意象诗"

庞德是二十世纪著名的意象诗人，他的意象诗标志着英语现代诗歌的开端。他第一个明确提出了意象主义的概念，确立了意象主义运动的重要性。他认为意象是理性与非理性的双重结合，即意象可以将理智和情感瞬间结合，这种结合是突然和令人畅快的，而且给人以超越时空的解放感和瞬间成长的成就感。在这里，庞德强调了思想和情感的关联性，即意象是一种交流手段而非一种简单概念，人们只有借助意象才能实现真正的交流。在真正的交流中，"每一个词都必须是一个能看见的意象，语言正是因其视觉内涵而具有交流的功能"[1]。这句话充分体现了庞德的意象观的核心，即意象本身就是语言，而不是修饰品。这一观点被当今的认知语言学家所推崇，

---

[1] Patt, W., *The Imagist poem*, New York: E. P. Dutton & Co. Inc, 1963, p. 67 – 121.

第二章 意象的哲学思想溯源

在他们看来，语言是具形的，语言的结构和意义来源于并受制于客观世界的经验，当人们通过"体认"感受外部世界时，外部刺激的物理特征就会通过人的感觉器官作用于大脑，进而转换和编码成大脑可识别的心理事件，这样的心理事件再通过语言表达出来。又由于记忆中存储的已有表象经验，人们也能够用语言表达出视觉表征的效果，比如"心理地图"。所以，人们思考世界的时候，是信息的视觉与言语的表征相结合的过程，是语言的具形性和思维的具象性相结合的过程。

其次，庞德所认为的意象的瞬间特征体现了"语境"的特征。他认为诗歌中或者以一个单一的主要意象为主，或者也可以是快速闪现的或叠加在一起的一连串相关的意象。他这种注重情景与意象结合达到境界的观点，是意象"语境"化的充分展现。语境强调当下的此情此景所产生的概念或图像的意义，彼时彼景则可能会大不相同。即景生情、因情生景，只有情景相生、契合无间，才能达到诗的意境。

再次，意象之超越时空的解放感，则表现出新柏拉图神秘主义色彩。因为通过意象人们关注到了一个超越表象的新的精神世界，进而使产生视觉共鸣的一些幻想在人们头脑中或梦境中展现出来，如闪电般形成每秒的心理体验。庞德这种重精神的意象观的形成是受到当时西方哲学的影响，并综合着他对东方诗学的理解。他在翻译东方的诗词时，总是想像着诗人当时所处的情景，力图使自己也置身当时的图景之中，引发相同的情感，超越了时空的限制，使自己和诗人能够进行交流。

庞德的意象理论以其独特的内在价值影响着现代诗歌的发展，其写作和翻译过程中简练的措辞和富于想象力的文字表达都使得意象的概念更加深入人心，对自由诗的推广也起到了推动的作用。

第三节　心灵哲学的意象观

20世纪末，随着心理学从哲学中分离出来，人们开始正视潜意识世界，并探讨其内容及受到直觉世界影响的种种意象。心理学家荣格的"原型意象观"就体现了潜意识对意象生成的影响。

荣格在1921年出版的《心理类型》一书中探讨了个人对世界、他人和事物的关系，还讨论了意识头脑对于世界可能产生的态度。在这之后的诸多著作中，荣格基于潜意识的作用，着重从客体、历史的积淀以及集体心理经验的角度来研究意象的生成与发展，探索经验与本能、意识与无意识之间的转化关系与转化条件，从而形成了自己的意象观——"原型意象"。荣格的意象观弥补了弗洛伊德单纯从主体、个人经验、梦境等角度对意象的探究，并包含了比弗洛伊德更为深刻和广阔的客观意义与社会历史内容。

"原型意象"理论的材料主要来自宗教和艺术。荣格认为，世界上不同地区的人们之所以可以信奉同一宗教，是因为意象的通约性，即人们可以想象出相同的形象、关系和背景，进而可以达到对宗教和原始神话的相同理解。这体现了荣格的"集体潜意识"思想，即人类心灵普遍存在的结构；集体意识中的世界，有共同价值与形式的文化世界。他认为，原型是人心理经验的先在的决定因素，它促使个体按照他的本族祖先所遗传的方式去行动。人们的集体行为，在很大程度上也是由这潜意识的原型所决定的。原型所构成的集体潜意识具有一种与所有的地方和所有的人皆符合的大体相似的内容及行为方式，正是由于这种普遍的方式，使它组成了一种超个人的心理基础，普遍地存在于我们每个人身上，进而影响我们每个人的心理和行为。鉴于此，荣格认为，历史上所有重要的观念，无论是宗教的、科学的、艺术的或是哲学的，都必然能回溯到一种或几种原型。

在荣格的"原型意象"中，原型是一种反应倾向，具有柏拉图的"形式"意味。按照荣格的说法，原型的存在并不取决于个人后天的经验，它在人的一生中是从不会被意识到的。但是，通过遗传，每个人都可以从他的祖先那儿继承原型，这不是说个人可以有意识地回忆或拥有他的祖先曾拥有过的那些意象，而是说，它们是一些先天倾向或潜在的可能性，即人类采取与自己的祖先同样的方式来把握世界和做出反应。后天经历和体验越多，潜在的原型得以显现的机会也就越多。但同一原型显现出的形象并不完全一致，这是因为这种原型首先基于大脑的遗传特质，进而表现为一种心理反应的先验式的经验的浓缩和凝结。

从"原型意象"产生的背景来看，荣格的思想受到了尼采关于现代人的"颓废"与"虚无"境遇等思想的影响——认为现代人正处于世界的最边缘，战战兢兢，如临深渊，如履薄冰。他希望通过对原始意象的追寻，为现代人找到一条返回人类生命、人类感性的最深泉源、最原初根基的途径。所以，荣格所言的"原型"作为中介，已不仅仅是手段，更是目的。荣格在毕生所识别和描述的众多原型中，有出生原型、再生原型、死亡原型、智雯原型、英雄原型、大地母亲原型以及许多自然物如树林原型、太阳原型、月亮原型、动物原型，还有许多人造物如圆圈原型、武器原型等。这些"原型"都将意象置于了广阔的历史发展背景当中，并以其独创的"心理积淀"假说阐明了原型意象产生的原因及各种关系之间的心理转化机制，赋于了意象丰富的内涵。但是，用生理遗传对"原型"的继承加以解释显然是片面的，因为心理是一种复杂的现象，受到社会等各种因素的影响，要比生理现象要复杂得多。如此，荣格就陷入了生物社会学的泥沼，使之理论缺乏必要的科学性。

第四节 认知科学的身体意象观

身体意象这个词与认知科学的发展有关，它最早是一个心理学术语。身体意象是指新现象学中提到的精神建构、表征或关于身体的评价与信念。它基本包含三个方面的内容：（1）主体对身体的知觉经验；（2）主体对身体的生理知识和意象（神秘）知识的概念性理解；（3）主体对自己身体的评价与情感态度。尽管上述三个方面并未提及主体对身体的有意识的觉知，但是，其中却包含了明显的"意向性"，即我们可能会依赖于身体意象，以有限的角度去评价身体、评价态度，进而以另一个角度去观察世界。这种潜在的意向性不一定以明确的方式成为我们意象世界的一部分，但其必定会对我们的体验产生一定的影响。以上三个基本方面是相互联系、彼此嵌套、相互统一的。身体意象的情感包括情绪发生时的身体生理变化的体验，比如心跳加快、脉搏加速、呼吸困难、脸颊发烫等等；这种概念性和情感是身体意象向我们传达的主体对自己身体的知觉。所以，身体意象不仅仅是认知活动的观念产物，而且其发挥作用也是有意识和积极主动的。

为了更好地理解身体意象，我们将一个与之相关的概念引入——身体图式。身体图式是一种知觉——运动系统功能，它通过身体的姿势变化、运动方式的改变，将世界的意义融入到身体之中而成为我们的日常生活经验。在生活中，我们可以感受到身体意象，但却不知道身体图式的变化与作用，即身体图式使身体运动方式改变和调节姿势的变化成为可能，其发挥作用是自主、无意识的，比方说，我们眼前是一片小小的积水，就会不自觉地迈过去（不是走过去），这种带有跨越方式的迈步不需要用尺子丈量积水的宽度，计算它的面积，我们仅仅是一种下意识的动作，也就是我们凭感觉就可以知道迈多大的步伐就可以越过去而不会踩到水。类似地，当一只小飞虫在耳边嗡嗡地飞来飞去的时候，我们会不由自主地用手扇来扇去以驱赶它，可是，我们用不着确定这只小飞虫究竟是什么昆虫，也用不着确定这只小飞虫在空中的具体位置。又或者是看电视坐在沙发上的一个静止状态，我们不会多此一举地担心我们的身体是否平衡和稳定。这些都表明，当知觉的意识对象是除了自己身体以外的其他外部事物或环境的时候，身体图式仍继续发挥着它的作用，甚至可以达到最佳状态。

身体意象和身体图式的关系体现在：

第一，前意向性。前意向性是指身体在我们无意识的状态下，自动发挥功能性。比如，传入神经阻滞的病人，由于其颈部以下大量神经纤维受损而引发神经感官系统疾病，直接导致了患者运动状态信息的记录无法传递给身体图式，于是，身体图式的功能就丧失了。这样，为了维持身体的平衡和运动，患者不得不通过不断地身体训练来重建对身体运动的控制，这种控制的恢复只能依赖身体意象来实现。患者通过其脸、头和颈部的本体感受器帮助对自身的运动和平衡进行控制，同时，也必须借助周围环境，以自己作为中心参照点与外部某个点发生联系，以求意识感受性。由于这种特殊的病，患者不得不艰难地通过身体意象来恢复身体图式。

第二，本体感受性。神经生理学认为，本体感受性是关于身体姿势和四肢位置的信息，这些信息被传达到大脑的各个部分，使得没有进入主观意识之中的运动也能够意识到这些信念。简言之，就是主体对自己身体的感受，他很清楚地能认识到自己的四肢在运动的时候都处于什么位置，实际上类似于知觉。比方说，即便我们闭上双眼，我们也能很清楚地知晓我们的手臂在什么位置，这是身体感受性指引我们找到手臂的位置。显然，本体感受性包含了两方面的内容：其一是本体感受信息，其二是本体感受觉知，前者因外界刺激而产生，后者则是意识参与的、关于运动的前反射性觉知，它并非显而易见，却能够对我们的意识和行动产生影响。而且，心理学后来的研究发现，本体感受还能作为自我意识的一部分发挥作用，这种感受比客观—知觉形式的感受更直接、更可靠。

正是身体意象和身体图式功能的发挥，使得我们的知觉和运动成为可能，当然，这种运动是知觉、认知和情感相关的身体的运动。

从柏拉图的"洞穴"观到认知科学的身体意象观，西方哲学的意象观经历了非理性到理性、直觉到思维的漫长过程。西方哲学家们的意象理论主要建立在审美经验细微的心理分析的基础上，具有严密的概念体系和多样的表现形态，并辅以了逻辑的演绎和论证，为当代心理学、认知科学对意象的研究提供了很好的借鉴。

第三章 意象的特点、分类及解释

从目前的研究来看,对意象下一个准确的定义是一件比较困难的事情。无论是科学的角度还是人文社会学的角度,人们似乎很难描述清楚意象究竟是个什么东西,它源自何处,又在何时形成,最终又回归哪里。比如,从哲学的角度讲,意象是一种虚拟的存在;从心理学的角度讲,意象是表征之象或想象思维;从认知科学的角度,意象又是信息的另一种表现方式和心理表征。那么,我们如何去了解这个复杂的现象呢?也许从分类的角度可以略知一二。

我们可以将现象、事物、事件划分到种类中。从种类的角度,以模型、隐喻体系、类比模式为基础,形成一些概念,进而将之扩展到一个比较大的领域来阐释。分类是我们认识世界或事物的一个基本原则。如果我们无法将未知或不可能知道的东西当作某物,也就是说当作某种类型、种类或类别的一个实例,那就不妨用模型或隐喻形成类的存在,进而达到一种预设,并验证之。

我们不仅可以从分类的角度将意象归为一种可以认知的实体,还可以透过意象所表现出来的特点来识别其本质或规律。认识世界的主体通过感觉、知觉以及自上而下的情感体验等可以识别出什么是意象,或者有些人称之为想象。

利用模型来解释概念是思维常用的工具,我们将一些问题的表征变成了具体的、更有利于我们认知和思考的实在物。我们用一些词汇、图形、图标等来表征某种现象或某物或解释某一过程。利用模型最大的好处就是它与所要阐释的东西有共同性、相似性或可比性，某物的一个模型是一个类别，表征它的原型。比如一个孩子的玩偶就是一个人的模型，它具有人身体基本的表面特征。因为意象是一个过程，所以描述它已经不能简单地用单一的符号、图标或类比物解释清楚，它必须借助一些相互关联的记号建立一个系统的分析架构，架构中必须明确地表示出意象形成的过程及其输出的结果，也就是说模型要兼具归纳和演绎的双重任务才能明确意象的本质或特点，从而达到认识这一现象的目的。而且，目前来看，用于解释意象最常用的方法就是模型法，我们会在接下来的章节中陆续提到。

第一节 意象的特点

意象的产生有时是一种被意识到的生命惯性，有时是未被意识到的自然生成的过程。意象不仅可以表征感知觉和记忆，而且还是思维和记忆的媒介和前提。因此，它具有心理现象的共同特征——不可观察性，也具有其独特的特点：自发的生命惯性、情感性、创造性、可操作性、抽象性和易变性。

一、自发性

意象的产生是一种被意识到的生命惯性，是一个辩证发展的过程。在个体内部，意象的发展是一种内在的必然，就像蛋壳里正处于孵化过程的小鸡一样：它被温暖包裹着，外在环境对它未曾留意，它则因此能在蛋壳中安静地生长；这种生长过程——如果对自己有充分自我意识的话，就能让人明显感觉到其存在，又感到其绝对的自由。这是一种非主流运动，与生命内核结合起来，构成了维持和谐状态的生命运动。

意象过程中，首先把握的是对象的一个半"相似物"，比方说"画饼充饥""望梅止渴"。当人们饥饿难耐时，眼前并没有厚实的大饼让他们可以吃到，但是"饼子"这个信号激活了潜意识层而对饼子已有的记忆的图像，进而导致神经系统的触动，引发身体生理反应，这是被唤醒的"饼子"的意象导致的。这时的饼子不具有个性特征，只是个"原型"，每个人想到的饼子不具有共通性（颜色、形状、味道等特点每个人想到的是不一样的），这些特点不聚焦在某一具体实物上，因而是主体赋予的意识而已。自发产生的"饼子"意象导致了唾液分泌的生理反应，是想象转化成具体事物的过程，就像逝去亲人的影像转化成人们悲伤的眼泪一样，意象不直接生成新的事物，但它是形成新的事物必不可少的条件。

知觉是意象产生的诱因，其生成的无限相关物构成了意象丰富多彩的世界。知觉方式所拥有的价值主要是表现其功能，因为它们或多或少地主宰着事物的秩序并指引着行动的方向。但是，除了这种实用价值，表征本身还拥有其独有的特性：一种植物性生命——就像语言都有悦耳的声音一样。关于同一事件的两种表达有可能同样可信，作为信息来说同样有用，但是，它们或许会体现出两种不同的内心语言。而且，在本质上，这种思想倾向方面的差异可能比其他方面对赤裸裸的事实更为重要。正因为如此，人类感知的非表现功能，即意象功能，有可能是人类感知中最重要的一个方面，因为它表达了个体，或者说表达了人。

从艺术的角度讲，自然而然产生的艺术比功用性艺术的历史要久得多，因为早在人学会制造工具以便更好地生活和行动以前，人类就一直面临着如何生活和行动的问题。制造机器的动力和机器为人们服务的目的，都来源于原始冲动。也就是说，在人类的探索活动逐渐积淀成习惯并获得明确功能之前,即理性出现之前,艺术中存在的是大量无目的的游戏和懵懂朦胧的实验行为。我们越是深入地回溯到原始状态,就会越发清楚地发现,生命和精神在本质上其实是倾向于感官享乐的。尽管这种倾向有害于高雅品位的培养,而且最后还可能会变得冷酷和令人厌倦,但与功用性艺术或科学相比,它们的地位与宗教及自发产生的艺术更为接近。比如,在社会中,庆典仪式往往是强制性的,但其根源却在于自我表达的本能和绝对的游戏性。庆典仪式将生活的方方面面逐步模式化,但若追根溯源,它们都来源于无目的的本能行动的迸发。这一过程的发生是必然的、不可避免的,与身体的发展过程极其相似。身体器官是自然生长的,它们铸就了我们基本的生活样式。我们应当尽量使各种身体器官发挥其所长,否则就要竭力忍受它们加诸我们身体上的那些无用的负担。比如,野蛮人会用瑰丽的神话来描述天国,会沉醉于舞蹈和嚎叫、残忍的仪式、残害肢体和各种祭祀中,这些行为不是有意识有计划地进行,他们也从未反思这些行为是否有任何道理,只是行为发展而来的传统和本能,世代相传。依据意象产生的本能性,任何无形的事物,都可以通过"相似律""接近律"等联想的规律的活动,而变成有形可见的东西或转化为有形的行动。

二、情感性

生活中存在着各种各样的重要选择,每种选择所展开的都将是一种完全不同的生活样式。为了做出正确选择,一种回溯历史又立足现实的想象就显得特别重要。儿童可以构想出各种各样的通天塔;优秀的建筑师无须考虑环境和经济利益设计出叹为观止的建筑;艺术家的想象力则是对世界的洞见,创造了令人心醉的瞬间。这些想象的存在是个体从容地应对现实事物并给它们打上了自己思想的戳记。事物存在的条件一旦被认识和认可,就会成为衡量该事物美与不美的唯一条件。在任何地方、任何环境，活跃的思想都会找到一种与之相适应的恰当的意象，而无须逾越环境援引外物，也无须求助于不切实际的臆想或难以追回的回忆。恰好相反，它从特定问题中产生出一种新的和独特的解决办法，因而同那种异想天开地去拼凑不切实际的理想，然后一意孤行地将这种理想强行套用于各种具体情况的做法比起来，是一种更伟大的发明创造。

看到一件美的艺术作品，听到一首悠扬的曲子，我们都会感到愉悦，为了获得快乐，人们的行为应该是自然本性的流露，包括生理的正常反应。我们总是非常狂热地喜欢某种东西，一会儿是无度的自由，一会儿又是虚假的规范，这就使得人们总是显得不够文明，其实这种情感是真实经验的表达，是自由心灵的一种完满释放，意象与生自带的情绪性和情感性，是主体与自然物质世界的和谐，这样的和谐是进化基础上达到的一种和谐。相反，如若人们感到自然物质世界是未知的、未曾见过或遇到的，也就是说对于主体来说现象或情况是不确定的，那么人们就会表现出惊恐、愤怒、厌恶之情，我们需要理性加以克制或摒弃。

还有，一些抽象的情绪、情感体验也需借助意象。比如"爱"这个词，当它出现的时候，我们每个人的想象是不同的：爱自然、爱世界、爱家庭、爱父母、爱恋人、爱子女、爱朋友、爱生活……具体到每一个点也是不同的：爱祖国的悠久历史、爱祖国的繁荣昌盛，爱母亲的体贴入微、爱父亲的谆谆教诲、爱儿子的活泼可爱……这些我们可以在当事人不在的情况下回忆、联想、想象。这些意象到的事物、人物都在头脑里留下了深刻的情绪、情感体验，无法言说，却真实存在。

所以，意象的这种情感、情绪性一方面是潜意识下的自主生成，即自下而上的加工，一方面又是意指性的自上而下的加工，这一特点才使得意象的情景生动、模糊、立体。

三、创造性

心灵是如何以类似、时空接近和因果关系原则将简单观念进行分离和结合的？意象给出了答案：心灵的各种状态所表现出来的特征，似乎是外在世界，但其实是内隐的，是我们对物体大小、形状、颜色、冷暖、热烫、冰冷的一种感知或认识或思想，是意象的形成达到了对外部世界的认识。尤其是，想象的生成、思维的产生都是通过一个观念唤醒另一个观念，跨越时空的限制，以活泼、生动、多样的形态呈现出来。这是因为思维意味着拥有观念，人们在进行思维时，就是获取图像、并借助图像产生新图像的过程。其次，某些信念，并不是过去经验和推理的有效结合、归纳和组织，而是必须给想象留有一定的空间位置，以隐喻或比拟、夸张、甚至荒诞的手法表征出来的一种观念。

关于创造性的最新解释是：它是意象或类比思维的产物。博登认为，观念总是在一定的概念空间里声称的，就像一个问题空间是在一系列规则限制的约束下生成的一样。人们使用各种各样的概念地图来搜索这些概念空间，因为这些概念地图描绘了通往这个概念空间的典型路线。概念是对一个分组或一个范畴的心理表征。我们通过将共享一些相同特征的客体、事件、动作或想法组合到一起来形成概念。比方说，我们对小汽车的心理概念就代表了一大组共享相似特点的客体（四个轮子、至少可以提供一个人的座位并且一般有可推测形状的交通工具）。我们同样也会对抽样的想法形成概念，比如诚实、智力或理想等。然而，这些抽象的想法常常是我们个人的建构，它们未必会被别人分享或认同。我们创造一个新的客体或建构一种新的观念或情景，通常的做法是将已经存在的概念与新的这个客体或新观念联系起来，将其归类到合适的位置。概念是创造性产生的必不可少的条件和内容。

一些研究者认为，创造力是一种特别的天赋能力，它是用新的方式产出有价值结果的能力。创造性思维包含原创性、流畅性和灵活性。投资理论认为，有创造性的人在智力、能力、知识和思维风格、人格、动机和环境等六个方面具有与其他人不同的地方，他们更善于"低价买入"，在想法被大多数人接受后，再"高价卖出"。其实我们每个人都具有创造性思维，即使是在完成一些像在课堂上记笔记一样很普通的任务的时候，你也正在进行着某种程度上的创造。同样，如果你曾经用一枚硬币拧紧螺丝或者用杂志作为夹板固定受伤的胳膊时，这也是在运用创造性思维解决问题的过程。高创造性思维的人通常注意力高度集中，能够运用多种新的眼光看待问题，能够运用足以有效评价可能的解决方案的基础知识，可以区分想法的价值性，有以发展、变化和冒险来克服困难的愿望，有完成任务的足够动机。

意象的创造性还体现在其探索能力。其中，研究者提出的探索模型，非常概括地解释了从概念结合到想象再到顿悟等方面的问题。探索模型在生成过程中建立起来的前发明结构，主要体现在人们已有的知识和记忆中，如此一来，就可以预测到当前需要完成任务时人们往往会意象出以各种方式建构起来的产品。沃德等人要求被试分别画出他们最先意象到的生活在银河系外的其他星球上的一个生物、一个同类生物和一个不同类的生物。结果显示，大部分想象出来的生物都是由地球上的生物所具有的特征组成的：两边对称，有感觉器官及其肢体。往往是变幻了抽取信息的传感器，比如一只眼睛、奇特的耳朵或没有鼻子等等。人们在处理这类想象任务时，首先是寻找已知的地球上的动物样例（即前发明结构），然后再按照指导语和任务的限制修改这些表征（即被试在指导语和限制的条件下探索前发明结构）。而且，当主试要求一部分被试想象很不同的动物时，虽然他们倾向于想象一些更加新异不同的东西，他们的图画仍然保留对称这样一些特征，只是按照指导语相对地做了一些变化而已。

四、可操作性

当我们看到颠倒的图像，我们会不自觉地把图像在头脑中颠倒过来再确认图像内容，而这个旋转的过程或纠正角度的过程就是意象在人们头脑中的自动操作。人们能在头脑中旋转意象，就像实际上能旋转物体一样。物体旋转160°比旋转30°需要更长的时间；意象旋转160°也比旋转30°需要更长的时间。

还有，人能在头脑中对意象的大小进行比较，就像比较物体的大小一样。两个物体相差越近，判断越难；两个意象相差越远，判断也越容易。谢帕德和齐普曼在一项实验中，考察了知觉形象和意象的关系。给被试两叠卡片，每叠150张。一叠卡片上成对印着美国15个州的名称；另一叠上印着成对的各州地形图。被试者是哈佛大学7名很有耐心的研究生。实验时先让被试只用名称卡按两州地形图的相似性依次进行排列这105张卡片，即从最相似的到最不相似的；然后让他们只用地形卡进行排列。结果发现，名称卡和地形卡的排列顺序具有很高的一致性。在名称卡中相似的各州，在地形卡中也是相似的，如俄勒冈和科罗拉多；在名称卡中极为不同的各州，在地形卡中也是不同的，如路易斯安那和佛罗里达。用一种复杂的统计分析方法多维度分析处理实验的结果可知，在地图上互相接近的形状和州名，就是在实验中判断为彼此相似的项目。各州在地图上形状相似，则名称也具有相似的成分。比方说，缅因州和西弗吉尼亚州在地图上都是比较小巧的形状；伊利诺伊州和密苏里州在地图上的形状都是不规则且垂直的长方形。实验结果表明，人们对意象中的形状的判断是和知觉形象的判断一致的。

除此之外，人能在头脑中想象将纸"折叠"起来，就像实际上能将一张纸折叠起来一样。意象的可操作性带有运动的性质,如果大脑中出现了运动心象,这说明大脑在预示身体接下来将要做出的行为;但是由于大脑中出现的所有心象都或多或少有点运动感,所以很显然,除非身体本身受到相同冲动的指令,没有任何明确的观念计划能够主宰大脑进而指导身体反应。因此,再现人们创造本能,其实是一个不间断的、完整的看的过程。从抽象来看,任何心象运动都有赖于意识而存在,这一事实既不关涉意向,也不构成知识。但是,运动心象与后来发生的事情之间所存在的天然联系,不仅赋予心象一种认知功能,还将运动心象等同为与观念计划同时产生的运动冲动。若某一心象既不涉及身体态势,也没有预示任何具体的行动,这个心象就不可能指向任何可能出现的现实存在,因此也就没有实际意义。

五、抽象性

意象的抽象性可以用荣格的原型理论予以解释。世界上存在着各种各样的狗:白狗、黑狗、黄狗、花狗、老狗、小狗、正在训练的警犬等等。而我们头脑中关于狗的意象,则可能是狗的最一般的形象:像狼一样的面孔、吐舌、长嘴、有着锐利的爪子和健硕的四肢等,因而带有抽象的性质。

弗朗柯斯和布兰斯福德关于原型匹配的实验,说明了意象具有一定程度的抽象性。弗朗柯斯等用一些几何图形构成原型(如图 3-1),然后通过系统改变原型的不同成分,如将原型左右翻转、删除某些成分、替换某些成分等,构成某些变形。需要特别指出的是,这个实验其实是知识表征形成的过程,该原型是不规则的几何图形,这些图形如果要形成一种可以记忆的原型,需要耗费一定的认知努力和细节加工。当变形后的图像呈现给被试的时候,这些图形将变得更为离奇和复杂,被试的再认变得非常艰难,原因就是不规则图形形成的是抽象的原型，其概括性、不稳定性迫使人们以特定的方式将之储存在长时记忆中，提取的时候是非常费力的。

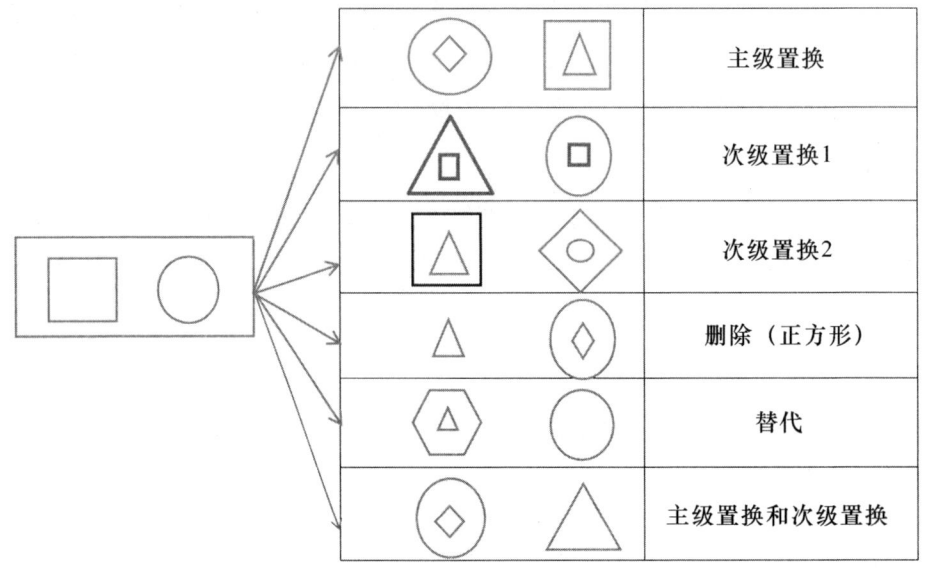

图 3-1　原型和变形示意图

六、易变性

意象与知觉形象不同，它具有易变性的特点。最为明显的例子就是，不同的人对于不同的事物有不同的评价和想象，就会产生相同的物象却有不同的形象，或同样的事情有各自不同的认识。还有就是对一件事情的记忆会随着时间的流逝发生回忆的不同，等等。时间和空间的意象是非常显著的，因为本身不具有实体，所以其本身就不是固定的东西，因而非常容易发生改变。

有研究者试图向被试呈现一些图形并同时向两组被试分别呈现不同的暗示词，要求被试根据自己的回忆，把图形准确地画出来。结果发现，被试根据回忆画出的图形，显著受到暗示词的影响。如向被试呈现图形◎－◎，在暗示词为眼镜时，被试在柄上加了一个弯形；在暗示词为哑铃时，被试会在两个圆之间画一个双线的柄。可见，被试的意象由于一般性知识的影响出现了明显的变化。

随着时间的流逝，意象会逐渐暗淡起来，也随着个体的发展，原先对事物的意象就失去其准确表征事物或时间的特定价值。有学者研究，让已经毕业46年的校友回忆学校曾经的建筑，他们只能回忆起40%的校内建筑，而能正确匹配建筑物的位置和名称的只有50%，这说明时间会冲淡意象的清晰度，使其变得模糊起来。

易变性和模糊性其实是同步的。正因为它容易发生改变，因而没有明确的物理性状，于是自然表现出模糊性的特点。就像我们在很短的时间内复述一篇刚刚看过的文章，我们很难一字一句地复述，可是却能将大概意思表述出来。这种情况就是依靠了我们对所阅读内容的一种意象，然后将想象的画面与一些关键的字词结合形成了"大概意思"。显然，这是不精确的，但又不是错误的。

意象的易变性并不是一件坏事，相反，它帮助我们在很短的时间内形成重点记忆，可以减少我们的认知努力和节约我们的认知资源。从进化的角度，这是人类生存的适应性结果，它让我们的思维变得简单，我们只需记住关键的图景、字词、符号就可以对一些事情做出判断和决策，这未尝不是一件好事。

第二节　意象的分类

认识事物或现象的方法有很多种：概念界定、象征隐喻、分类类比、建构模型等，而既是一种认识事物的基础和前提又是一种最基本的认识事物的方法，则当属想象了。如果我们将这种看上去不可知的东西表征或显现为一种类型的事物，我们就可以识别并感知它。那么，将事物进行分类，就成为一种认识世界的基本原则。当然，分类的时候，我们需要对事物类型的内涵和外延、真实和名义本质相区别，这样做的目的在于细化对事物的认识。

一、从认知神经科学的角度分类

精神意象的发生是知觉信息对大脑内存的访问，用心灵的眼睛看到、用心灵的耳朵听到所经历的事情等。相比之下，感知是直接从感官进行的信息登记。心理图像不需要唤回之前的对象或事件，它们可以创建和修改存储在大脑中的感知信息。图像有一个核心特点，即图像是依靠背后心理描述的不同类型的语言，它是一种截然不同的思想，是一件私人的事情，其所呈现的意识经验是一种假象。

神经科学通过意象与感知、记忆、情感和运动的关系研究发现，心理意象利用大部分与知觉在同一形态的神经机制，参与了记忆情感和运动控制。研究者通过脑损伤病人的神经影像学和经颅磁刺激的医学证据，表明：图像通过大脑机制，用于感知和行动；视觉意象的发生早于视觉皮层；图像引发机制，控制心率和呼吸等生理过程，会引发不同的知觉刺激。鉴于此，认知神经科学将心理意象分为视觉心理意象、听觉心理意象和运动图像。

（一）视觉意象

有一种脑损伤患者，他们失去了在头脑中形成视觉意象的能力，这也造成了一种失明，从认知心理学方法的角度，研究人员增加了对其研究的精度。例如，一些患者只有一两个皮质视觉功能可以感知，一个主要的视觉通路是枕叶下颞叶，这个区域被破坏后，动物或人将无法轻易识别形状；另一个主要视觉通路是枕叶后顶叶，这个区域被破坏后，动物或人将无法轻易找寻寄存器的位置。扫描患者脑部图像显示：腹侧通路损伤破坏的能力可视化形状，而背侧通路损伤破坏的能力可视化位置。的确，非常微妙的变化发生在图像并行知觉的扫描红线上。例如，一些脑损伤病人不再能区分颜色感知或记忆，或不能识别人的脸部特征（面部失认症）。扫描的结果显示，意象和感知的发生经常是互相平行的，但也会出现病人有选择性地生成图像，即使他们能够识别和确定知觉刺激。此外，一些患者还报告有感知障碍，就是脑损伤病人的视觉心理意象和视觉感知的机制尽管有很多共同之处，但其过程可能并不相同。形状、位置和表面特征表示和解释以相似的方式在两个功能或关键方面不同：图像与知觉不同，不需要平行的组织处理；而感知则不需要我们来激活存在于内存中的信息。

神经影像学研究的结果比较了图像和感知觉很符合脑损伤病人的研究。例如，一项研究发现，知觉和意象发生时，所激活的只有三分之二的大脑区域，也就是说，即使不激活病灶，所激活的大脑区域也不会是全部或同时。图像和知觉的产生是彼此独立的，即意象和感知不同时进行。

最后，通过脑损伤病人的研究，凸显了"意象"存在的事实——就像其他认知功能一样——意象不是一个单一的、未分化的能力。相反，它是一个集合的能力，且独立。例如，有些病人可以判断物体的形状和颜色，但是却很难想象一个物体的旋转，也就是把一个物体转化成其他角度呈现，则病人无法判断出是否是原来的图形，因为病人的顶叶（通常是双边）和右额叶并没有激活，这些区域不激活，则其他在枕叶和左联合皮质区也不会被激活。

根据任务的不同，大脑活动在心理意象时是根据不同类型的对象进行可视化的。使用fMRI，克雷文和坎维金发现激活的梭状回面孔区域是被试对面孔认知的可视化区域；但是若对象是室内外场景或空间布局的时候，则激活的是海马旁区域。所以，视觉意象的产生是具体的、分区域的、专门的机制。

那么，视觉知觉和视觉意象的关系究竟如何呢？尽管上述研究表明视觉意象并不是视觉知觉的"副现象",但是,视觉意象涉及知觉过程,视觉意象的机制与视觉知觉的机制究竟有多相似还是一个有待回答的问题。这两者有相当大的重叠的证据来自对病人的神经心理学研究。许多大脑皮层受损导致失明的病人出现视觉意象上的缺陷,比如,有的病人只是不能对来人和颜色进行知觉或意象,但是对其他事物的知觉或意象却并未受影响。尽管如此,还是有一些病人知觉存在问题但仍保留有完好的视觉意象的案例。同时,相反的病例也存在。贝尔曼认为,最好把视觉知觉和视觉意象理解为两个相互重叠但又相互独立的过程。感知一只袋鼠需要低层次的视觉信息加工过程,但这个过程是视觉意象所不需要的。相似地,建立袋鼠的心理意象需要的产生过程也是知觉所不需要的。贝尔曼提出,只丧失知觉功能的病人损伤的是该系统的低层次部分,而只丧失意象功能的病人损伤的是该系统的高层次部分。①

越来越多的认知神经科学证据表明,有几个不同的脑区参与到了意象的加工中,根据这些证据,科学家们将意象划分为视觉意象和言语意象。这些证据既来自不同部位脑损伤病人的研究,也来自对正常人在完成各种意象任务时脑激活情况的研究。② 在脑加工意象时的激活模式的早期研究中,罗兰德等人安排被试在心里背诵押韵的广告词("Double your pleasure, double your fun with double mint gum"),或者在心里预演在住处附近的道路上找路。实验测量的是大脑皮层不同部位的血流变化。当背诵押韵广告语时,布洛卡区附近的前额皮层和大脑皮层后部的威尔尼克区附近的颞顶联合区都得到了激活。这些区域损伤的病人会表现出语言加工的缺陷。当被试

---

① Berhrmann, M., Moscovitch, M., Winocur, G., "Intact visual imagery and impaired visual perception in a patient with visual agnosia", *Journal of Experimental Psychology: Human Perception & Performance*, 1994 (20), pp. 1068 – 1087.

② [美] 约翰·安德森:《认知心理学及其启示》,秦玉林、程瑶等译,人民邮电出版社 2010 年版,第 101 页。

进行视觉任务时，顶叶、枕叶和颞叶皮层都有所激活。所有这些区域都与视知觉和注意有关。当人们加工言语或视觉信息的意象时，所激活的一些区域与加工真实的言语或视觉信息时相同。所以，根据脑区域活动情况及表征方式和加工信息的不同，将意象分为了视觉意象和言语意象。

这里以心理旋转为例。心理意象的一个功能是预期一个物体在不同的角度下呈现的样子。人们通常会在心里把物体旋转到某个角度，即心理旋转。心理学家谢帕德和梅茨勒等做了一系列实验。在实验过程中，给被试看在2D平面上呈现的成对出现的3D物体，如图3-2所示。被试的任务是判断除了摆放方向外，两个物体是否完全相同。图中A是两对完全相同的图形，虽然摆放的方向不同，即两个物体在平面上相差80°角；B中也是两个完全相同的物体，只不过两者在深度上相差80°角。C中两个物体在结构和方位上都不相同。谢帕德和梅茨勒制作了1600多张这样类似的图片，请8名成年被试实验。被试的判断方法几乎全部采用了以其中一个物体为参照，另一个物体在头脑中旋转，直至与参照物体同方位，然后再进行匹配和比较。实验表明，两个物体之间相差的角度越大，被试完成旋转所需要的时间越长，导致判断的时间也越长。之后，许多脑成像研究也发现，大脑的顶叶在类似心理旋转的系列任务中得到了激活，也就是说，大脑的顶叶对空间注意有重要的作用。科斯林等人还发现，人们在想象中旋转自己的手时，运动皮层也有所激活。所以，当人们必须改变一个心理意象的方向以进行某种比较时，他们旋转意象的表征，经过一系列的中间位置，以达到目标方向。

我们通过"认知地图"来了解视觉意象的另一功能。视觉意象的一个重要功能是帮助我们认出和记住环境的空间结构。我们对世界的意象表征通常被称为认知地图。在认知地图中充分体现了意象与行动之间的联系。当我们被路人问及去某地的路怎么走时，我们

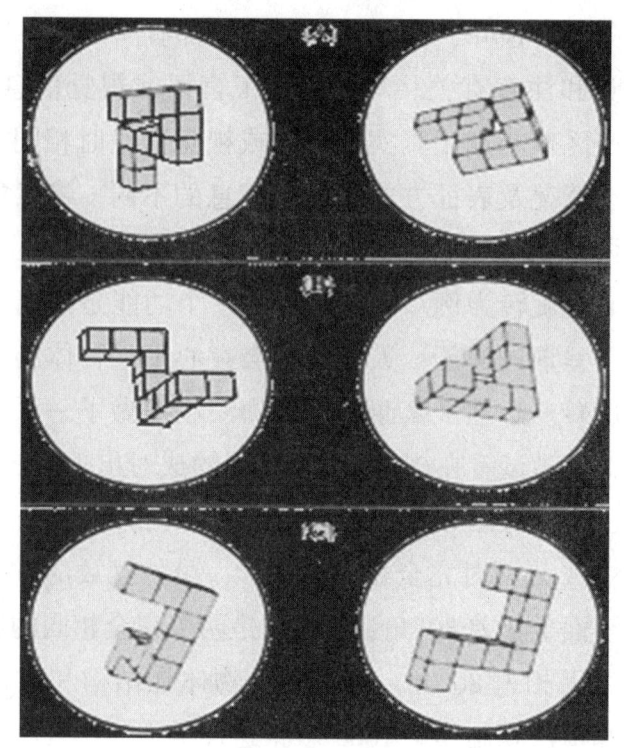

图 3-2　心理旋转实验图片

就会想象自己正在朝那个目标地点行进，进而向路人回答该走怎样的路线到达那里，经过的路线周围的环境（显著建筑物、红绿灯路口等）是什么，这就是认知地图在起作用。

认知地图的一个重要分类是行进图和俯瞰图。行进图指明到达具体地点的通路，但是不包含 2D 信息。行进图甚至可以是用语言描述出来的通路，比方说，"往前一直走，在第一个红绿灯处向右拐，然后直走，到第二个丁字路口再右拐……"。因此，只知道行进图的话，如果从起点到第一个位置的路被堵了，你就不会知道该怎么绕道走。或者，如果你知道从起点出发有两条路可以到达终点，但是却并不知晓这两条路之间的角度有多大。相反地，俯瞰图中包含这样的信息。俯瞰图是对行进过程中周围环境的一种意象图。因此，我们在互联网上搜索地图的时候，一般是行进图和俯瞰图都会提供。

索恩代克和海斯-罗斯研究了秘书们对美国兰德公司大楼的了解①（如图3-3），兰德公司大楼是美国加利福尼亚州圣莫尼卡市一幢迷宫一样的大楼。②他们发现秘书们很快就能记住从大楼的一个指定地点到另一个地点的路。例如，从库房到东厅的行进图，必须借助于他们所熟悉若干年才能获得的俯瞰图的帮助进行判断。

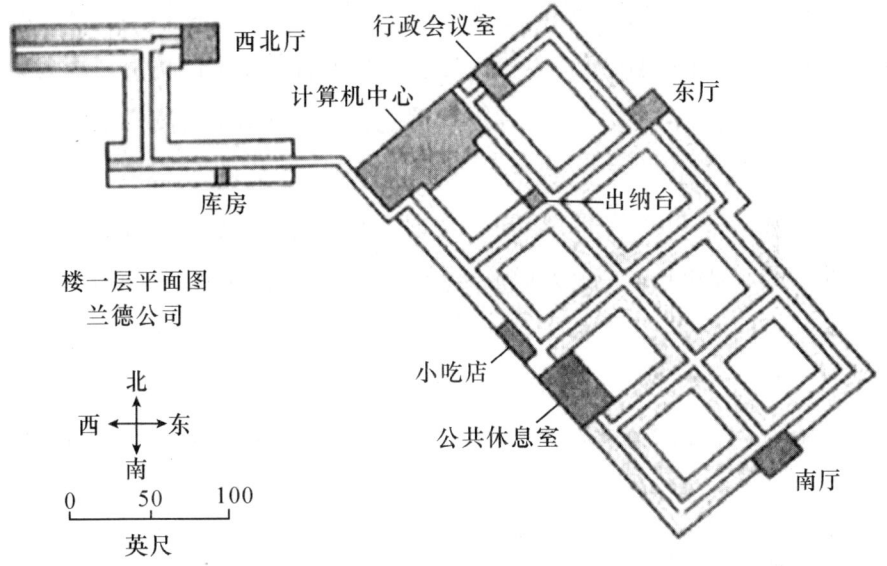

图3-3 美国加利福尼亚州圣莫尼卡市兰德公司大楼的部分平面图

资料来源：Thorndyke & Hayes-Roth, Reprinted by permission of the publisher, *Cognitive psychology*, 1982.

研究者通过fMRI研究被试在寻找路径任务中大脑活动情况监测，发现在执行该任务的时候，被试的顶叶皮层及海马区表现出了更强的激活，并且海马区被发现在其他物种中都发挥着导航的作用。相反，在跟随路径任务中，被试的前额叶区表现出了更强的激活，这似乎表明，俯瞰图更像是视觉意象，而行进图更像是计划的意象

---

① Thorndyke, P. W., "Cognitive structures in comprehension and memory of narrative discourse", *Cognitive Psychology*, 1977 (9), pp. 77–110.
② 转引自［美］约翰·安德森：《认知心理学及其启示》，秦玉林、程瑶等译，人民邮电出版社2010年版，第115页。

表征。

(二) 听觉意象

研究者做了这样一个实验：让被试听取一段节奏和音调非常简单的儿童歌曲，然后让他们哼出大致的曲调，以此来研究听觉意象。萨托雷和哈尔彭研究了脑损伤病人的听觉意象与大脑特定区域的关系。[①] 他们比较了一组患者左或右颞叶切除后与对照组的实验结果。在一个条件下，受试者听到一个熟悉的歌曲，同时阅读歌词，判断其中两个词汇在歌曲中大致的音调。在另一个条件下，被试只看歌词，并不听该歌曲，然后判断两个词汇在歌曲中大致的音调。

研究结果表明，左侧大脑皮层的一些区域在被试默诵歌词或押韵的广告语时，表现出血流量的增加，即当被试默诵歌词或押韵广告语时，布洛卡区附近的前额叶皮层和大脑皮层候补的威尔尼克区附近的颞顶联合区都得到了激活。这些区域损伤的病人会表现出语言加工的缺陷。当人们加工言语或视觉信息的表象时，所激活的一些区域与加工真实的言语或视觉信息时相同。

桑塔所做的实验证实了视觉意象的信息表征和言语意象的信息表征之间的功能差异。桑塔的实验中有两种条件，如图 3-4 所示。在几何图形条件下（图 3-4a），被试要学习由三个几何图形组成的项目，两个图形排列在上面，一个在下面的中间位置上。这一组图形看起来很像人脸——人们很容易将它们看成两个眼睛和一张嘴。在学习了这组图形以后，图形消失，被试不得不在他们心中保存着这些信息。随后又呈现了一组不同的图形作为测验项目。被试的任务是判断测验项目中的图形元素是否与学习项目相同，而不考虑空间位置是否有改变。因此，对于前两个测验项目，被试的答案应该是

[①] 转引自：[美] 约翰·安德森：《认知心理学及其启示》，秦玉林、程瑶等译，人民邮电出版社 2010 年版，第 117 页。

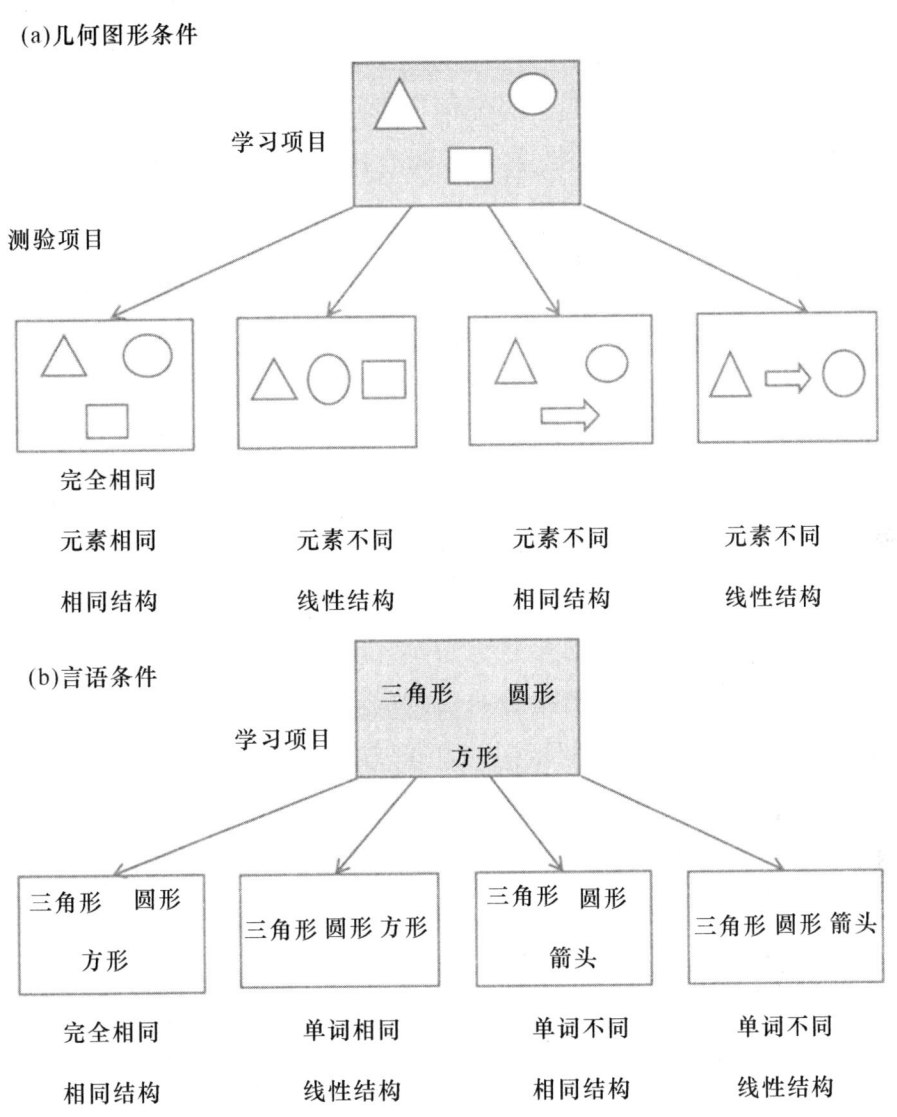

图 3-4 视觉信息和言语信息在心理意象中的不同表征

肯定的,对于后两个测验项目,被试的答案应该是否定的。桑塔感兴趣于两个肯定答案的测验项目的比较。第一个与学习项目的排列完全相同(相同结构条件)。在第二个测验项目中,图形元素是排成一条直线的(线性结构条件)。桑塔预期被试对第一个测验项目,也就是完全相同的那个项目，做出肯定判断的速度较快。因为他的假设是，在学习刺激材料时产生的视觉意象能够保存空间信息。几何图形条件下的结果表明，当几何图形的测验项目保持了学习项目中的图形结构信息时，被试的判断速度较快。

几何图形下的结果如果与言语条件下的结果（见图3-4b）进行比较，就更为醒目了。在言语条件下，被试学习的单词组的排列与几何图形条件下完全相同。然而，因为是单词，所以学习材料不会被看成是人脸或者其他图形。桑塔推测被试会按照从左至右、从上到下的顺序阅读单词，用此信息对言语表象进行编码。

由此，对于图中所给出的学习项目，被试就编码成"三角形、圆形、方形"。在学习了初始项目后，立即呈现一个测验项目。被试要判断其中的单词是否与学习项目中的相同。虽然所有的测验材料都是单词组成，但是刺激呈现的方式和几何图形条件下完全相同。在单词与学习项目完全相同的两个测验项目中，一个测验项目中的单词排列与学习项目完全相同（相同结构条件），另一个测验项目中的单词排成一条直线（线性结构条件）。而且，线性排列的单词顺序和学习材料中的单词顺序是一样的。桑塔预期，与几何图形条件不同，因为被试将单词编码为线性排列的言语意象，所以，当测验项目是线性排列时被试的反应最快。

总之，言语意象和视觉意象涉及不同的脑区，并且以不同的方式表征和加工信息。

当用语言描述方位、阅读一个事件的描述过程或者听体育赛事转播时，我们通常会将这种认知转化为一种创造性的心理意象。心理学家富兰克林和特沃斯基做了这样一个实验：被试阅读下述材料：

你来到歌剧院，今晚你要与上流社会的名人会面。这时，

第三章 意象的特点、分类及解释

你站在宽敞雅致的包厢围栏前望着楼下。在你身后的包厢墙上齐眉高处有一盏装饰华丽的灯，灯的基座镀着炫目的金色。在你的正前方，包厢外的墙上，可以看到一块巨大的青铜匾额，用来纪念剧院的设计者。建筑师的简单肖像和对他的几句描述在青铜的背景中略微凸起。在你右侧的隔板上放着一束美丽的鲜花，你看到花束中大多数是红色的玫瑰和白色的康乃馨。向上看，在你上方约20英尺处的剧院天花板上装着一个扩音器。从它的方向，你断定这是专门为这个包厢里的客人服务的私人扬声器。靠在包厢围栏上往下看，在你的正下方矗立着一尊大理石雕像。你仔细凝望着雕像，发现它雕刻的是一个年轻的男人，于是你想知道这是否是米开朗基罗的《大卫》的一个复制品。[①]

之后，让被试基于上述叙述重新调整自己的位置，比如：你仍然站在包厢的原位，将身体向右旋转90°，现在你面对着灯。然后，被试要判断在某个特定的方位上有什么东西。例如，在不同的测试中，他们要回答什么在他们的右边、左边、上边、下边、后边或前边。实验结果表明，被试判断上下的速度是最快的，而判断左右的速度是最慢的。富兰克林和特沃斯基指出，如果我们假设被试在阅读文字时建构了空间表征，那么这样的结果是有道理的。类似的还有行进描述、俯瞰描述和真实地图的描述，行进描述是一种对环境的心理旅行，而俯瞰描述是一种对环境的鸟瞰，比方说：驾车从学校到火车站，你会路过××大厦，这个大厦在你的右手边（行进）；御河两边是南北向的快速路，一是御河东路，一是御河西路（俯瞰）。无论是行进描述、俯瞰描述还是真实地图，他们在判断这些问

---

① Franklin & Tversky, Reprinted by permission of the publisher, ©1990 by *Journal of Experimental Psychology*: *General*, 1990.

题时的速度一样快。

当然，言语意象不仅仅涉及"认知地图"一类的空间想象，诸如用文字叙述的事情经过、美丽的图景、案发现场的情况等等，我们都可以将外在物理对象与大脑的内在经验相互关联，进而为内在经验怎样意指或关于外在物理对象提供解释。比方说，现在正值秋季，想到一句诗词中这样形容："停车坐爱枫林晚，霜叶红于二月花。"这是诗人杜牧形容秋天枫叶的景象，我们头脑中会显现出漫山遍野的红叶。其实红叶不在眼前，但是依据我们的经验和记忆，似乎眼前就是一片枫叶林，这是意象的美景。当然，所谓的意指，是指这里的情景表达了诗人的主观情意，它寄托了一种情感和思想，于是通过语言这种媒介，将外在物理对象和内在经验以意象表征的方式呈现于头脑中。

所以，言语意象比我们想象的要更加复杂和繁琐，它以符号的形式兼具了情绪和情感，表达了主体的意向，形成了表征的新对象。这些过程非常复杂，我们将在后面的章节具体讨论。

（三）运动意象

当人们被要求想象走到一个特定目的地时，通常都会想象着自己正向着目标一步步移动。许多研究都探讨了运动意象的神经机制，就脑部区域化的研究显示，运动意象与视觉意象有着不同的机制。具体而言，许多研究人员已经表明，神经元发射的序列会随着方向的改变而不断地调整，只有神经元调整至目标导向的时候，才发射信息，而且这是大脑自带机制所发生的，尤其是大脑后顶叶区域。

许多研究表明，心理旋转的时候，大脑多个区域被激活。例如，里希特等人测量心理三维旋转时的大脑活动与功能磁共振成像研究表明，被试的大脑两半球顶叶小叶在这个任务中被激活了，而且，两半球的前运动皮层、辅助运动皮层、左侧初级运动皮层都被激活了。帕森斯等人向被试呈现了一双手的图片，然后分别将两只手进行不同程度的图片旋转，之后让被试判断旋转后的手还是否是左手或右手。他们预期在这个任务中被试进行想象旋转的时候，运动皮层可能被激活。结果显示，不仅是辅助运动皮层的双边被激活，且前额叶和脑岛运动区域也被激活。事实上，在想象运动的过程中，额叶、顶叶、基底神经节和小脑都是比较活跃的。

总之，想象对象运动的发生，是一种一般的心理转换对象的发生。这表明，人类可以自愿采用这个策略或者使用一个策略，想象他们会看到一个外力改变一个对象。在这个前提下，心理意象好比一个电机系统，想象的运动不仅可以锻炼大脑的相关区域，而且在此过程中实现了不同区域之间的关联的建立，进而进行更复杂的性能。

（四）情绪意象

亚里士多德认为，任何人对于在实际生活中必须要面对的难以满足的欲望，都需要通过想象的事件或工作才得以消解。通过观看一部悲剧所展开的暴力或爱情故事，作者或观看者都能获得心理上的满足。人们通过想象的物理世界、想象的情景、想象的人物及人物间的相互关系，或者给想象的音、形、色等制定新的秩序，从而使其在想象中实现在实际生活中所未能实现的欲望或理想等。

根据弗洛伊德的精神分析观点，人的终极的欲望便是情感愉悦，尤其是通过性满足所获得的愉悦。然而，由于人的欲望实际上受到了社会的诸多制约，使得人们无法依照自己的意愿改变现实，迎合心境，舒畅心情，人们的欲望使得人们的幸福感大大降低。但这些根本欲求又不得不被释放，因此，只好以社会所能接受的形态来代替，比如音乐、美术、文学、诗歌、建筑等等。人们通过这些活动或行为来升华自己的生理欲望，缓解压抑的情绪。尼采则认为意象出来的创造物是实际生活的替代物，大部分宗教都以绝对真理作为前提，但人生从根本上讲是痛苦的，并且与宗教的教理不同，最终是毫无意义而言的。于是，在这种情形下，促使人们继续生活下去的唯一理由就是怀有一种意象的理想或信念——想象力的产物，以此为依托，人生才能合情合理。将痛苦压抑且毫无意义的人生视为用想象所构建的美的秩序时，才能拥有支撑生命的力量。归根结底，创造性的想象是人为了解决自身艰难生活条件而产生的幻象，而这种幻象则恰恰成为我们精神和心理上的镇静剂，以此净化我们的情感和情绪。

想象的创造物作为一个世界或一个秩序，它伴随着具有内在统一性的和谐，因此，在其产生的过程中它消解着人们心中的紧张情绪。这些创造物具有无为性，即其本身构建的过程与实际目的无关，其根本目的在于消除精神上的紧张情绪并以此获得愉悦。因而，当聆听一曲美妙的音乐、欣赏一座精美的雕像或一幅出色的绘画作品时，我们在体验时间、空间及色彩的协调的同时，还会享受到由此而带来的内心的平静、愉悦和幸福。达尔文曾经认为情绪是一种进化而来的习惯，这种习惯帮助我们更好地理解外部世界并使自身适应之，这样，情绪又和地理、文化环境相适应，虽然这是一种进化论或社会建构的观点，但却也是情绪意象产生的客观事实和依据。

意象同意识一样是一个难题，因为它不可观察、不可触碰，或者说它其实是意识的一种特殊形式而已。有时，意识被描述成虚无、缺乏、欲望及自由，巧合的是，人恰好具有这些性质。为此，人注定要为自己的行为承担责任，也就无法从不安的情绪中解脱出来。因此，人必然总是要得到自我满足，换句话说，为了其存在而企图成为作为自在存在的事物现象。然而，假如我变成"自在的存在"，那么，我的原来的意图就无法得到满足。这是因为，我原本试图通过"自在"来获得经验和满足感，而我若变成像石头或桌子一样的事物，那么，我将无法拥有意识，随之也无法意识到我所欲求的无意识的满足状态。所以，我的雄心便是我既作为"自在存在"又能够成为"自为存在"。日常的或科学的语言为了满足我们的日常需求或充足知识的需求而客观地表象事物现象。但是，这些表象的前提条件是承认事物现象与语言之间有着严格的区分，即以事物现象与表象的客观表象（意象）成为可能，但是，取而代之的是唯有通过牺牲事物现象的具体性，才能完成表象（意象）活动。

进一步地，我们通过"情绪具身观"来了解情绪意象的作用。比如，当我们在电视上看到有些坏人陷害好人的时候，我们会有痛恨坏人的情绪和替好人着急的情绪同时产生，这就是所谓的"共鸣"的情绪意象，其实这些情况并未真实地发生在自己身上，但是我们却可以随着电视情节产生一种情绪体验。又比如，我们通过了解他人所述的一些痛苦经历，可以通过想象当事人的境遇，进而产生与之相同的悲伤情绪，这是心理学上所讲的"共情"现象。我们看到别人流泪，会联想自己曾经的不愉快经历；看到别人愉悦，也会不由自主地替他们高兴，我们并非事事亲历，但却可以产生相同的情感体验，这就是情绪意象在起作用。我们可以想象自己正在经历某个过程或者正在某种紧张的情景下，于是产生了相应的情绪体验，这是一种自发的体验，这些体验可以有效地降低人身伤害、规避危险，如果发展成一种习得性经验，那么对于个体来讲是非常有益的。

斯卡特认为，我们的生理唤醒和外部线索对生理唤醒的认知解释，或者说我们个体对外部世界的想象引起了情绪的变化，比如，当我们和一个快乐的人在一起时，我们也会被感染而渐渐高兴起来；如果我们天天和有抱怨情绪的人在一起，那么我们也会慢慢变得不快乐。这种情况就是心理学上常说的"共情"现象，我们似乎体验着与对方相同的事情，是因为我们也试图通过想象进入到她/他的世界，进而联想自己相关的情况，就产生了相同的情绪体验。但是同样的刺激，却未必会引起同样的情绪体验，让孩子想象飞机坠入大海的情景和让成人想象同样的情景，所引起的情绪体验是不一样的，孩子们可能觉得这是件非常有意思的事情，而成人则会感觉很恐怖。或者我们想象"酸"的味道，有些人会立刻感觉口里有唾液产生，有些人则只会想到柠檬，中国人则可能会想到醋。因此，感知主体的亲身经历与即刻的情绪体验通过想象融为一体，使之成为认知的表征结果。

虽然认知过程在情绪体验中的重要性已被证实，但是也有人后来发现，一些与情绪有关的神经通路绕过了大脑皮层，直接到达边缘系统。也就是说，在意识和认知发生之前，我们就已经产生了情绪，即情绪并不仅仅是给生理唤醒贴标签而已。一些基本情绪与生理唤醒上的细微差异有关，这些差别可能是面部表情的改变或者自主神经系统控制下的内部器官的反馈产生的。另外，"简单"的情绪（喜欢、不喜欢、恐惧愤怒）并不需要首先进行意象参与的认知加工。这样就可以有快速自动化的情绪反应，随后再由意识过程加以修饰。而"复杂"的情绪，如嫉妒、抑郁、尴尬和爱等则需要认知成分。

总之，情绪意象是伴随知觉、记忆、意向存在于个体当中的，有些情绪意象可以感知并评价、控制，但很多时候我们是不自知的，它是潜在的意识在发生作用，不能感知和控制。

二、从创造性审美的角度分类

哲学家桑塔纳亚认为，人类所有的理性都有其自然的基础，人们对自然的幻想或恐惧或敬畏，就产生了宗教、艺术等非科学的对"实存物质"的想象。在进化论的指导下，我们把对自然世界已有的认识以图像的形式储存在头脑中，然后和新异刺激联系在一起，以本能适应外界的变化，然后再与之和谐，最后达到平衡的过程。

在这个过程中，意象发挥了重要的作用，意象使得这种趋利冲动得以表征，进而达到"善"。审美是一种最高级的善，它满足了人类的本能冲动，满足了心灵的基本需求，意象则是心灵和经验与美之间沟通的桥梁，经过意象，美完成了它的实现。这种"美"是可塑的，它不断地适应外在自然环境，又不断地创造、突破这些已有的环境氛围，所以意象的创造功能在审美中得到了充分的发挥，甚至达到极致。艺术、建筑、文学等就是意象的创造性审美产物。

意象可以看作是物理状态与意识之间的桥梁，二者之间的关系从本质上看是原始的，因为意识不能从关于世界的完备物理事实中演绎出来，它只能通过意象衍生，也就是说，感受到的事物和抽象形成的现象虽然具有同一性，但仍属两个世界的东西，两个世界的沟通需要意象的参与，这样才能使得主体的本我与超我达到一致。抽象的东西不一定是即时随地发生的，因而它需要原有的印象与"超我"汇合，借助语言与主体行为来重新构建物理世界或自然世界，但其本色和其中原有关系是稳定不变的。意象是一种顷刻间的顿悟，是被赋予了形式的理智；意象的价值就是所谓的审美价值。

因此，从创造性审美的角度来看，可以将意象划分为艺术意象、建筑意象和文学意象。

（一）艺术意象

艺术是用创造性的想象和现实世界的物理的东西相结合，建构新物理世界的形象表征。首先，艺术的产生是自发的。人生活在生命普遍的躁动中，不仅在习俗和追求中需要一种可塑性，在其生活的周遭环境中也能发现这种可塑性。比方说，毕加索的绘画《格尔尼卡》意象表征了其反法西斯思想，贝多芬的《第五交响曲》意象表征了他克服命运、走向胜利的人生观。每一件艺术作品都具有意象的属性要素，该属性要素使得作为事物现象的艺术作品成为艺术，它们都是作者本能的感受和思想。一般来讲，人们先是感到某种需求，然后才会去寻求满足这种需求的手段，这些手段表达了作者的观念，进而将经验组合起来便形成了作品。

其次，艺术作品具有相对的独立性。一幅画、一座雕像、一支舞蹈等，其本身是一种主体的观念陈述，对象的真实存在并不是艺术意象存在的充分必要条件，它们是独立的、尝试性的、实验的，虽然它们与旧的知觉具有相似性，但是，在生命体的内部，艺术意象的形成是一个辩证的过程，它们既需要一种摹仿，又充分体现了自我意识，让人既明显感觉其存在，又感到其超越性的自由。比如，塞尚的画作《林禽》或《山》勾勒出生物学家或地理学家也无法展现出来的林禽和山的新面貌。艺术家表露的是对那些对象所感受到的情感或感动。

再次，艺术作品的语言表现形式是意象的。众所周知，艺术家们总是抱有一种呈现或者述说什么的诉求。艺术作品并非是在游戏中生成的偶然物，而是传达艺术家所见、所闻、所思的一种手段。这种表达方式如果放在文学作品中，我们很容易通过文字表述就能理解，但是，如何能理解贝多芬的《第五交响曲》呢？假设这首交响曲确实想通过一种语言来讲述"什么"，但叙述的未必就是在创作作品之前就已经存在于贝多芬头脑中的客观想法，而是贝多芬想通过这首曲子赋予听众那种想法的意义。说得直白一些就是，贝多芬想让听众自己去意象那种与命运抗争的情绪和情景，但是这样的做法是"只可意会，不可言传"的。一件艺术作品无法当作指称和叙述既有的某种客观对象的陈述，这并非只局限在非具象性艺术上，也适用于最为具象的传统的绘画及雕塑。

最后，艺术作品的意象性与摹仿性。艺术作品究竟意象的是什么？它真的能为我们提供有关某种事物现象的信息并能呈现出真理吗？即使我们承认艺术作品是具有象征性的抽象之物，那么，能否从我们所见、所闻、所知的所有艺术作品中提取出意象这一属性要素呢?也就是说,通过观察和欣赏所有的艺术作品,能否具体指出它们所共有的意象这一属性要素呢?要回答"是什么对何物进行了意象"这个问题,摹仿性当之无愧地成为了答案,而且,柏拉图在很久以前就说,将一幅画临摹得如此出神入化、栩栩如生、与真物如出一辙的情况是完全可以理解的。比方说,达·芬奇的《蒙娜丽莎》是对女人的摹仿;徐悲鸿的《奔马图》所勾勒的马,腿部细劲有力,腹部、臀部弧线富有弹性,有强烈的活力感;罗丹的雕塑《思想者》,塑造了一个强有力的劳动男子,那种表面沉静而隐藏于内的力量一直都是人们对一个思想者印象的模板。这些抽象的艺术针对某个具体的事物或者说针对某种实在的或者个别的事物的摹仿,例证了各自所展现出的线、色、音、角的性质,它们是线、色、音、角的具体实例,是观赏者能够理解的摹仿的意象。但事实上,事物现象的意象并不在于其复制性,而更依赖于非可视性的约定俗成上。也就是说,观念意指与其真实存在的物品之间是感觉的完美化和现实化,摹仿不是对原有事物的简单重复,即不是制造第二个原本,而是用新的媒介、依托意象功能赋予初本以完全不同的功能——人们的注意力被吸引入一种情境或其可能的发展趋势。

(二) 文学意象

语言是经验的浓缩。语言通常赋予表征一种新的、具体的价值,即在表征发生前,客体不可能拥有这种价值。就存在而言,意识本身就是这样一种媒介——意识浓缩了存在,并将其提升为综合性观念。理性也是一样的。理性以反思的方式来理解事物的运动和发展倾向,从而掌握了事物的法则和目的。在这个过程中,理性将一种表征性媒介引入生活,并对生活产生影响。如果没有这种表征性媒介的介入,生活将是僵化没有方向的,也就不会有美丽纷繁的艺术世界。同样，语言也以善意的失真拓展了其视域；语言的隐喻和句法结构给人们提供了一个观察经验的视角。语言虽然"辜负"其所言说的经验，但也将某一种经验的意义与另一种经验联系了起来。在话语中这两种经验基本上被等同为经验的共同积淀，因而不仅发音相似，而且性质相近。这就是为什么一个名言警句会以强烈的语言力度和节奏感，使它比其首次描绘的那个事件更容易被人们记住。这个事件如果不被转化为一则警句（描述成为新事件），它本身将不可能留存在人们的记忆中。在这个过程中，具体事件最终被转化成为一种思想。所以，当思想转化成为语言，语言又成为文学作品时，尽管从逻辑上看来，文学是一种虚构，但虚构包含在概念里，它不是表现在概念的表征上，而是表现在对其的理解上。文学作品不像科学论文或各式各样的新闻报道那样，能够提供有关存在的事物现象或者状态的客观知识或信息，但在某种意义上或更为根本的意义上，它与真实之间确实存在某种联系。

文学作品中的意象是一系列思想串联起来的漩涡融合，充满着活力。在某种意义上，音乐是一堆纯粹的形式，它必须将其"思想"融入其媒介，而不能将它们强加给其他非音乐质料。与之相反，科学试图揭示存在的隐秘结构，即尽可能地抛开偏见和语言的面纱。文学选择了一条折中路线，并使诸如音乐等各种艺术服从于普遍经验。归根结底，文学拒斥任何与现实事物无关的、无助于言说事物之间关系的、毫无意义的华丽辞藻和繁复铺陈；与此同时，文学又试图消化那个限定它的外在现实，将其转化为适合于心灵的理想性物质和质料。文学以戏剧化的眼光来观察世界——事物被整合成一些有机的甚至是人格化的统一体：文学通过其想象的或道德亲和性将这些事物统摄起来，并将那些原本是次要的但碰巧在人的冒险活动中发生某种作用的因素保存了下来。梅洛·庞蒂认为，对于作为日常的或者科学的意象而言，它有可能超越客观化的经验的层面去揭示事物现象的原初的经验。文学作品中常常揭示比日常的、科学的真理更为根本的真理，这种真理透过意象的文字跃然纸上，让读者深入其境，达到与作者在观念上的共鸣。所以，文学作品不止是诸多精神活动的一种类型或者一种原始的、尚未开发的状态的展现，它更像是观点鲜明的立场表达。因此，文学活动不是冲动，文学的目的是为了更清楚地解释现实世界，去鼓励人们认识现实世界，它将固有的灵动转化成某种更具实用性的东西，并将自己的情感冲动注入到人类生活的事件当中。

文学作品具有建构性。我们所相信和认知的世界是依据我们的语言或观念而自己构造和创作的。所谓的世界并不是我们的智识能力和独立的客观事物现象本身，而是对我们主观的思考作用的反映。因此，如果将认识的内容当做真理的话，那它绝不会是想当然地被发现的，而是被我们创造出来的。由此可见，借助语言、文字符号的文学作品，是一种象征体系，它通过意象构造出来诸多不同的世界，是一个虚构的世界或幻化的世界，这个世界是模糊、短暂、不完整的、片面的世界，是主体心理状态、观念、愿望、意志的一种投射。从这个角度看，文学作品是个体意向性行为的结果。例如，《西游记》中的猪八戒，他有着人的喜怒哀乐、有小聪明，但是它却具有神的能力，这是作者吴承恩的再造想象，它是在知觉性想象的基础上的重新熔铸和加工改造，创造出了不同于生活原型的文学形象来。文学作品中意象构造的形象具有黏合性、夸张性和典型性，充分体现了意象建构的独立性和新颖性。

（三）建筑意象

建筑意象表现出的更多是一种结构意象和和谐美。首先，建筑的美来自于人们对自身身体意象的一种想象和表达，希望达到一种和谐和健康的美。建筑师试图通过人为的、整齐均匀的、符合比例的结构来培育一种公共修养或公共品味。但凡能够引起人们景仰的伟大建筑,都必然拥有或获得某些与人本身的内在结构相协调的功能,否则,它们不会引起人们的注意或被认为是可以认识的。正是这些身体的需要催生了美感,就建筑而言,各种机械组合是为了一个共同整体目标而互相协调的美。其实,一般情况下,在建筑师的心目中有两种不同的关于建筑的意象:一种是建筑本身的结构意象,一种是装饰意象。结构体现了一种架构美,这是主体创造建筑物时的一种整体理念的表现。结构是主题,它还体现着一种功用性的象征和逻辑的表征,这种逻辑通过科学计算的手段得以实现。装饰意象则是在自身范围内体现了结构性,也体现了建筑的风格。桑塔纳亚认为:凡是能够真正使建筑生色的东西都是真正的装饰,凡是起到了装饰效果的东西,一定会使我们对外在世界的印象变得丰富多彩,进而使我们得到极大的视觉享受。① 他又举例:在我们内心深处,都有装饰的冲动及对装饰的敏感。当我闲散地坐在沙滩上,我会无意识地用手中的小棍子画出一些无意义的图案,或者我会从别人首创的思想中得到某种灵感进而作出某种设计,或者将蛰伏在我自己思想中的某些想法以一种象征手法完美地表现出来。我们会将两种不同的东西并置在一起,从而能够更好地将两种东西同时加以关照和参考。②

其次,建筑是一种繁复综合的意象。比如希腊神庙之一的帕特农神庙(见图3-5),它采取8柱的多立克式③,东西面是8根柱子,南北两侧是17根柱子,东西宽31米,南北长70米。其高与宽的比例被设计成了与人体黄金分割比接近的比例,以求美感。神庙的功用性是指希腊的神庙是一座"圣坛",宗教仪式并不能在里面举行,

---

① [美]乔治·桑塔亚纳:《艺术中的理性》,张旭春译,北京大学出版社2014年版,第117页。
② [美]乔治·桑塔亚纳:《艺术中的理性》,张旭春译,北京大学出版社2014年版,第117页。
③ 多力克式建筑,一般都建立在阶座上,特点是粗大雄壮,柱头是倒圆锥台,柱身有的有槽纹,有的没有,柱头没有装饰。

第三章 意象的特点、分类及解释

只能在神庙周围的露天举行,体现了古希腊人对"神"的敬仰,这种敬仰的意象方式就是对"圣坛"所奉之"雅典娜神"的敬仰。因此,它强调一种"纯美"而使之雕饰倾向并不是很多,但其已雕饰的细节却很精致。哥特式教堂建筑则要比古希腊神庙更多地表现出主宰性和永不满足追求的特点。这类建筑一般有高耸入云的塔尖,空间向度的尖锐对立和敦实的格局。这体现了人们虔诚的默祷和向上的追求,以及拉开人与神权的距离感,等等。比如法国的亚眠大教堂(见图3-6),这座建筑的结构对教堂建筑艺术的阐释与对基督教教义的教条化阐释是一致的:在该教堂中,其建筑结构在一座具有传统形式的建筑物中悄悄地注入了一种逻辑,展现了传统教堂建筑的灵魂和真正的价值。①

图3-5 希腊帕特农神庙

最后,建筑的意象是设计者内心的一种气势和寄托的表征。建筑是建筑设计者的灵魂的载体,即使没有修饰,那种自然赋予的骨架也足以说明一种内心的渴望、追求和虔诚的表达。作为建筑的欣

---

① [美]乔治·桑塔亚纳:《艺术中的理性》,张旭春译,北京大学出版社2014年版,第122—123页。

图3-6 法国亚眠大教堂

赏者，我们只能通过这些恢宏的气势、富丽堂皇的修饰以及内部的雕刻和绘画的图集，来想象其建造时的时代背景、人们的生活状态和及至今日所能感受到的魅力。于是，人们都会想象：每一个建筑都是一个人的诉说、一个群体的记忆、一篇完美的诗章和一部生动的小说。于是，建筑不是冷冰冰的花岗岩，不是单调的石碓，它在我们的意象之中是生动、有灵性、活泼、细腻的灵魂之物，它充满着震撼之美。

意象是琐碎的、模糊的、暂时性的，它的这些特点直接导致审美和谐的基础不完整、不持久，甚至容易使人误解，但审美和谐的形式却以音乐、文学、建筑、美术等具体的形态表达出了一种完整。即便这种不完整的综合是其内在的，但这种综合也因为意象的不成熟对现实不完美的摒弃而体现出一种完美的凝定。审美本身就是完美的代言，它恰恰表达了一种灵魂的真实感——世界上所有的力量、物质、现实和原则等都是臆断的产物，只是某种潜在的可能，即使按照道德标准来衡量，它们也仅仅是造就完美形式的工具。要捕捉这样一种意象，即以物质手段来呈现这样一种形式，人们首先必须认定，意象之下隐藏着某种本质的东西，而且正因存在这种东西，现实才是有用的。由于所谓完美的表征本是内在的，而且只有在追求完美的过程中所感受到的那种满足感才能予以衡量，所以，审美活动本质是追求内心呼唤的意象活动——理智首先来源于对心灵的阅读、对蛰伏在心灵底层内在渴望的解读，然后是对外在世界的阅读，对支配世界的法则和结构因素的解读。

第三节 意象形成的基本过程

海伦·凯勒是著名的作家和演说家，在她19个月的时候就失去了听觉和视觉。但是在她的头脑中却有一个繁花似锦的世界，她是如何做到对自然世界的认识？她靠着坚强的意志充分发展其他感觉来弥补自己的缺陷，通过积极的意象来填充未知的世界。那么，她是如何将感知觉和意象联系在一起的？意象搭起了二者之间的桥梁，感知觉信息经由大脑的系列加工形成记忆编码储存起来，通过个体的想象（意象）将之转化为可以被加工和理解的图像，也就是个体对感知觉的体验被表征为可以言说的感受。当然，感觉和知觉是既有区别又有联系的：感觉是接收、转换、传递内外环境中的原始感觉信息到大脑的过程。知觉指对这些感觉信息的筛选、组织和解释。感觉在感觉器官中发生（眼、耳、鼻、皮肤、舌），而知觉在大脑中发生。感觉是对来自感觉感受器的原始信息的加工，但要使这些感觉有意义，我们还需要知觉。那么，感知觉信息是如何变为图像的呢？内部的语言是否起到了一定的作用？感知觉信息与表征出的信息是一致的吗？我们希望在这一章，通过意象研究的相关理论做深入的探讨。

一、佩奥的双重编码理论

意象是实物不在当前的头脑中的形象。意象表征的形象可以不是当下发生的，因为它具有时间的延展性和空间的多维性，它不是对物理世界或刺激的直接反应，它以另一种方式存在于意识领域，但却反映着主体当下的状态。比方说，我们日常生活的外部表征（如书写、图画和图表）和我们内在的心理表征之间的区别是什么？由此，意象与表征是孪生体，它们共同表征着一种不存在。于是，关于二者的关系理论就产生了。①

艾兰·佩奥在阐述意象和命题表征之间的差别时，提出了两种信息处理系统，其一是关于言语系统的，其二是关于非言语系统的。②言语系统的基本加工单位是词元，非言语系统的加工单位是象元；前者以编码、加工、储存和提取等类似记忆的过程来处理认知信息，后者则处理情景和图像信息；前者通过高级中枢经神经冲动沿不同的路径传导信息，后者通过感觉通道接收和处理信息。

在一个特别的系统内部，当一个口语单词被加工时，根据单词的读音该单词被某一词元识别出来。词元这一概念源自莫顿的单词识别理论。如果将词元规定为感觉通道特异性单元，其整合信息的功能如下：如单词"雨"（rain）就具有多个词元。因为词元是具有感觉通道特异性的，所以，在某种意义上，系统可以有独立的词元来区分口语"雨"及其视觉形式，即字母串 r-a-i-n。在非言语系统中，与词元相对应的是象元。象元对视觉、听觉和触觉所感知的信息进行识别和表征，它不需要指明加工单元的内部工作机制，或者确定被加工项目的详细表征。

我们的眼睛、耳朵、皮肤以及其他的感觉器官都含有特异性细胞，接收和加工来自环境的感觉信息，这些细胞叫做感受器。对于每一种感觉来说，这些细胞对某种特别的刺激做出反应，如光波、

---

① 在认知心理学和认知神经科学中，"意象表征"通常用"表象表征"来陈述。
② Paivio, A., Yuille, J. C., Madigan, S. A., "Concreteness, imagery and meaningfulness values for 925 nouns", *Journal of Experimental Pshchology Monographs*, 1968 (78).

声波或者化学分子。感受器将刺激转化为神经冲动，之后输入大脑。不同的感觉细胞的数量、类型是不同的，具体的兴奋细胞和最终使神经兴奋的具体脑区被激活，经编码后，由于激活它们的环境刺激不同，造成了它们各自的神经冲动沿着不同的路径传导，并到达不同的脑区。这其中发生了"联觉""换能"和"感觉简化"等多种作用，达到了大脑对感觉信息的识别与存储。比如，佩奥发现在自由回忆和再认条件下对图形的记忆效果都要好于对词汇的记忆。[1] Paivio 从图形比词汇更容易记忆的事实提出，意象编码要优于言语编码的记忆效果，也就是象元提取的效果优于词元提取的效果，而其中原因至今还不是很清楚。[2]

表 3-1　符号系统与感觉运动系统之间的关系以及奥佩的双重编码理论中各子系统信息表征类型

感觉运动系统	言语	符号系统	非言语
视觉的	视觉形式的词		视觉物体
听觉的	听觉形式的词		环境声音
触觉的	书写模式		对物体的"感觉"
味觉的	—		味觉记忆
嗅觉的	—		嗅觉记忆

然而，对于具体词和抽象词的回忆成绩差异，双重编码理论是存在矛盾的。部分原因是，这些对比结果具有相关特征。但结果只是表明可意象程度/具体性与良好的记忆成绩相关。比如，那些不涉及意象加工的类似指导语也会产生类似效应；言语中介指导语也可导致对具体材料比对抽象材料的回忆成绩更好。交互意象和言语中介指导语二者均是有效的，因为它们提高了要记忆的信息的组织和

---

[1] Paivio, A., Linde, J., "Imagery, memory and brain", *Canadian Journal of Psychology*, 1982 (36), pp. 243–272.
[2] Paivio, A., "The empirical case for dual coding", In J. C. Yuille (Ed.), *Imagery, Memory & Cognition: Essays in honor of Allan Paivio*, 1983.

凝聚力。可是，仍然有研究结果是倾向于双重编码理论的。第一，意象词的回忆成绩高于朗读词的两倍，说明了非言语编码在回忆中的优势效应。第二，对言语信息的强调使得言语信息和图像信息具有了相同条件下的等同位置。第三，相对于只表象或朗读了一次的词汇的回忆水平而言，在预期出现双重编码的条件下，回忆存在一个具有统计学意义上的累加效应。第四，对照这些结果，当一个重复出现的单词以同样方式编码时，大量重复并未产生类似的累加效应。

一个单一系统内部的干扰效应。 佩奥的理论把知觉和表象本质上看成是一样的。[①] 例如，在谈及非语言系统时，这个加工过程负责处理形成视觉表象的认知任务和场景分析的知觉任务。因而，任何演示知觉和表象任务之间相互干扰的实验发现都是支持这一理论的进一步证据。也就是说，如果知觉任务成绩受到表象任务干扰，或者反之亦然，那么很有可能这两个任务均利用相关的加工成分。这种干扰出现于正常情况之中。比如，我们让被试进行动物体型大小的比较：用文字表示"大象"和画"老鼠"的图形，发现这样的比较比单纯地用图形比较大小要耗费一些时间。原因就在于言语加工和图形加工是具有通道特异性的，转换是需要时间的。因此无论是言语信息转换成非言语信息，还是反之，都表明了视觉和听觉表象与言语表象等都互相存在干扰，即便都是感觉信息，也是存在干扰的。

然而，这并不足以揭示干扰效应。巴德利等人又设计了一个实验[②]：被试聆听关于一个矩阵内数字位置的描述，然后要求重构这个矩阵。这种口头描述可能容易形象化。干扰任务是旋转追踪，如用

[①] Paivio, A., *Mental representations: A dual coding approach*, Oxford: Oxford University Press, 1986.
[②] Baddeley, A. D., "Neuropsychological evidence and the semantic/episodic distinction", *Behavioral & Brain Science*, 1984 (7), pp. 238–239.

视觉追踪一个按圆形轨迹运动的观点等。这一任务导致了一个很不一样的干扰现象：易于形象化描述的成绩反而受到干扰，而难于形象化的则不受影响。这种干扰不一定是视知觉加工过程所引起的。Baddeley等发现，如果同时性任务是视觉性的而不是视觉和空间性的，那么，干扰效应就会消失。类似地，当同时性任务是纯空间性时（即被试戴上眼罩根据听觉反馈指向一个移动钟摆），干扰模式重新产生了巴德利等原始实验中所展现出来的效应。

纵观佩奥的双重编码理论，其秉持的一个重要原则就是：以视觉形式和语言形式表征的信息是来自两个编码系统的，如果将两个编码系统同时运用到对记忆信息的提取，其记忆效果要好很多。这些都表明了，人类的认知是独特的，亦即人类的大脑在处理信息时语言和非语言双重编码的启动效应会直接影响记忆的效果。语言系统在直接处理文字信息的同时也处理图像信息，充当着表征事件和行为的符号功能角色，就像一个"树桩"一样，对文字处理的活动中使用了想象或意象，唤起了记忆存储的信息，使得回忆的效果很好。但是这个"桩"只是认知处理活动的中介物，主要功能是唤起线索中非编码工具，其记忆效果明显高于无线索的组别。当然，佩奥实验说明的干扰预测实际上依赖于以下假设：视觉表象牵涉视觉而不是空间表征。但是，法拉、莱文和卡尔瓦尼欧等人却认为表象是视觉的还是空间的争论是一个错误，表象兼具视觉和空间的双重特性，因为大脑中存在着对感觉信息做出反应的特征觉察器，它可以筛选信息，进行选择性注意，让我们对新异刺激加以注意，对不变的刺激习惯化。

双重编码理论的神经心理学证据。针对佩奥的理论，法拉和哈蒙德等人发现了两个系统在大脑中的定位。[1] 例如，对大多数人来说，左半球与涉及言语加工的那些任务有关。相反，右半球主要处

---

[1] Farah, M. J., "Neuropsychological inference with an interactive brain: A critique of the 'locality' assumption", *Behavioral & Brain Sciences*, 1994b (17), pp. 43-104.

理非言语特征（如面孔识别、面孔记忆和非言语声音识别）。更进一步来说，在每侧大脑半球内部，似乎存在一些专注于感觉—运动的子系统：视觉的、听觉的和触觉的子系统。尽管双重编码理论对各符号系统进行了明确区分而且这些系统在某种程度上也是局限于某些大脑区域，但佩奥并不坚持这些系统一定与大脑半球相关联。

有证据表明，简单的左右半球功能定位区分并不能很好地解释人类对具体和抽象词加工的情况。运用速视器对单词识别的研究表明，加工具体词和抽象词存在在大脑半球功能定位上的差异。特别地，对那些呈现于右视野的抽象词比那些呈现于左视野的识别更好一些。然而，后来的研究者发现这种成绩的不对称性是不能得到完全确认的，比如，失读症患者在阅读低表象且抽象的单词时，其困难程度要更甚，因为他们在理解抽象词意义时存在选择性障碍。

二、科斯林的表象计算模型

之前我们也提到，许多人类问题的解决不是通过规则下的推理来完成的，而是构建了许多模型。比如心理现象的描述，因为心理现象具有内隐性和不可观察性，因此，说明心理现象的存在和产生只能以概念、逻辑关系、概念和规则整合起来阐释。意象作为一种心理现象其复杂性和内隐性也不是单个概念或命题就可以解释清楚的，因而很多研究者也是借助了模型对其进行描述。以往意象表征的理论大致可以分为三种：其一是可以将意象表征看作是语言的描述；其二是以佩奥为代表的多重意象表征理论；其三认为意象表征就是一种图像表征或符号表征。

斯蒂芬·科斯林及其助手在1994年出版的著作《表象和大脑》

中提出了一个强大的关于表象的视知觉理论。该理论认为[①]：第一，视觉表象通过具有特定形状和空间功能的"空间载体"来表征各种空间关系；第二，空间载体的表征因为受到小颗粒的有意模糊行为，而使得其分辨率不高，即只有中心部分的分辨率较为清晰，其边缘处的信息、细节部分被模糊掉了；第三，表象的生成与衰退几乎是同步的，因而表象不具有恒常性；第四，表象的对象信息是类比于实体信息的，所以，二者具有同质性和可比性；第五，命题文件信息不能直接进行比较，必须转化为具有实体实质性特征的信息才能进行比较。

图 3-7 是以产生一只鸭子的表象为基本任务的计算模型示意图。该理论认为几个结构与过程会牵涉其中：用来存载鸭子表征的空间载体、贮存关于鸭子的各种知识的命题和表象文件以及在载体中利用这些文件产生表象的加工过程。

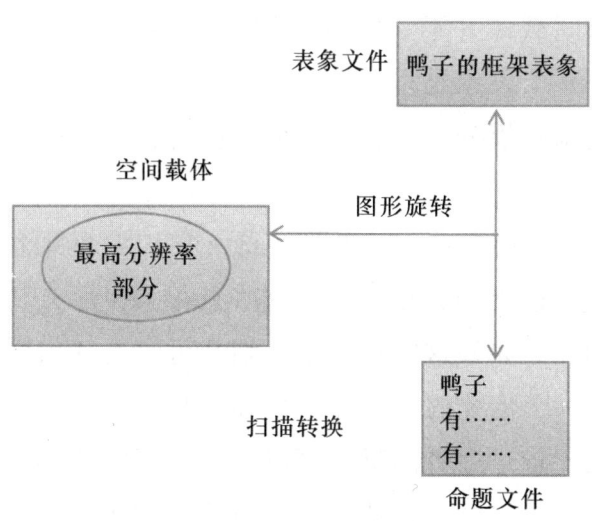

图 3-7　科斯林的表象计算模型示意图

---

① Kosslyn, S. M., *Image & brain: The resolution of the imagery debate*, Cambridge, MA: MIT Press, 1994.

(一) 空间载体

空间载体好似一个电视机屏幕，这个二维平面被分解成百万或千万像素，像素又依据坐标被规定在二维平面的位置上。于是，用来表征鸭子的表象空间载体就具有了四个特征①：

第一，它具有空间的功能，表征着空间关系。如果一个目标被表征于这个空间的最左上方而另一个目标被表征于最左下方，那么两个目标的相对位置将被维持下来（第二个目标位于第一个的下方）。空间载体又好似一个物理空间，在这个空间里，它具有一个有限的范围以及拥有边界。如果表象在任何方向上运动太远，那么它们将超出载体，这就好比幻灯片投射到屏幕上一样。并且，空间将具有一个确定的形状，尽管最高分辨率的中央区域大致是圆形的，但载体在周边就变得更扁一些。

第二，空间载体并不一定以一致的分辨率来表征表象。相反，在载体中央，一个表象是以最高的分辨率来表征的。从中央开始，它开始变得越来越模糊。这有点类似于视野，它也是在中央区域具有最高的分辨率。

第三，载体具有颗粒。一幅照片或一个 VDU 的颗粒是指构成照片颜色的最基本色点的大小。如果这些点很大，那么其表征细节的能力是有限的，而如果这些点很小，则其可以表征出更多具体的表象。比方说，一个传统的电传计算机屏幕与一个典型的个人计算机显示器之间的比较。后者的颗粒可以描述不同字形和图片，而在电传计算机上则是不可能的。从而，空间载体的颗粒清楚地决定了什么能够或者不能够表征。它也意味着，当表象变小时，它的一些部

---

① Kosslyn, S., N. Albert, W. Thompson, V. Maljkovie, S. Weise, C. Chabris, S. Hamilton, S. Rauch, and F. Buananno, "Visual mental imagery activates topographically oraganized visual cortex: PET investigations", *Cognitive Neuroscience* 1993 (5), pp. 263–287.

分可能会消失,因为颗粒不够细致以致不能表征这些部分。特别地,一个更大表象的一部分可以用一个单点来表征。

第四,只要载体中产生了一个表象,它就将立即开始衰退。因此,如果该表象需要维持于载体中,那么它需要被重新产生或刷新信息。一种类似的衰退伴随着视觉后像一起发生。当我们注视明亮的灯光然后闭上眼睛时,我们将会看到因对视网膜细胞过度刺激所引起的视觉后像。尽管这些视觉后像不同于视觉表象,但它们同样具有迅速衰退的品质。

(二) 表象文件和命题文件

尽管我们可以通过脑定位了解"鸭子"的形象是在什么部位表征的,但是却不知道它是如何表征的。在科斯林的计算模型中[1],假定在空间载体中存在表征散点坐标的表象文件。表象文件通常表象事物的大致框架和粗略特征,而忽视或模糊掉了一些细节或各部分的具体特征。物体的这些细节部分可以在其他表象文件里得到表征。也就是说,我们首先形成一支鸭子的框架表象,然后再在原来的框架表象中添加鸭子的翅膀、鸭蹼等其余细节部分。

命题文件则列出了鸭子的各种特征(如有翅膀、有鸭蹼等),以及这些特征与鸭子的几个基础部分(即躯体)之间的关系。所谓基础部分是指对目标表征起关键作用的那一部分,而且将与针对目标的框架表象文件建立联系。因而,针对鸭子的命题文件可能包含联系鸭子的翅膀部分与基础部分的切入点:例如,"WINGS LOCATION ON EITHER SIDE BODY"表明翅膀是在身体的两侧。在命题文件中其实都包含着很具体的表征对象的特征,这些特征是对象对于上位概念所特有的、区别于上位概念中其他对象的独有特征,比

---

[1] Kosslyn, S. M., Sukel, K. E., Ely, B. M., "Squinting with the mind's eye: Effects of stimulus resolution on imaginal and perceptual comparisons", *Memory & Cognition*, 1999 (27), pp. 276–287.

如冰箱和沙发，其特定概念的下位水平是单开门冰箱、双开门冰箱、布艺沙发、皮质沙发等等。鸭子的上位概念最有可能的是（有翅膀、会飞、有羽毛）概念类别的信息。

命题文件中所包含的信息与表象文件相关。例如，命题文件中的基础部分就拥有一个联结或指针与包含物体的框架表象的表象文件发生联系。类似地，物体的细节部分与包含这些部分的表象的表象文件发生联系。例如，翅膀部分与包含构建翅膀表象的坐标信息的表象文件发生联系。

（三）表象加工过程

采用命题文件和表象文件来共同表征一个对象的时候，我们需要经历下述几个过程：分别为图形（PICTURE）、寻找（FIND）和放置（PUT）。当要求表象时，表象过程首先检查指导语中提及的物体（鸭子）在它的命题文件定义里是否具有对框架表象文件的说明。如果有这个文件，那么图形（PICTURE）过程利用关于表象的坐标信息并在空间载体中对其进行表征。除非表象的位置或大小是确定的（如果表象一只黑鸭子），否则表象将被产生在空间载体中的一个区域（其特征是具有最高的分辨率以及能够覆盖这一区域的大小）。放置（PUT）过程指引图形（PICTURE）过程把余下的表象部分放置到框架表象中的适当位置。比方说，放置（PUT）可能运用关于翅膀位置的命题信息并把它们追加到躯体框架表象的两侧。然而，放置（PUT）必须利用寻找（FIND）去把已经存在于表象中的目标部分与即将要表象的新的部分联系起来。当翅膀的恰当大小和位置已知时，它们就被追加到表象之中了。（如图3-8）

在给出更多特定知识的条件下，如"鸭子有一个喙状嘴巴吗""近距离地表象一只位于鸭子翅膀顶端的小虫"或者"把鸭子旋转180度"，加工过程扫描（SCAN）、寻找（LOOKFOR）、摇摄

(PAN)、缩放（ZOOM）、旋转（ROTATE）对表象进行一步操作。这些过程的名称是自解释性的。在模型中，每一过程均被模拟成一组特定的程序（如扫描和旋转表象）。这些过程被用于解释心理扫描和心理旋转研究的结果。

图3-8　一只鸭子的框架表象和在此基础上添加的翅膀部分

科斯林理论的实验证据。科斯林的工作具有几个重要且受人欢迎的特性。第一，加工过程以计算的方式呈现，清晰、明了。第二，他关于表象特征的描述是清楚的。第三，这些颇为具体的理论假说大都获得了实验支持，其中包括该理论的适用范围、颗粒分布性、表象的衰退和空间载体中的高分辨区域等方面的证据。

实验一　表象追踪任务

科斯林运用表象追踪任务（the image tracing task）[1]去验证关于空间载体的有限范围和关于颗粒性方面的假设。正如之前我们提到的例子，实验中，主试总是要求被试先表象一个物体的轮廓（或一个目标），然后再去添加细节或特征性的东西。这里涉及一个情景效应，如果同时表象两个物体，比如同时表象老虎和兔子，显然老虎在同一情景下表征出来的形象要占据相对较大的空间；如果同时表

---

[1] Kosslyn, S. M., "Can imagery be distinguished from other forms of internal representation: Evidence from studies of information retrieval time", *Memory & Cognition*, 1976 (4), pp. 291–297.

象兔子和蜻蜓，那么兔子又会占据相对较大的空间。（如图 3-9）

图 3-9　大象与兔子的表象和兔子与蜻蜓的表象

从空间载体颗粒性假说出发，这两个动物对应的表象应该导致对兔子的可视特征上的区别。在兔子—老虎对中，兔子的许多特征应该是不容易"看见"的，而在兔子—蜻蜓对中，它的绝大部分特征应该是容易"看见"的。这种在"观看"特征时所表现出的困难应该可以转化为在判断特征是否出现的反应时上的差异。

基于上述前提假设，科斯林设计了相关实验[①]，即通过不同对中对兔子的某一特征判断的反应时（判断兔子是否有一个突出的鼻子）比较，结果发现，被试在兔子—老虎（他用大象代替）对中需要花更长的时间去观看兔子的部分结构，而在兔子—蜻蜓（他用苍蝇代替）对中则更少一些。科斯林还指出，被试的内省报告表明他们常常通过"放大"技术去观看主观上更小一些的表象的各个部分。

后来，科斯林等人又做了一项实验[②]，他们要求被试观看或者形象化分别位于四个象限的条纹状分布。通过变化分布中条纹的宽度，

[①] Kosslyn, S. M., Shwartz, S. P., "A simulation of visual imagery", *Cognitive Science*, 1977（1），pp. 265–295.

[②] Kosslyn, S. M., "Measuring the visual angle of the mind's eye", *Cognitive Psychology*, 1978（10），356–389.

实验者可以创建高或低分辨率刺激。科斯林等发现当评估斜条纹分布时,被试不论在知觉还是表象条件下均会出现更多错误,而且在进行表象时也会需要更长的时间。结果表明,尽管知觉和表象具有共同机制,但是在表象加工中被表征高分辨率信息要比在知觉加工中更为困难一些。

2. 实验二 空间载体的证据

科斯林在1978年设计了一组实验来检验载体具有有限空间范围的观点①。假设我们的视野张角为我们眼前的100度视圆弧。如果我们注视这一视野内的某一物体,那么在给定的距离内,物体将占据一段圆弧。如果我们向物体靠近并且它是一个较大的物体——像一辆双层巴士,那么最终它将完全填满这段圆弧,甚至可以溢出圆弧(如图3-10)。也就是说,它可以延伸至我们的视野之外。可以用这个原理来测量空间载体的有限范围。如果我们假定空间载体具有有限范围并且拥有一段相似的视觉表象圆弧,那么测量被表象目标大小的方法之一是根据它所占据的圆弧大小来测定。在某一点上,一定大小的某一物体应该会溢出载体的范围。为了验证这个假设,要求被试闭上眼睛并且去表象一个远处的物体,然后,要他们在心理上逐步靠近这个表象直到他们到达一个地点而能够一眼看清目标的全部(即在即将超出那个溢出的点范围内)。最后,主试要求他们依据所看见目标的主观大小判断那个物体与他们之间的距离。如果空间载体具有有限范围,那么目标越大,溢出点就越远。科斯林的实验恰好证实了这一点。总的来说,对溢出点的估计距离与被表象目标大小呈线性关系。

---

① Kosslyn, S. M., Ball, T. M., Reiser, B. J., "Visual images preserve metric spatial information: Evidence fromstudies of image scanning", *Journal of Experimental Psychology: Human Perception & Performance*, 1978 (4), pp. 47-60.

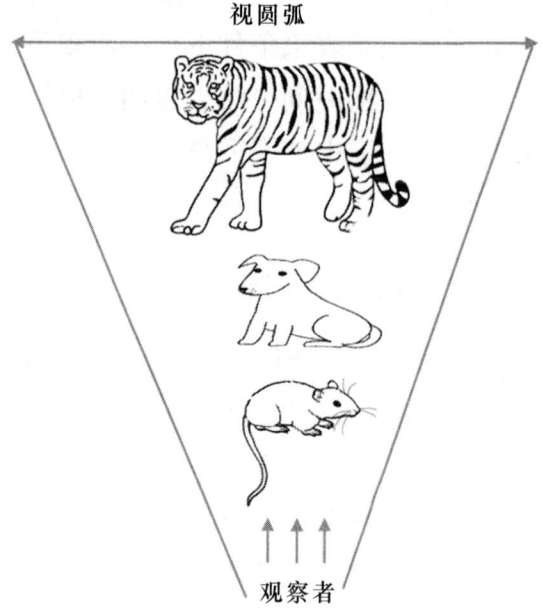

图 3-10　大小不一的动物所占的视圆弧度数

科斯林的理论为解释大脑损伤患者行为模式的改变提供了理论支持：大脑左半球在视觉表象产生中起到直接的作用，右半球则在心理旋转中扮演着重要的角色，但两个半球都参与表象产生活动，只是各自的工作模式可能有所不同。

综上所述，空间载体的表征可以被看作是比较复杂的、不可调式和具有空间拓扑性质的表征模型，它以详细的理论构想说明情境内物体的保存及其排列情况。而且，从神经科学的证据来看，意象存在神经学的可分离性，意象表征的空间子系统在功能上是彼此相互独立的。因此，从科斯林的理论可以认为：首先，意象的空间成分保存了"意"的信息，即情境意义的信息，并且这个位置是具有相对独立性的；其次，视觉成分保存了"象"的信息，即视觉图像信息。显然，空间载体表征模型将"意象"的涵义从字面上就进行了分离——"意"与"象"两个部分，这两个部分的信息储存在大脑中彼此独立的两个部分，各自表征出不同载体的信息。空间载体模型通过将"意"的信息符号化，并按照一定的顺序进行排列，然后融合"象"的信息描绘了表征出的带有实体形式特征的世界及其特有的关系。

三、韩丁的网络模型理论

人们通过对大脑的解剖，发现大脑的一些区域，比如海马回，其解剖结构非常像网状。众所周知，大脑中信息的传递是依靠神经突触来实现的，因此，人们将网状结构与神经突触的这种联系映射到工作模型上，就产生了联结主义的模型方法，即心理功能的实现是依靠网状的联系，神经突触的联结或联系可以达到信息传递的效果。那么，网络模型理论就基于了这样的假设：（1）神经网络是人造神经元的多层次的分层排列，彼此相互联结；（2）神经元的输入和排列在同一个平面；（3）神经元之间联系的点被称作"节点"，处于一种开/关的状态；（4）每个神经元都在等待被激活；（5）信息输入后，有几个可能的函数决定了某个节点的输出；（6）神经元的激活有强弱之分，直接导致了信息输出的可能性；（7）如若一些神经元受到破坏，网络模型依然可以运行。

基于上述的假设前提，韩丁模型强调了分布式表征，即无须借用命题规则，以亚符号特性模拟负载的行为。如何理解分布式表征？比方说，一个苹果的色彩和香味可以通过一组属性（针对苹果的图像）或一个命题［苹果（x）］来表征。一个分布式表征并不拥有外显的表征这个苹果的任何符号，而是贮存各加工单元间的联结强度（这些单元负责创建关于这个苹果的色彩和香味）。

苹果的色彩以从视觉环境中接收的信息为单元在感觉信息的筛选下转化为简单信号，在感觉通道中被激活；而苹果的香味则从味觉环境中接收的信息为单元在感觉信息的筛选下转化为简单信号，也被激活。将这两种激活模式以某种形式联结起来用矩阵表示就是如下情况：

苹果的色彩被视觉单元中一种特定的激活模式所表征（以+1、-1、-1、+1为特征），而嗅觉激活模式则通过嗅觉单元来实现（从上至下-1、-1、+1、+1）。一个视觉单元对一个嗅觉单元的影响是通过视觉单元的激活量与它对嗅觉单元的联结强度的乘积决定的。因此，所有的视觉单元都以如下方式产生了第一个嗅觉单元的输出：

第一视觉单元+1×-0.25（第一个联结）=-0.25
第二视觉单元+1×-0.25（第二个联结）=-0.25
第三视觉单元+1×-0.25（第三个联结）=-0.25
第四视觉单元+1×-0.25（第四个联结）=-0.25
第一嗅觉单元-1（各项求和）

以这种方式的联系，个体以分布式方式表征了这个苹果的色彩和香味之间的联系。

通常，我们并不会知觉到这种"联系"，视觉和嗅觉单元的各种联结能被组合起来以便产生嗅觉输出-1、-1、+1、+1。通过这种方式，被试以分布式方式表征了这个苹果的色彩和香味之间的联系。我们还可以在同一网络中以一种不同的兴奋模式来表征另一目标的色彩和香味。例如，一份炸鸡排的色彩和香味能分别以（-1、+1、-1、+1）的视觉模式和（-1、+1、+1、-1）的嗅觉模式来定义。这里要强调的是，网络中联结强度会有所不同。

（一）分布式表征和局部表征

不是所有联结主义模型均采用分布式表征。即使这些模型还是用单元网络，它们也采用类似于符号范式中的表征，联结主义称之为局部表征。分布式表征和局部表征之间的关键区别有时是很微妙的。在一个分布式表征里,"各单元代表一些细微的类似于特征的实体,整体的模式是进行分析的意义单元"。分布式表征中的主要原则是,在同一组单元里,不同项目分别对应不同的兴奋模式,而一个局部表征则具有"一单元一概念"的表征。而后者的各单元则代表了完整概念或其他大型的意义单元。

为了进一步说明二者的区别,用两种模型处理同一个任务(如图3-11[①]):A图在中间层对单词进行局部表征,而B图在中间层进行的是分布式表征。B图的中间层的每一个单元都可以被整个单词集中的任一个单词的字形表征激活。然后这一单元提供输入给激活它的任何一个单词,从而激活这些单词的所有语义特征。只有那些包含单词"cat"的单词集才出现在网络B中。注意只有那些从所有单词集中接收输入的语义特征才是"猫"的语义特征。

在局部表征模型里,网络的中间层拥有一个代表单词的单元。因此,一个特别的字形串会激活这个单词单元以及与之相关的意义。简而言之,中间层存在一个一单元一概念表征(如图3-11 A图)。在分布式网络模型中,字形单元归入单词集单元,而后者又归入语义单元。只要字形单元模式激活那个集里的一个项目,那么一个单词集单元将被激活起来。一个集可以是所有的以ca开头的三个字母组成的单词或者所有以at结尾的词。因此,在这种分布式表征里,激活从字形单元传播至众多不同的单词集单元,而且后者依次将激活传播至义素层,表明哪些语义特征集与这一特别的字形设置有关。这种表征就是分布式的,因为每一单词集单元均参与了许多单词的表征加工。以另一种方式来说,在同一单元集内,不同项目对应可替代的兴奋模式(如图3-11 B图)。

[①] 转引自 David E. Rumelhart, James L. McCelland, *Parallel distributed processing: Explorations in the microstructure of cognition*, Volume 1. The MIT Presso.

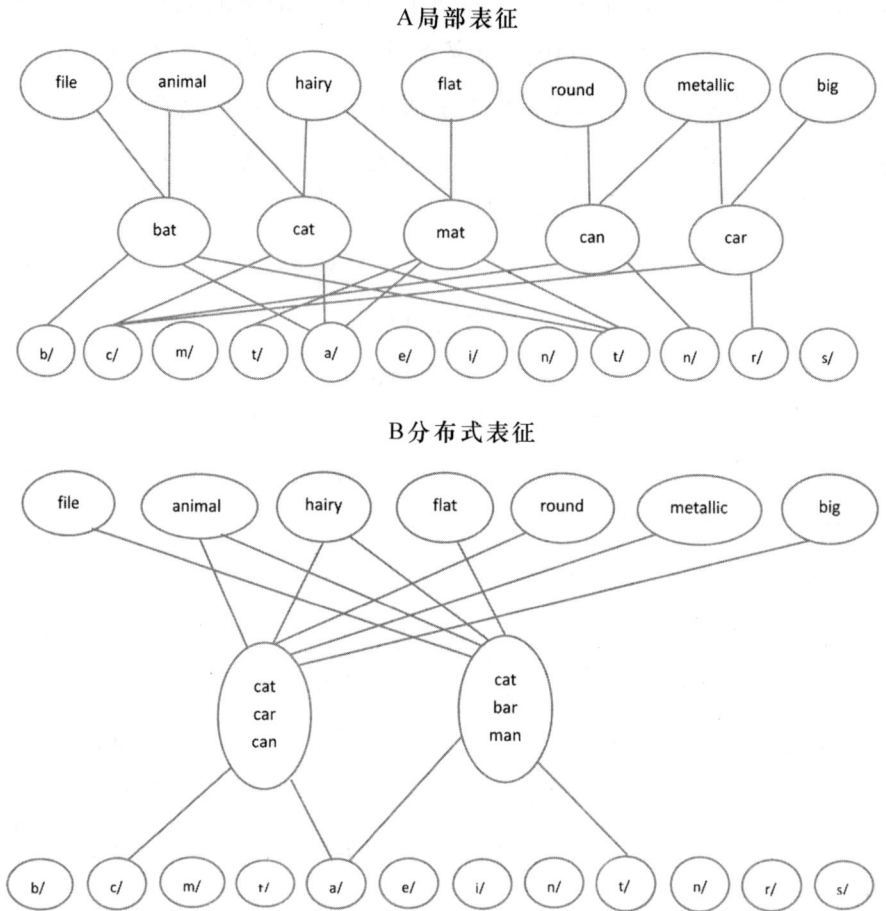

图3-11　分布式表征和局部表征的实例对比

但其实，仔细推敲一下这两种表征模式，二者的区分是模棱两可的。因为，即使网络拥有与单一该概念相对应的单元，运用兴奋扩散的语义网络与其他分布式表征之间就不是很容易区分。类似地，分布式表征里的单词集并不是完全的类特征实体，而是可以被类化为意义性整体的。

（二）分布式表征和意象（命题）表征

表象的加工过程是高级的认知加工过程，它融合了注意、记忆、思维和语言等多种认知加工方式，他所表征的对象，不是单一的对物理世界的反映，而是经过类比、模仿、模拟方法的运用，综合了视觉、听觉、嗅觉、味觉、运动觉等多种信息的筛选和联觉，才形成了一个与空间实体相似的对象或现象。比方说，当你听到某一首歌、闻到某种水果的香味或看到椰树林，这些都会让你想起在三亚度过的假期，就好像任何一个简单的物理刺激，都会唤醒整个记忆。那么，分布式表征就是上述的单一的对物理刺激的表征反映，而表象表征（命题表征）就是一种整体性的表征。

因此，分布式表征可能更接近于认知的微观表征结构，而表象（命题）表征则更侧重于认知的宏观表征结构。二者是一种互补性的依赖关系。

通过韩丁的网络模型理论，我们似乎可以看到意象表征过程中的网络联结和传递信息的强大功能，然而，必须正视的是其无法避免的局限性：（1）在细粒的结构中，大脑的很多部位明显不像是网络状的，但是它们仍然可以承担认知的功能；（2）视觉器官，包括眼睛和视皮质，在进行视觉表象表征的时候，脑扫描非常清晰地显示脑的其他部位也是很活跃的，因此，大脑的功能性定位假说绝对是值得推敲的；（3）我们注重了神经突触的接触性传递功能，却忘记了神经递质这一物质性东西的作用，就像汽车没有汽油不能行驶一样，没有神经递质的存在，神经元的接触也实属枉然。

意象表征在某种程度上可能是一种有意识的内省，它在执行任务的时候同大多数认知任务一样是不可观察的。如果将这个过程以实在论的方法变为任务和工具隐喻相结合，那么就是我们预设了经验的适当性和本体论的似真性的结合，因为人工的这种智能模型被类似为真实的神经机制。

第四节 关系组织理论

一、关系组织理论

在解释关系组织理论的时候，我们需要解构三个主要的隐喻：表征、信息和编码。隐喻的作用在科学领域是极其重要的，没有隐喻的概念，理论就无法构思，模型无法建构，因此我们这里先将这三个隐喻分析。

表征（representation）是被记忆了的模拟物或想象物，它以模拟或想象的状态或形式储存在人的大脑中。在计算机刚刚诞生的时候，我们通过键盘，以二进制系统表达了人们想要的信息输出结果。信息（information）是人们认识世界的主要内容，它的外延非常宽泛，以至于它包含了语言、符号、图像甚至是个体的主观体验等等，这些东西可以是观察到的，也可以是想象而无法言说和观察的东西。编码（coding）是计算机科学用语，是关于人际交流的一个彻底的"导管"式理论。① 关系组织理论是一种描述性的模型理论，借助了上述的三个隐喻将意象表征的过程简化并突出了重要的关系。

关系组织理论主要讨论的也是外在刺激、编码储存、加工提取等与意象、记忆、学习都有关的理论设想。鲍尔提出了这一理论的

---

① 转引自［英］罗姆·哈瑞：《认知科学哲学导论》，魏屹东译，上海科技教育出版社2006年版，第229页。原文是这样翻译的："编码"是关于人际交流的一个彻底的坏理论的考古遗存，有时讽刺地称它们为"导管"理论。这个理论一开始就坚持错误的观点。

第三章 意象的特点、分类及解释

基本设想。他认为[①]，外在的刺激是以代码的形式储存在头脑中的。这些代码按层次组织起来，其中的一个层次就是意象。意象在学习记忆中的作用是将刺激项目组织成一个单元，加强联想的强度，而不是产生生动、具体的形象，有利于刺激的分化。

鲍尔在一项实验中研究了意象对记忆操作的影响。[②] 实验任务是配对联想学习（paired-associate learning），学习材料为成对的单词。指导语有三种：(1) 让被试想象单词所表示的物体在相互作用。如单词为箭和树，可想象为一支箭射穿了一棵树。(2) 让被试想象单词所表示的物体彼此没有关系。(3) 让被试进行机械复述，不要求形成意象。将被试分组，分别接受一种指导语。学习结束后，进行再认和回忆两种测验。

实验结果见表3-2，从表上可以看出，在再认条件下，三组被试的成绩几乎相等，没有差别。而在回忆条件下，"相互作用"组的成绩明显优于其他两组，而非相互作用组与机械复述组之间没有显著差别。这说明，单凭意象（如第二组），对记忆的促进作用并不大，而当意象把两个单词所代表的物体联系起来的时候，意象的促进作用才显现出来。这种促进作用只出现在回忆条件，在再认条件下不明显。

表3-2 想象指导语不同的三组被试对实验材料的识别和记忆

组别	再认	回忆
相互作用的形象	0.87	0.53
非相互作用的形象	0.83	0.27
机械复述	0.84	0.30

[①] Bower, G. H., "Imagery as a relational organizer in associative learning", *Journal of Verbal Behavior*, 1970 (9), pp. 529–533.

[②] Bower, G. H., "Mental imagery and associative learning", In L. Gregg (Ed.), *Cognition in Learning and Memory.* New York: Wiley, 1972.

沃伦、韦伯和洛里在研究意象的特性对记忆的影响时，同样证明了关系组织理论。实验时向被试呈现一些成对的名词，如钢琴—雪茄，与此同时呈现这些物体的轮廓画（如图3-12）。图画按照两个物体的关系分成四类：（1）两者相互作用，形象奇异；（2）两者相互作用，形象不奇异；（3）两者不相互作用，形象奇异；（4）两者不相互作用，形象不奇异。除以上四种实验条件外，还有一种控制条件，即只呈现单词，不呈现图片。被试学习后，进行回忆测验。结果表明，只有当两个物体发生相互作用时，回忆的成绩才最好，而形象奇异本身对记忆没有影响。

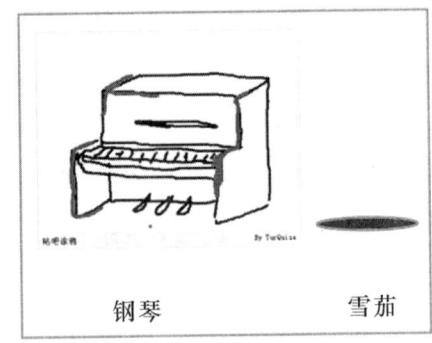

图3-12　图形的特性对记忆的影响（实验用图）

鲍尔的关系组织理论践行了认知过程是一个基本的心理过程。从信息的输入、再到信息的筛选、分类、编码、转换等一系列加工过程，进而转化为头脑可以识别的信息，并在这里表征出新的对象，最后输出信息或指导人们行为的指令。这个心理过程始于个体对外界信息的感觉和知觉。感知觉信息加上想象的作用，使我们可以认识更多的外部世界，也可以使记忆的痕迹更加深刻。于是，我们在鲍尔的理论中看到了意象的强大作用，这恰恰是实在论所要阐述的内容——世界似乎可以分为两个部分，一个是我们可以触碰和感知的自然世界，一个是我们意识或意象的世界，两个世界具有一定的相似性，彼此独立又不乏联系，我们可以通过意象的世界创造出自然世界所没有的东西，但创造的前提是我们能够感知的自然世界——对物理实体做概念的进一步延展、改变其性状、增加多维度的视角观察等方法创造出新概念或新事物。自然世界与意象世界是一个螺旋式上升的过程，它们彼此依赖，又彼此制约，螺旋式地产生出更多的自然世界和意象世界。认知过程经过意象帮助人类通过理性构造概念去把握不可观察和未知的事物。意象是实在论的理论方法允许的范围内的想象的东西。

二、多水平模型

斯诺德格拉斯综合前人的成果提出了一个多水平模型（multilevel model）。该模型包括三个水平：

水平Ⅰ——识别外界信息的物理特征，比如外形、颜色、长短等可通过视觉、听觉来辨别的感觉信息特征，进而进行模式识别。

水平Ⅱ——粗略加工水平Ⅰ的基本物理特征，忽略了听到的言语信息和视觉信息的细节特征，尤其注意言语的"音"的特征。

水平Ⅰ和水平Ⅱ，通过内省可以意识到。

水平Ⅲ——表征言语和表象信息，且进行语义或命题的储存。言语表象由于"声音"的存在，它会比图像表象信息占用更多的命题空间，当然，二者会有部分的重叠。

如图 3-13 所示，在声音和视觉意象模板储存之间存在着直接的联结，这些直接的联结使图画匹配、命名匹配、命名任务不必到达语义储存就能完成（尽管很少直接利用这些结点）。另外，在水平Ⅰ和水平Ⅱ之间插入了一个"错误匹配计数器"，记录某具体单词或图画与该单词或图画的意象模板不相一致的信息数量，例如有些单词的书写形式很奇特，总与头脑中的模板有出入。

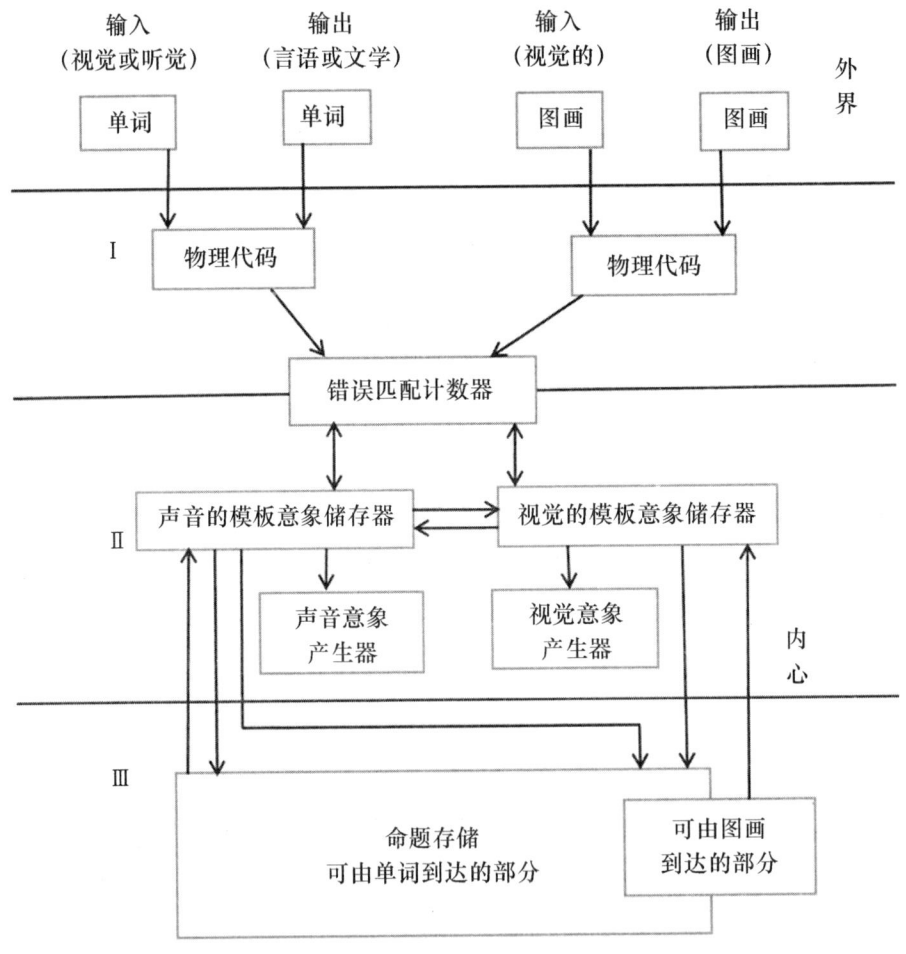

图 3-13　声音和视觉意象模板储存之间的联结图

多水平模型可以解释许多的实验结果，较单一理论前进了一步。

比如，它认为直接的形音作业可在水平Ⅰ、Ⅱ完成，而要求到达语意的作业（如分类、词汇判断）必须在水平Ⅲ完成。它也可以解释佩奥所发现的图画优势效应。这一模型确实试图综合独立代码理论和共同代码理论：水平Ⅱ相当于意象和言语代码，水平Ⅲ相当于共同代码。但是，它并不是完美无缺的。

多水平模型的缺陷是显而易见的：首先，它没有考虑言语与意象储存的质的区别；其次，它认为水平Ⅱ不储存意义，只储存表层形式，这一结论既没有实验支持又与佩奥的假设相违背，因而无法恰当地解释佩奥的实验结果。认知心理学家长期以来争论的是刺激的语意表征问题，而多水平模型在水平Ⅱ恰恰否定了语意的储存，更忽视了近年来一些研究的发现：意义的储存可能是分层次的。由于这些缺陷，多水平模型未必是共同代码说与独立代码说的有机统一，它不过是二者的混合罢了。

第五节　小　结

对于无法通过感觉器官感知的东西（比如记忆、意象、思维等），我们了解起来是比较困难的，因此必须找到有效的途径来达到我们的目的：对现象的分类、以模型的方式隐喻建构、以象征的方式比喻、以类比的手法模拟等等。我们希望通过间接的方法简化我们对不能感知现象的表征，或者说降低我们对不确定现象的不安全感和焦虑。因此，上述方法都可以作为认知活动的研究方法，尽管它们都是间接地认识世界。

认知哲学研究者哈瑞认为，如何更好地应对日常的世界呢？尤其是不可感知的世界。最好的方法就是把遇到的任何东西、现象、事件归为类型、种类的某个实例——就是以某物为原型，将需要了解的东西、现象或事件与此进行比较，类似、接近或本质相同的可以归为与此物同类型，进而以相近的概念系统来解释。从实证主义角度，人类经验中任何可以实现的概念都是有意义的。从科学的角度，"把……当作……感知"的过程是思维参与和创造构想的有意义的过程，也是认知的过程。比方说，我们认为存在一种细菌或者肉眼看不到的微生物，但是可以借助显微镜来观察之前的"认为"。感知觉对自然现象的感知是不完整的，我们通常能够归纳所感知的东西为某一类型，这是人类个体特殊的能力。

类型的划分需要了解这个类型的内涵和外延、真实和名义本质的区别，一般来讲，内涵越宽泛，属于这个种类的实物就会越多，反之，类型中某一等级的内涵越详细，即条件或特征越多，限定也就越多，则个体就会越少。关于意象的分类，从认知的角度划分就比较细致，因此类型的划分也比较明确；从学科的角度划分，因为学科本身的外延比较宽泛，所以意象所归属的类型也就不那么明显，或者说它既可以具有这个学科的特点，也可以具有那个学科的特点。

我们可以认识世界，但却不能认识世界上所有的东西、现象，尤其像意象这样不可触摸、不可感知、变化万千的现象，用大量的理论来支撑建构模型，成为我们认识世界的航标。理论模型通常可以评价本体论的似真性。现在的问题是，我们用想象的模型表征想象本身，那么这个过程必须借助一些可以观察到的工具，比方说视觉看到的物象、解剖看到的大脑的"网络"结构、视觉与嗅觉的结合等等。这表明，想象本身或表征想象的模型都要受到科学似真性的制约，其来源与真实世界的存在物息息相关，或以之为前提，意象（想象）的外延必定受到真实世界对象的限制，我们不可能天马行空地解释任何不可观察到的现象或事物。模型建构的假说和现象的不可观察过程的前提总是可观察的现象或事物。因此，将所研究的问题以框架、结构、图形、线路、指示等形成思路清晰的模型图，可以将问题细致化、简约化，明晰化，这是一种很好地理解事物或现象的方法。在认知科学中，研究诸如记忆、思维、意象等心理现象，模型建构是最常用的方法，这种研究方法为认知科学提供了方法论基础。

第四章　心理学视角下的意象

意象从字面上可以分开来理解,"意"指人的心思,含义包括意志、思想、意念、欲望、观念等,同时"意"也指人所流露出来的情态,包括情感和情绪两方面,还可以扩展一些——包括一些情境因素。①"象"则是指物象、形象、形状、样子等。将二者合起来讲就是人的意念或情感所产生的物象或形象,这里的象不是普通意义上的客观物象,而是经意念或意识加工改造后的虚拟的形象,是认知主体对客观对象融合自己的情感、情绪、欲望、意念等因素而合成的"新形象"。这个"新形象"不仅是结果,也表征着其产生的过程。

意象之所以难以界定,是因为它是不可观察的心理现象。意象并非与心理是一对一的关系,其变化性和不稳定性,以及模糊性都非常显著:它变化多、变化容易、变化快。因而,我们的大脑是如何产生并操作意象的?至少现在还没有明确的答案。不管正确的解释是什么,鉴于我们的认知构造,它仍是我们原则上不能理解的东西,因为它和意识一样是难题,与身心问题的讨论一样古老。意象不具有物理属性,假设将其附着物理属性,那么它本身就不是心理

---

① 鲁卡:《意象与意象油画分析》,河北师范大学硕士学位论文,2011年。

的。尤其是对意象的思考和理解本身就是意象的过程，我们如何以元认知的方式去再认知呢？！鉴于此，我们可能会陷入不可知论或者是循环论当中，这样是无助于我们去认识这个认知核心问题的。

于是，有观点认为它是一种"副现象"，这是一种概念的随附性。因为我们希望允许从心理到物理的概念还原，尽管可能有一个非物质东西的世界具有心理属性。这是功能主义悬而未决的一种可能性，它比还原要弱一些，它希望能依据不可辨别性来阐释想要说明的对象或现象，于是就会以派生的观点来解释不可观察现象之类比属性，以此说明问题。因而，意象作为与某种东西共存的一部分——这种东西具有不可还原的心理属性，但它本身不是事物的一个基本成分而存在。

我们对于意象的认识还可以旁敲侧击，即从意象的功能属性和在联结主义视角下的关系理论中去了解它。比如，意象与记忆、思维、身体感知都有着非常紧密的联系，而且意象与创造性和模仿也有着密不可分的关系。我们可以从这些方面、从它能够象征的对象和表征的属性以及其具有的功能性中探讨之。因此，我们将在这一章以心理学的视角界定"意象"的涵义并分析它与其他认知加工过程的关系。

第一节 意象是一种心理表征

从字面意思来看，意象首先需要以象传意，而"意"的生成依赖于外部物质世界，尽管意象本身不是物质的或物理的，但是，意象是客体对象、历史背景、文化背景、心理经验等一个较为整体的立体意象，这个意象融合了主体经验、生物本能、遗传特质，意象在这其中不停地转化、转换，形成了具有代表性的"原型意象"。

首先，意象不是客观现象的机械复制，它总是倾向于某一意象的对象，从而使感知觉的形象产生心理变形。比方说，给出一个图像"●"，我们的视觉看到的是一个圆，但是，我们可以说它是一个句号，是圆圆的瞳孔，是天上的太阳，是我们居住的地球，是甜甜的大饼，是一个钥匙环，等等。这是感觉和抽象之间的不同和距离，视觉只是对对象的直接反映，而意象却是对对象的类比、象征、比喻、模拟等等，感觉反映是真实的、确切的、固定的；抽象的意象却是虚幻的、模糊的、易变的。意象更丰富、更繁杂、更轻盈活泼、更熠熠生辉。我们以自己已有的、对外部世界的经验和体验可以通达更多的东西，这些东西可以是已有的，也可以是创造性的。意象是一种顷刻间的领悟，是被赋予了形式的理智；意象的价值也体现于此。

其次，意象是模糊的、不稳定的，是可以被唤醒的。因为意象源于本能，却又表征出一种理性的特征，可是又具有不完全的目的性。意象既不是清晰的复制，也不是毫无根据的浮想和空想，所以表现出了一种模糊性和不确定性。同时，一旦主体周围的语境发生变化，那么储存在头脑中的记忆表象也会随着主体意向发生变化，从而做出符合当下情境的意象形式——对原有意象记忆的一种唤醒和更改。

再次，意象具有建构性。意象的建构性是自发产生的，一个人不可能从外部知觉中获得他应该创造或发明的全部观念；根据假设，在他创造出令人满意的观念之前，在其意愿或焦虑中这些观念是不存在的，因此，可以推论，这种意象观念的产生是自发的。但同时，这一观念变成全新的、出乎人们意料之外的想象之物，它与旧的知觉仍有相似之处，比如有相似的材料内容等，不同之处在于，它只是以一种新的方式被重新塑造，并赋予了一种意想不到的形式。这种建构性是独创性的、尝试性和实验性的。这一建构貌似是"自由的",但实际上是具有"语境"特点的,因为意象的产生实际上是在场对不在场的表征,虽然是此时此地联想到的彼时彼地的情景,但是却要其成为此时此地的可用对象,这一切都必须保持内在的一致性。

最后,意象是"铸意"的"象"。自然世界的实体物质是意象产生的物质源泉,意象的创造之物都是在此基础上的衍生品。但是对像宗教、艺术等衍生出的意象之物却是人类主体在对自然世界尊崇和敬畏的基础上产生的,是主体意向性的重要体现。从进化的角度看,由主体意向所达到的对知觉缺陷的补充是人类本能冲动适应其外在物质环境并逐渐与之和谐进化而获得"至善"的过程。"补充"知觉的"缺陷",就是不自觉地铸进"意"因素,当然,这种铸意是在一定的情绪下、情感中生成的。前面章节我们已经讨论过情绪意象,是"象"和"情"的融合,一些与情绪有关的神经通路绕过了大脑皮层,直接到达边缘系统。也就是说,在意识和认知发生之前,我们就已经产生了情绪,即情绪并不仅仅是给生理唤醒贴标签而已。一些基本情绪与生理唤醒上的细微差异有关,这些差别可能是由面部表情的改变或者自主神经系统控制下的内部器官的反馈产生的。另外,"简单"的情绪(喜欢、不喜欢、恐惧、愤怒)并不需要首先进行意象参与的认知加工。这样就可以有快速自动化的情绪反应,随后再由意识过程加以修饰。而"复杂"的情绪,如嫉妒、抑郁、尴尬和爱等则需要认知成分。

意象的形成似乎有一种赋形力量,这使得即使最粗糙的灵感喷发也具有先天的正当性。从字面上看,"意象"好像具有一种情感表达力,当然,这并不是具体的某个思想的表达,而是说它表现了一种思想的发展趋势,或者表明了主体心灵深处有某种东西正在躁动翻涌。意象的表征虽然只开花不结果,但其内容却是丰富的,而且它还能通过某种表征形式再现作为其源泉的经验。到了秋天,树木将枯叶和种子一起洒落,与此相似,成熟的经验也是无所分别地寻求各种不同的表现通道——在这些表现通道中,有的像落叶一样已经枯萎,不再具有更进一步的功能;另外则像种子一样适合将初始经验移植到另一个人的头脑中,从而生长出一种新的表现形式。在前一种情况下,表征就像化石一样,本身已经死亡;在后一种情况下,通过再造本源,表征出了沛然的生机和效力。后者带有明显的理性,含有"铸意"的意向性。

第二节 意象是一种"副现象"

"你家有几扇窗户?""中国的国歌歌词是什么?"许多人在回答这两个问题时都有相同的体验。对于第一个问题,他们想象自己在家里转着弯数窗户。对于第二个问题,他们即使不能真的高声朗读,也会想象自己在唱国歌。在这两个例子中,他们都产生了心理意象,感觉自己真的走在家里或在唱国歌。

人类拥有灵长类动物的遗传特质,人类大脑有很大一部分功能是视觉信息加工。因此,人类总是尽可能地使用这些脑结构,甚至没有外界的视觉信号输入,我们也能在头脑中产生心理意象去使用它们。一些人类最有创造性的活动都涉及视觉意象。比如,爱因斯坦声称他通过想象自己在一条光柱旁运动才发现了相对论。

"副现象"这个概念源于笛卡尔的身心二元论。笛卡尔认为,心灵可以与物质世界发生因果交互作用:物质世界中的时间可以产生心灵中的经验,心灵的事件也可以引起身体的活动。[1] 这种双向的因果作用与我们关于这个世界在原因上是自足的这一信念是水火不

---

[1] 江雨:《浅析笛卡尔的二元论和西方近代哲学中的身心关系问题》,载《华中师范大学研究生学报》,2011 第1期。

相容的，因为每个物理世界的原因都必然是物理的。从本质上讲，每种意象都是经验的、独特的，而非其他的物质摹本，也就是说，意象是形成观念的核心和非观念所能表现的具体外物。当所有这些经验的刺激一起共振进而构成一个相互制约的平衡系统，在该系统形成的秩序基础上，经验反过来也会逐渐获得一种能够催生观念的节奏。于是，思想中便会出现一种预言性或表征性的活动，这是情感和内在的欲求所形成的超验性的符号或图像，它本身不具有实在和具体性。因此，它是只开花不结果的符号或图像的集合体，不可触摸，不被除主体之外的他人感知、感受，是具体事物的附加或分支。

在此基础上，人们进一步推演认为，心理现象也是物理实体的一种副产品或副作用。在这方面，诸如火车头所产生的烟，滚过桌面的台球所投下的影子，或者一双崭新的鞋子所发出的吱吱声。烟、影子和吱吱声当然是物理现象，因而也有某些物理的结果：烟熏伤了你的眼睛，影子改变了它所在的那块地方的光的辐射，吱吱声则在路过者的耳膜中引起了微小的振动。与之相反，心理现象则没有任何结果——不论是物理的还是心理的。

副现象论似乎公然违背了日常经验。当你的手过于接近火苗的时候，疼痛的经验一定是促使你把手抽回来的原因。然而副现象论者则认为，在这些情况下，原因的作用完全来自于神经系统中的事件，这些事件会产生一些作为其副产品的有意识的经验，但有意识的经验是不能作为原因而起作用的。它们之所以会被看成原因，仅仅是因为它们是由那些可以导致各种结果的物理事件所引起的，因而总是不可避免地伴随着这些事件。又比如，我们要去飞机场并随即到达飞机场的过程中，你对你的决定导致了你的抵达的事实留下了清楚的印象。你的确可以把你的身体运动看作是对你的决定做出的某种反应，因为如果你没有决定去飞机场，你就一定不会到达那里。但这并不意味着作为心理事件的你的决定引起了任何作用。如果副现象论是正确的，那么你的身体运动只能以某种神经事件作为原因。这种神经事件引起了一种作为其必然的副产品的决定。

神经科学家认为副现象的存在是有巨大的吸引力的。如果我们承认了副现象论，那么我们在研究大脑的功能时就可以把心理现象的性质完全忽略不计，而只去关注大脑的物理机制和过程。如果心理现象只是一种副现象，那么它们就不可能被察觉到（除了那些正在经验它们的人），而且它们对发生在物质王国中的任何事件也不可能造成任何影响。这样一来，神经科学家们就无需再在有意识的经验的那些棘手细节上劳神费力，而可以放开手脚去探索大脑的奥秘了。

可是，副现象论也面临着一系列的困难。首先，具体事物和想象之间肯定是具有一定联系的，尽管所表征出来的思想并不一定会转化成具体的事物或预测未来事件发展的走向，可能只是想象力的展示而什么具体思想也表达不出来，但是，理性本身就是一种媒介，它在物理事件和心理事件中构建起了桥梁，表征着可能无法言说的关系。物理事件的发生可以引发心理事件，也就是物理事件可以引起人们心理和生理上的反应，但是，反之却不成立，即我们的心理事件可以在头脑中经意象"翻天覆地"地加工、更改、变化，但是却不会转化成物理事件。比方说，我们可以想象地震、海啸带来的巨大灾难性的变化：山脉坍塌、楼房倒塌、人们被压死、压伤；海浪吞噬了房屋、树木、人群，一切都消失在海水中……但是，这只是我们头脑中的灾难，却不会真实地变成现实事件。如此看来，心理事件不一定会变成物理结果，除非是发明新的东西；其次，心理事件的产生会有物理事件参与的因果关系，反之不成立。也就是说，如果心理事件能够独自引起心理事件，那么那些心理事件便有其独立的生命，然而副现象论的本质恰恰在于把心理事件看成是物理事

第四章 心理学视角下的意象

件的副产品。

因此,我们必须假设,心理事件本身虽然从因果上说是迟钝的,但它仍是以物理事件为原因的,然而这种"一端不通"的因果关系不同于寻常的因果关系。在寻常的物质的因果关系中,事件既是结果又是原因。因此包含着心理事件的因果作用与我们在世界上其他地方遇到的因果作用似乎非常不同。这本身并不是对副现象论的驳难,而不过是副现象论关于心理事件的构想的一个结论。然而,假如有一种观点既可以说明副现象论所能说明的任何东西,又不需要像副现象论那样诉诸一种特殊的因果关系来进行这样的说明,那么这种观点就比副现象论更为可取。

这种思维方式可被称为认知吝啬,即一种节约原则。认知吝啬是由于认知资源的有限性而导致在不引入新的实体或过程的情况下对现象所作的更简单、更节约的说明,这一说明往往比复杂的说明更有效、更可取、更清晰。我们目前还难以提出这样一种简单明了的观念,也没有证据表明这个世界是一个简单的处所。但这些都不能阻止我们的努力。我们在评价那些相互对立的理论时,必须以它们的优点为根据。我们将认知吝啬看作一种鼓励我们将提供证据的责任转嫁给那些更"复杂"的理论的支持者的原则。

所以,将意象看成是一种心理事件,且是物理事件的副现象,是解释不清"一端不通"的因果关系,我们不可能将感知事件再造一种事实或具体的物理事件,比如对物体的旋转、比如某地到目的地的路线设想,这些都验证了意象是如奥卡姆剃刀原则一般有用的工具,方便我们便利地做出决策和判断。因而,将意象作为一种副现象是典型的二元论的观点,且这一观点违背了认知整体性、简单性和整体功能大于局部功能之和的原则,也就解释不清因果关系的实质,所以关于意象是一种副现象的论述是经不起推敲的。

第三节　意象与记忆[①]

记忆是对过去发生事件的贮存和加工，当记忆被提取的时候，过去事件是无法再发生一次的，就像我们"无法再踏进同一条河流"一样，这是过去时。所以我们对过去事件的记忆是依靠一个个影像的重现而形成的，即"东西不在眼前的一种感性形象"，依靠这种感性形象才能使用我们的记忆功能。因而，记忆与意象的关系是非常密切的，我们如何认识这种关系呢？

一、意象是潜意识的心理倾向

从意象的本质出发，意象是一种观念，也是一种心理表征。通俗地讲，意象就是人们在"心目中"看到的各种事物、听到的各种声音、闻到的各种气味等等。这个为人所熟知的事实并不能证明他们如此看见或听到的事物存在着，也不能证明人们事实上正在看见或听到这些事物。可以这么说，看见是一回事，描画或视觉想象则是另一回事。比如，我们提到"苹果"，会立刻想到"红红的、圆圆的、甜甜的、可以食用的"这么一个东西，但其实这并不是一个客观存在于当下的"实在"。这个"实在"应当是为我们"亲眼所见"，与周围人看到的是同一个客体。然而，意象的东西却不能保证上述两个条件，也许其他"看到"苹果的人是这样描述的："绿绿的、酸酸的、圆圆的、可以食用的"东西。这是意象的标志之所在，它是人们想象中的一个观念而已。这不得不涉及"原型"的概念——原型是一种不可描述的、无意识的、先前就存在的形式，它

[①] 本节内容以《记忆重构与意象表征》为题目发表于《自然辩证法研究》2014年第6期。

第四章 心理学视角下的意象

以其具有代表性的特征标识着某一"种""类"或"属"。原型是内在心灵结构的一部分,因此能够在任何地点、任何时候自发地表现出来,它是意象不可或缺的构成因素。

因此,意象是当一个人说他"看见"了某种他事实上没有看见的东西时,他很清楚这只是个观念上的"原型"(人们的理解)。我们之所以能够对表征出的东西进行形象化、生动性的描述,是因为这个事物只是观念上的,"它不在那儿"!简言之,原型是原始的意象,是一种潜意识的心理倾向,是一种创造潜能,这种潜能是不受意志控制的。

其次,意象是一种"副现象"。由于意象是心目中的"想象之物",因而意象被认为是一种"副现象"。很显然,意象是不能脱离主体来谈的,没有认识的主体及其活动,就谈不上所谓的"意象",它是意识的附属。由于认识活动必须有主体的参与,所以认识的对象就会被赋予主体的主观意识,虽然我们声称"对象的客观性",但是这是主体主观意识下的"客体",客体只有成为主体的主观之物,才能显现其特征。意象在这个主观性过程中起到了举足轻重的作用。因而,荣格认为意象在白天如同在夜晚它经过的梦境一样在场。但是当我们处于觉醒状态的时候,意象或多或少以无意识的形式活动,在我们意识所及的范围之外影响我们的生活。

再次,"认知地图"——意象的一种表征形式。意象的一种特殊表征形式是"认知地图"。认知地图是对世界的表象表征。认知地图中可以展现出文字与意象、意象与行动之间的关系。比如我们计划如何从一个地方到另一个地方时,经常会发现自己在想象周围的环境。假设现在要从我所在的学校去火车站,文字是这样叙述的:学校在窊流路,从这里向南走,先到达迎泽西大街,然后向东直行到火车站。如何画出去火车站地图呢?实际上,我们是将自己假定为文字描述中要去向火车站移动的物体,然后进行行进的想象,进而勾勒出大致的认知地图。在勾画"地图"的过程中,并没有实际"走"的行为,仅仅是向着"目的地"进发的想象的行为。这很充分地显示出意象的"意向性"特征,即意识对某种物体的指向作用。就"认知地图"而言,这是一种"意向活动",将出发地与目的地进行联结,把不完全的、模糊的意向对象进行联系,在直觉中完善意向对象(路线),是一种直觉完成的活动。

最后,"心理旋转"——意象的另一种表征形式。意象表征的另一个特殊的形式是"心理旋转"。我们经常会下棋、把玩"魔方",在玩的过程中就会在心里不自觉地旋转、挪动,并随之思考可能出现的图案、布局,进而朝着预期的图案、棋局实施真正的行为。心理不自觉地朝着目标旋转的过程就是心理旋转。心理旋转在构造着"意向对象",这个对象是作为意识之流中不可分割的、内在的感性材料,通过意向作用,成为意向的对象。

因此,意象表征混合了人对事物的主体意识或情感倾向,是融入了主观情意的物象,它不是客观的"实在",但借助"物象"表现出了主体的意识。

二、记忆是一个重构的过程

柏拉图的记忆观,是将记忆作为一种意识和精神的内在性原则及获得知识的过程,即"回忆"理念的过程,是通过理念复现现象世界的过程。休谟在深入分析后认为,记忆是通过确立印象和观念的表象关系而进一步深化的"自明意识"。如此说来,记忆本身并不仅仅是一种保存或吸收原有知识和印象的过程,而是能够用过去已存储的知识和经验来再现当前事物或事件,并使之又成为过去知识和经验的双重过程。因此,记忆实际上就是从在场经过不在场,到再在场——再存有或再现在的过程。①

现象学的方法论中，理念论是对理念的省察，而理念是无限的、必然的，人们的记忆不是对现象的完美复制，而是对现在面对过去的一种投射。这种投射有些方面是符合过去"事实"的，但大多数情况下是一种"省察"，是一种不自觉地融入自主意识的过程，因而，这种"复制"呈现出模糊、歪曲的现象。也就是说，"记"不能完全真实，一切"记"都是一种"再忆"，都是对行为的一种重新解释。

常言道："眼见为实"，但是，我们真的能够相信我们所看到的，或者说我们真的可以说我们自己"看到事物"了吗？"目击者证词"的实验②可以解释这个问题。研究者给被试播放一辆轿车驶过乡村的电影。一组被试需要估计当轿车经过谷仓时它的行驶速度；另一组被试在观看相同的电影时也被要求去估计轿车的速度，但是却没有提到谷仓。所有的被试在事后都被问起是否在电影中看见了谷仓。在被提供了关于谷仓的错误信息的被试中，报告看到谷仓的被试数是其他组被试的六倍，即使谷仓在电影里根本就没有出现过。

被试为什么会犯如此的错误呢？一个重要的原因就是记忆的"可塑性"，即记忆的重构机制。被试由于外界信息的干扰而重建了"犯罪现场"或"犯罪情形"，导致了不准确的记忆。殊不知，这种"目击者证言"常常导致一个无辜的人被指认而发生冤假错案。是不是目击者在有意说谎？好像不是，因为他们甚至在报告他们不准确的记忆内容时都是充满自信并信誓旦旦。其实，记忆并非准确且持久，遗忘、消退和干扰是天天都在发生的事情，有很多不重要的

---

① 参见 H. M. 梅勒：《中西哲学传统中的记忆与遗忘》，载《时代与思潮（7）—世纪末的文化审视会议论文集》，2000 年，第 58—63 页。

② Elizabeth F. Loftus, "Alterations in recollection of unusual and unexpected events", *Journal Scirnrifrc Explorarion*, Vol. I, 1987.

因素"污染"了我们已经存储的信息——主试的暗示、过去经验的干扰、情绪、空间特性等都可以造成记忆的错误,因而记忆也会"褪色"和"扭曲"。

莫里斯·巴林说:"记忆是最伟大的艺术家,它抹去了你心灵中那些不必要的。"大量的研究发现,人们对情绪事件的记忆明显好于对中性事件的记忆,人们回忆事件时,能够忆出的是更多情绪事件的细节而非事实细节。比如,伊丽莎白·卢夫塔斯回忆她在14岁时的一个早晨发现了母亲在游泳池中溺死,她尖叫着,并看到一条雪白的毯子盖在母亲的尸体上。① 这样的情景深深地刻在她的脑海里。然而,当30年后的一天,她的表哥告诉她,她并没有亲眼目睹这样的情景,是她的姨妈告诉她情况的。她这才发觉自己犯了记忆上的错误,这个错误直接导致了她致力于对记忆歪曲的研究。在伊丽莎白错误的记忆里,意义性的东西强加到了事实上,新的"在场"是在意义基础上被建构出来的。当人们将一系列具有紧密联系的信息进行重构之后,就很容易将事件重新"润色",使之更符合"事实",但实际上,有些事情却从未发生或体验,这实际上是一种"虚构"。

以事件为依据划分的过去、现在和未来,通过记忆将三者有机地结合在了一起,过去存储了经验,用"忆"表征出过去经验来认识现在,然后推知未来。时间过得越久,存储的经验就会沉积得越深,越模糊而不易被提取或提取时发生错误。所以,记忆不是静态地"复制",而是动态地重构,是经过层层编辑的过去及其世界。现在的事实唤起了我们有组织的记忆,然而,唤起了什么样的记忆,很大程度上取决于我们当下的理念、利益和期待。故而,回忆是为现在服务的,并预期着未来。

---

① 参见[美]卡伦·霍夫曼:《行动中的心理学》,苏彦捷等译,中国人民大学出版社2011年版,第355—376页。

三、记忆重构与意象表征的内在联系

通过对记忆的本质和机制、意象的本质及表征的分析，我们可以感觉到记忆和意象在某种程度上是有着密切联系的，接下来，我们将对二者的关系进行分析。

第一，记忆重构与意象表征互为前提条件。从前述可知，记忆和意象都是"非物质实体"，记忆的重构和意象的表征都离不开意识的参与。我们"记住"的东西都是经过意识参与以后的选择性而非随意性。人们感知过的事情、思考过的问题、体验过的情感或从事过的活动，都会在头脑中留下不同程度的印象，其中有一部分作为经验能保留相当长的时间。这种保留是有意识的保留，是外界信息经编码后成为大脑可识别的形式存储下来的东西。意象被描述成一种"副现象"，它是一种对信息加工没有任何功能性作用的心理体验，心理意象的知觉成分不会以任何方式真的发生作用。各种不同事物的信息通常按接收时的面貌，以意象的形式存在。意象被存入头脑之后，随着时间的推移，受遗忘的剥蚀，某些细节越来越淡化，代表性的特点越来越突出，最后成为一种反映与主体某种关系的意识存在，以朦胧的意象形式存储在记忆之中。因此，包含意象的事物之所以能够表征出来是因为借助了记忆的功能。如果没有记忆对"原型"的存储，那么在受到感官或言语刺激的时候，人们是无法通过想象来表征事物的。比如"心理地图""心理旋转""想象地比较两个事物"等，没有先前对所表征事物周围情况的认知、对旋转方式的判断、对相关知识的了解，就不可能进行意象的心理加工。因而，记忆是意象存在的必要条件。记忆与意象的这种关系如同画在画板上的肖像，既是画作又是肖像，虽然二者是同一的，但它们的性质却不同，我们记住的是画作，但是对画作的操作、修改依赖于意象对画作"影像"的想象和加工——成为本质上思辨的对象或其他的精神影像。

如果说记忆中"记"的过程是需要认知努力的,那么"忆"的过程则必须有意象的参与。我们在回忆某件事情的时候往往是先有一个刺激源,这个刺激源唤起了"沉睡":长时记忆中的某个片段,紧接着就是其他个别刺激紧相随,这是一系列的连续过程。比方说,一个人看到牛奶,想到了白色,由白色想到了空气,由空气想到了刮风,由刮风想到了落叶满地的秋天,这个过程使他回忆起了"那个秋天"发生的事情。当然,刮风、树叶不会一一呈现,只不过是想象之中的事物,但这种"系列地唤醒"是意象的作用。也许你会问,对于个别事物的记忆难道也需要这么复杂的过程吗?回答这个问题时,有一点首先要清楚,就是记忆是需要刺激源的,刺激源是不完全等同于记忆中的"实物"的,这个刺激源也许会与"实物"具有类似的主要特征。但是,记忆具有时间性和空间性的特性,我们不可能记忆现在正在经历的事情,如果时间不成为过去,在本质意义上记忆就不可能发生,人是通过现在记起过去看到过或遭受过的事情。就像同一个人不能完全经历同一事物或学习同样的东西,回忆一定是与先前行为有所不同,它必定包含有某一我们先前学习之外的不同的原则。更何况,我们的记忆是经过编码加工的,它不完全反映知觉信息。

如此看来,与其说刺激源唤起了记忆,不如说刺激源激活了存在于心灵之中的潜能——意象的能力,这种能力以记忆的方式使主体由他自己而受到刺激,以及由包含于他自身之内的刺激而引起。这也是为什么我们能想起一个名称时却想起了另一个与其接近、相近或相关的名称,但我们想要知道的那个名称却怎么都不能准确地说出来(有点类似心理学中的"舌尖现象"),原因就在于此。

第二,记忆重构和意向表征的相互配合。记忆和意象的关系如同体验哲学中一对概念的关系,即经验和认知的关系:(1)经验中有认知的成分。认知包含知、情、意，包含价值、推理和判断，经验的累积并不是一个单纯的堆积，而是一种累积。累积就有"去粗取精""去伪存真"的判断过程，所以，作为记忆主要成分的"经验"必定包含认知的加工过程。(2) 经验反作用于认知。经验是观念的集合体，认知是心理互动，他们共处于意识领域，认知在多大程度上可以作为认识事物的手段，取决于头脑中的经验储存。就像人们在幻想头脑中一个从来没有见过的画面——人身马面的画面，当我们在头脑中说出"人身马面"这个词语时，我们会依据过去的经验（记忆）想象马头是什么样？半个人身是什么样？二者组合起来又是什么样？对人身和马头的分别回忆是记忆在起作用，将二者结合起来想象则是意象表征的结果。这就是经验与认知能动性的组合，也即记忆重构与意象表征的组合。

此外，语言能力来自于记忆，但是语义的核心概念却是以意象图式来表征的。因为在形成概念以及判断和推理的过程中，记忆起着不可或缺的作用，认知和语言的生物基础首先是大脑，又随大脑的进化而不断发展。语言能力依赖于后天存储经验的多少，也依赖于认知发展水平的高低。语言是主体将意象的东西进行表征的媒介。通过语言可以表达意象的抽象概念，比方说"爱"，也许我们并不能勾勒出"爱"的具体形象或原型，但是可以借助语言表达，这种表达是从记忆中搜索能够构成"爱"这个概念的信息，加以整合就形成了不同的人对"爱"的定义。这一过程体现了记忆重构的特征：模糊性、整合性，也表明了意象的功能性特征。

第三，就记忆的功能性，也即其本质属性来说，记忆是个体存储信息并依据当前目标重建过去经验的一种认知能力。知识是一个建构的过程，记忆在其中起到了组织和形成信息的作用，重构的信息（知识）具有概括性、普适性和相对精确性等特点，以此可以指引当前行为和认识。当然，在很多情况下，当我们记住一条信息时，是直接记住这条信息还是基于更概括的存储知识来重构信息，这是一个不可回避的问题。我们认为这个过程不是在恢复一个特定的记忆表征，而是一个重建的与真实的事件不相同的"扭曲"的信息，原因如下：首先是趋平，长时记忆中信息的存储是一个动态过程，在存储阶段已保持的经验会发生变化，我们需要简化、使不重要的细节逐渐趋于消失，这就是知识的简略性使其更容易传递的原因所在。其次是精锐化：突出和过分强调某些细节，这是重要知识传递的手段，比如如何才能种植出优质高产的粮食，这种技能和科技知识的传授必须非常准确，否则就会事倍功半。最后是同化，将细节更符合本人的文化背景或知识构成，这是从记忆"质"的方面考虑的。由于每个人的知识经验的不同，加工、组织经验的方式也会不同，存储的经验就会出现不同形式的变化。与此同时，记忆可以使人有意识地通达个人和集体的过去，使知识具有连续性；记忆联结人的心理活动的过去和现在，是人的心理活动在时间上得以延续的根本保证。

意象对知识的作用是通过"隐喻"的方式表征的。隐喻是一种思维现象，使用抽象概念或模型类比现象的一种手段。隐喻的出现是意象表征的结果，或者说是意象表征的一种形式。通常，人们总是用已有的知识来推定另一领域的知识或我们未知但有可能认识的知识，通俗地讲，就是通过一类事物来理解和经历另一类事物。人们通过隐喻认知新事物，建立新理论，并利用隐喻来创造新词或新意义，这种推知新知识的能力是意象所特有的，也是意象性存在的标志之一。牛顿观察到苹果落地，引发了对"万有引力"的思考；爱因斯坦对自己跌倒情形的发问，引发了对"相对论"的探究，因而，爱因斯坦认为想象比知识更重要。隐喻对知识的发展并不是将两个知识系统简单地联系在一起，而是通过意象激活了人们长时记忆中的概念，将原有知识（源领域）与感官记忆相联系，产生听觉、视觉、嗅觉等具体联系，表征出新概念、新观点、新方法等新知识（目的领域）。此外，意象图式在知识结构中的作用也不可小觑——意象图式是在对事物之间的基本关系的认知的基础上所构成的认知结构，是人类知识经验和理解中一种联系抽象关系和具体意象的组织结构，它是隐喻认知的基础，决定了我们的知识经验结构。

总之，记忆和意象在知识的传承与发展上各自扮演着重要的角色，形成了以时间为序列的关系：记忆存储着过去的知识，意象表征着将来的知识，但必须强调的是，意象作用不仅仅体现在将来，也表征着过去和现在，是记忆不可或缺的工具。

第四，记忆具有"忠实性"和"准确性"，意象表征具有"独创性"和"生动性"。人们要发展语言和思维，必须"准确"地保存词和概念。没有"忠实""准确"的记忆，就没有经验的累积，也就没有心理的发展。还有，人们生存、生活的技能，如走路、骑车、游泳等，必须得益于"真实"的动作经验。此外，能力的形成、习惯的养成、人格的培养，都是以记忆的准确性和持久性为前提的。据此，记忆的这两个特征是人类生存之必要前提，也是记忆成为记忆的本质属性，否则我们就不会存在于相对"稳定"的世界中，进而发展我们的"意象"能力。

一般地，意象被理解为人的一种内心活动，它是通过抽象的主观的"意"来反映具体的客观的"象"，是"意"与"象"的对立统一。由于意象性的存在，使得我们已经有了对某物或某件事情的判断，我们才会在极短的时间内把它调出，并作为一种思维的材料参与到思维加工过程中。因为"意象"就是"意"中之"象"，是人心中的"象"，即我们不自觉地想象出来的与刺激物符合之"象"，这是经过"改造"后的"象"，这一"象"是不能保证"原象"的完整性和客观性的，我们通常是无意地将此"象"进行加工改造，甚至将原有的形式击碎，然后进行剪裁、拼凑成一种全新的式样，以唤起过去经验的过程。意象的独创性孕育在其"联觉性"之中，即感觉从一种形态（如视觉）经历为另一种形态（如听觉）的情况，这就是先前我们提到的休谟的例子——可以充分说明意象的联觉性。人们通过意象体验形状、感受声音、闻到气味等，都是不同感觉经验间的惊人迁移。这就是意象可以生动地、独创地、甚至是辉煌地出现在文学、艺术作品之中——运用比喻的手法，将日常生活中的心理学转化为鲜明、活泼的文字和艺术品。比如画家们确信光和声之间有很强的关联性，俄国抽象派画家康定斯基用低音来表示明亮的颜色，用高音表示深红色。因此，意象的模拟是逼真的，假如这种描绘或模拟出错就要受到及时纠正，那么我们也就无从相信我们回忆起了所看到的东西，描绘出生动、鲜明、丰富多彩的视觉心象，想象也必定戛然而止。没有意象的"生动""明快"，我们恐怕至今还只能在"记忆的黑暗中前行"！

概言之，记忆重构与意象表征相辅相成，使得我们保存了宝贵的生存经验，同时也铸就了可以想象并努力实现的未来。

第四节　意象与思维[①]

思维（thinking）是指人脑借助语言或其他媒介反映、认识客观事物，并借助已有的知识和经验、已知的条件推测未知的事物。思维的概括性表现在它对一类事物非本质属性的摒弃和对其共同本质特征的反映。在思维与意象关系的探讨中，人们纠结于究竟是利用思维使综合观念达到了意象，还是通过意象反思而获得了综合观念，抑或二者是相辅相成的统一体？鉴于此，不同哲学家、哲学流派都

[①] 本节内容以《认知视阈下的意象与思维》为题目发表于《井冈山大学学报》2016年第3期。

纷纷提出了自己的看法。

一、思维与意象是两种不同的存在类型

二元论者认为意象是一种物质性的存在物，而思维则属于意识，是理性的代表，应当严格地将二者区分。比较有代表性的人物是笛卡尔，他认为思维着的物体是由于与意象割裂才被确立，即我思，意象只不过是心灵的一种思维方式而已，所以，意象与思维是各不相同和不可还原的两种存在类型。因为思维属于意识范畴，而意识能引发灵魂各种行动的特征：外部对象的运动只能依赖大脑的运动而唤起意象的观念，这种观念不适合运动本身，它是天赋的，是运动在意识中的显现。也就是说，运动时某种物质性的东西被引入到精神中而引起了物质的意象。

笛卡尔的这种观点植根于他的"身心二元论"，认为意象是一种物质，思维则属意识，二者分属不同的范畴，而且，意象不过是一种思维方式而已。但是，笛卡尔无法说清楚大脑运动是如何唤起意象观念的？身体又是如何被知性所把握的？任何情况下大脑都在运动，又如何区分回忆和意象的虚构？笛卡尔认为唯有判断和知性能够判断意象和实存物的区别，可是他并没说明这种判断和知性的根据是什么。既然意象和实存物之间是有区别的，那么这种区别的根本之处是什么呢？而这种可比性的前提又是什么呢？仅仅是因为有相似之处吗？

如果说意象是一种实存物，那么它不仅可以为我所感知，也为他人所感知，而且应该感知到的主要特征是一致的。但事实却并非如此，他人无法看到、听到、触碰到我的意象之物，我也同样无法感觉到他人的意象之物。比方说，有人在弹奏钢琴，我意象到的是一架钢琴和钢琴演奏者的形象，而他人意象到的则是曼妙的琴声，显然，二者对于实存物"有人在弹奏钢琴"的意象是不对等、不同

的，又如何进行比较？其次，如前所述，思维必须借助语言或其他媒介才能实现一种连续的意识活动，这种绵延式的活动需要有活动的对象，这个对象是在一种规则下、一定的范围内和逻辑框架下不断运动变化的东西——意象。可是，就像你不能言说你是如何旋转魔方的思维活动一样，脑中旋转的这个"魔方意象"他人是看不到的，甚至整个魔方是什么颜色这个基本物质特征，十个人会有十种说法，但是，旋转的过程必须依照其机械、几何、物理等各种原理的框架之内操作，否则，这种操作就会失败，反过来，操作的过程却千差万别，但目标一致。

意象的这种"物质"性是属现象性质的，也就是说，从本体论讲，它和物理属性是不同的，现象对物理没有任何作用，因此，意象又常常被称为副现象。物理状态能引起现象状态，反之则不然。意象的"实存性"不是由于具有为某一物理状态提供基础的独立"微观"现象状态，而是由于具有一种"宏观"的现象心灵整体构成的物理状态。意象状态及其复杂的规律性不能根据简单的因果封闭性原则来解释，它与偶因、毗连、习惯、回忆等都互相关联。当然，意象的非自然属性不是封闭的，它与感受性息息相关：我们必须依据一定的感觉先描述意识状态，然后才能做进一步的认知加工，这是内在的、非意向的。但意象的现象属性确实是个体的，某时、某刻、某人的独立感受。比如，在细雨蒙蒙的时候，有一个人穿着一件黄色的雨衣从我们的眼前走过，我们会"感觉"好似有一团黄色烟雾从眼前飘过，显然这不是"烟雾"，它只是一种看不到、摸不到的意象，而这种意象是个体性的；他人此时、此刻看到的同样情景在头脑中的表征却可能会是另一种景象：比如像一只大黄鸭从眼前游过等等。

因此，意象不是一种物质性的存在物，它依赖于物理世界的"微观物"，它是一种心理表征，这种表征与我们的意向和经验、理解和类比有着密不可分的关系。一个非常重要的证据是"记忆陷阱"。为此，我们曾经做过这样的实验：将被试带进一个房间，房间正中央是一个桌子，上面杂乱地放着一些东西（粉笔盒、充电器、化妆包、水杯、板擦、梳子、苹果、蜡烛、书等），旁边还有椅子、洗脸架等。15秒后，被试从房间走出来，又过了半个小时，我们让被试回忆桌子上的物品，并提示那是一个讲台。然后依据回忆的数量和准确率来判定被试的成绩。这个回忆的过程就是实物不在场的心理表征过程，它需要我们感官曾经记录下的视觉资料，并依次努力提取记忆。但同时，主试的指导语"这是一个讲台"，无疑将被试的"回忆"带进了一个局限的领域，于是，结果发现，被试大多都能回忆出粉笔盒、书、板擦等讲台"限定物"，全部回忆出桌子上的物品的人几乎没有，82.9%的人没有回忆出蜡烛，63.1%的人没有回忆出梳子，62.6%的男性被试将化妆包误认为是笔袋。这是典型的"主试效应"所导致的"记忆陷阱"。这说明，我们的意象是离不开思维的，思维又依赖于我们的经验认知结构。意象与记忆的关联性需要思维的连接，这种连接过程体现了"意向性"，即思维的机制能够对外在物理对象与大脑内在的物理状态相互关联，进而为内在物理状态怎样意指或关联外在物理对象提供解释。

二、思维还原于意象

当意象与思维完全割裂开来的观点无法解释我们的意识过程的时候，就有一种折中的观点应运而生——思维和意象仍属不同范畴，但是思维还可以还原于意象。其代表人物是休谟，尽管他特别强调意象的巨大作用，但仍然不敢大声宣称意象与思维本就是不可分的统一体，于是将自己陷入了两难境地。

休谟认为，人们意象的能力是先天具有的，而且意象是变化的、脆弱的、不规则的①，这是因为意象是一种由经验和习性决定的心灵的活动，又是一种来自教育的社会现象。由于这种变化无常，意象因此表现出了不确定性，它不是理正的和概然的推理。他还进一步认为，意象通过"幻想""幻觉""任意虚构"使得我们自己无法相信自己的感觉和记忆。于是，休谟慨叹："我不能够设想，意象的那样一些浅薄的性质、在那种虚妄假设的指导之下，会有可能导致任何可靠和合理的体系。"②尽管这种观点似乎承认了意象与思维是有联系的，即意象可以随意地虚构一串事实，可以赋予这个"事实"以时间、地点、情节，然后表征出来这些细节，使人们确信有这个"事实"存在，这是意象的虚构性和自由天性。但却强调这种意象的"非理性"本质，也就是说和思维那种归纳性和逻辑性是有所区别的。

他们认为，思维是将人的感觉经验和事实材料加以系统地整合，需要人心和意志的重新整理和调配的过程。思维的内在对象的实存需要有意识地唤醒才能成为现实意义上的观念，这些观念是以物质对象的方式在自己的存在中坚持，并且总是全部在心灵中的在场。思维还可以将各种事实到达规律，规律是事实的结果，是心理的程序。然而，这些观念如何呈现呢？是图像，是实物不在场时的一种表征符号，这就使得关于意象和思维的关系出现了无法完全割裂的张力。既然思维是观念的呈现，那么也就是图像的表征，即意象的过程。无论是对当下印象的总结，还是对过去经验的回忆，或是依据一定的规则、逻辑进行的推理，要想充分描写这些过程和细节，就必须将意象置于一个重要的位置。

休谟试图将意象的非理性和思维的理性加以区分，但是连他自己都不得不承认："这个问题很为难，使我们陷入极其危险的两难境

---

① 周荣胜：《萨特的现象学心理学"意象"理论》，首都师范大学硕士学位论文，2006年。
② 参见［英］休谟：《人性论》，关文运译，商务印书馆1980年版，第15—29页。

第四章 心理学视角下的意象

地,不论我们以哪种方式加以回答。"休谟的这种两难境地提示我们,完全将意象和思维加以区分是一件非常困难的事情,尽管意象可以被视作一种"边缘性的能力",但是,正是这种能力才使得"思维"建立前提假设,进行类比论证。

思维要获得其内容,不仅依赖于机制,而且离不开意象这个媒介。为了阐释思维的内容,这里有必要强调一下"意象"与"想象""表象"的关系。通常情况下,三个词都用"imagery"翻译,意象多用在文学和哲学中,想象则多用于艺术的表达,表象一般属心理学和认知科学范畴,但三者的本质属性、特点和功能机制是一样的,都是实物不在场的一种心理表征。那么,无论是在文学、还是在艺术中,作者和艺术家都需要借助意象(或想象)的功能——创造性和关联性。个体的创造力是深层的思维活动,它通过类比的认知加工过程来解决不熟悉的问题。比方说,物理学家用太阳系来类比原子的结构,即电子围绕原子核旋转就如同行星围绕太阳旋转一样。所以,当人们缺乏可以"理性"逻辑推理的时候,"非理性"地迁移、想象、关联,可以"模糊"地将原有的知识经验运用到不熟悉的问题的解决上。

又比如,医生希望借助放射线破坏恶性肿瘤,但又恐伤及健康细胞,那么用什么方法可以解决这个难题呢?于是有人用"将军攻城"的方案来解决"集中方案"的难题:一位将军想要攻克一座城堡,但是,这位将军不可以调集他的全部军队去占领城堡,因为通往城堡的路面底下埋藏着地雷,如果大规模的军队划分成多个小分队,然后指挥每支小分队沿着不同的路线进攻城堡,那么,将军可以最终集结小分队攻克城堡。于是,医生可以使用低密度射线从不同方向发射到肿瘤上,使低密度射线总量达到高密度射线的要求就可以破坏肿瘤。

也许,想象不是一种缜密的逻辑推理思维过程,但却是非常有效的解决问题的方法。我们不是在两个事物之间表面特征的相似性中寻找相似性,而是从意象的其因果的、关系性的结构中寻找相似性。其实,这种相似性模糊、易变、非一一对应,但却大大提高了解决问题的效率。

三、思维与意象是密不可分的统一体

第一,思维借助意象称为一种物质。里博认为:思维是一种功能,这种功能以感觉、记忆和联想的形式在进化过程中得到补充,使得人们从原始低级走向更高一级的生物种类。通过思维的自建,它自身被确定并得到进一步发展。然而,这种功能的发挥是建立在对固有刺激的影响下得以实现的,而不是自发、天生就具有的,它离不开对外物的刺激,因此,没有一种思维是纯粹的。此外,这种思维借助意象还原为自身,这个过程是分离、联合、感知和连接的活动,这种意象的活动才是无意识的,是意识活动的显现。里博将感知觉引入到对意象和思维关系的阐述之中,甚至以此建立了意象与思维之间的桥梁。他从思维的功能性和运动性的特质入手,强调了思维的过程性,而这一过程性必须借助对外界的刺激才能实现,这个刺激又以其所确立的材料和拥有的意识以意象之物来达到还原自身。

于是,又有心理学实证主义者拿出临床"失语症"来佐证意象与思维的内在关系:失语症是相应的心理水平的普遍降低,随后相应于综合的无能,是一种理智的障碍。这是一个我们肯定能够在其中区分不同区域的器官,这些区域各具有不同的功能,但却不会导致诸多分子团的混杂。[1] 在这个观点里蕴含着这样一种思路:人是世界内部一种活生生的组织,思维则是某种需求所展示的"器官"。

---

[1] 参见 [法] 萨特:《想象》,杜小真译,上海译文出版社 2014 年版,第 11—19 页。

如同不存在没有食物的消化，也不存在没有意象的思维，即不存在没有来自外部物质的思维。而意象是思维的物质对象，思维则是重新确立这些物质器官的综合统一。如此，思维与意象通过生理机制和"器官"达到了内部的统一性。

2015年10月，美国华盛顿大学宣布"思维是一种物质"。研究人员采用让被试头戴电极帽，并与脑电图仪相连，然后让被试通过大脑发送自己的意念，由此记录其脑电活动。即实现意念传输，引发人们对精神意识现象的关注。研究者发现：在1.5公里距离内，可以将一个人的思想通过电磁波传给另一个人。这是第一次通过科学实验证实人的思维可以连在一起，让一个人能知道另一个人的想法。

第二，从抽象的角度出发，意象和思维都是意识过程。离开"物"的藩篱，我们要思考另一个横亘于思维与意象之间关系的一种抽象的桥梁——概念。意象与思维联合作用，成就了概念的形成。首先，不存在任何先天的概念。佩罗伯认为，抽象化在其对可知物的原始和普通功能中，恰恰是以让我们超出意象之上并能够以一种必然和普遍的形式把意象设想成为对象。除了抽象可知物外，我们的心灵不能设想其他可知物，抽象可知物只能意象并与意象一起通过理智活动造成。可能被理智开发的全部材料从根本上讲是感觉的和想象的。布罗沙尔进一步谈到，概念是被迫穿上感觉形式外衣的思维，在某一时刻显现为一种对象，或者说是一种例证，而思维就栖息在这个对象或者这个例证当中，但它既不封闭，也不消融其中。这个思维超越了表达它的意象，并且有能力随后在多少有些不同的其他影像中深化。

概念是反思意识中的自我把握，它是内省的产物，是通过沉思和抽象的努力达到的。但内省的材料是什么呢？它是意象，这一对象没有真实性、不具体，但可以直接进入意识存在，依靠理性思维把握。意象在行为中没有普遍性，也就是说概念在每一个反省主体那里是有区分和差别的，甚或是完全相反的构建，概念是依据各自迥然不同的意象事实而得出的结论。

概念的形成，体现了意象与思维相统一的内在性。思维了的意象对象，是一种形象化而非显现出的东西。一方面我们不得不承认概念的还原性，另一方面我们必须了解：概念是事实本身，不需要过多的解释，也不应该从在先的内容出发指明它们的存在，它们实际上代表着逻辑学用以向人的意识的表现方式。

虽然，又有哲学家提出"无意象思维"的观点：比方说，将两个物体的重量加以比较，被试可能是保持着第一个物体的感觉和意象，再与第二个物体的感觉和意象相比较。但是对哪一个物体是比较重的、哪一个又是比较轻的，却并不是对感觉和意象的判断，这个判断或者说是这个推理是非直观的意识内容。又比如，让被试从一些词汇当中找出"从属词"或是"超常词汇"，主试用反应时的方法，要求被试当刺激词汇一旦出现，就立刻进行反应，这个过程简化了意识努力和思维推理的缜密。结果显示，被试所进行的判断决策明确地显示了反应的无意识定向或决定倾向，也就是说，在执行任务之前，我们已经明确知晓结果的趋势，这种预先倾向性潜意识地控制了意识的努力程度和方向，于是，被试感觉不到他们为此付出了多大的意识努力。然而，从行为学的角度来看，通过这种内省的方式来确认判断的无意识和无意象性是形而上的，根本得不到明确的结论。我们仅从形而上的角度就可以加以批判：预判（或预先倾向性）是以何种方式存在的？如果没有意象，如果没有先前对经验的意识储存，没有记忆，没有对这些词汇语言、语音的意象，这种预先倾向性又是什么呢？所以，纯粹的思维虽然不是意象、幻想、想象，但它是在知性手段和概念的反思意识中的自我把握、自我意象，是一种通过沉思和意象的抽象努力所达到的。

第四章 心理学视角下的意象

第三，意象是思维的支撑，二者共存于符号和意指的关系当中。也许我们不得不承认意象的先天性和自发性，那么就可能将思维和意象进行区分：二者不仅存在本质的差异，而且还存在主体的差异。但实际上，意象与思维从某种程度上来讲都不是自主结构，思维中深深地烙印着意象，而任何意象都需要思维进行理解。

其实，我们关注的意象并非是意象本身，而是意象所指，也就是说，意象理解或解释什么，这是需要思维来把握的，正如斯佩尔所言："我们关注在大多数时间里不是针对感觉直观的对象，而是针对意指。"梅耶松也认为，意象是一种意指，是一种对与自身相异的某物的关系，它拥有理智内容，是对逻辑实在的指示，它永远不是完全孤立的：它是一种符号的体系，通过这个体系意象得以理解。而且，意象是一种"情结"：能指和所指，"感觉"和"理智"混合其中，形成了不可分解的整体。所以，在梅耶松的笔下，意象与思维的关系以整体对抗着组合整体的各种单独成分，即意象中奠定思维，思维中奠定意象。意象在活动，思维也在活动，意象指引着或阻碍着思维——意象可以缓慢地跟在思维的后面，也可以指向、导向思维防止其偏离主题，当然，也可能成为前进路上的一道障碍。意象因其灵活性、多变性、流动性成为思维最有力的助手，同时也因其相对的明确、稳定和僵硬使思维发生偏斜。

当代折中主义者借助柏格森的微光，认为思维绵延，意象也绵延，这才是二者接近的基础，他们既想保留笛卡尔的理性主义唯名论和维尔茨堡派的"经验材料"，又试图将联想主义和莱布尼兹的不同图式间的连续性结合起来谈。但这些都没逃脱思维与意象的"物质性"的囹圄。按照梅耶松的观点，意象之所以通过思维去理解，不是因为其显现出来的"实体性"，而是其形象化的"实存性"。进一步讲，将意象同化于物质象征——如同一面旗帜，物质象征在自身中总是和我们要在其中所看到的东西（比如布料）不同。

这说明意象其实已经被理解为一种符号，符号是可以指向外部物质的，于是，意象——痕迹的形而上学性与意象——符号的物质性形成了功能上的统一体，进而成为可被理解、可被思维的对象。如若我们认为自己不在思维，则不存在意象，因为无指向的符号；如果我们认为没有理解，那么就是指思维的意象与指向的意象之间存在差异。故而，与其谈论模糊不清的绵延之类的连续性问题，不如正视意象的这一特征：指向性或意向性。

不仅如此，从对象性角度出发，思维的对象或关于对象的思维，可以与意象的对象或关于对象的意象相互生成，相互转换。这不仅需要感知觉的存在和加工，也需要人类生存以来的经验总结，于是我们不仅可以拥有丰富多彩的回忆，也可以理性地逻辑分析、甚至可以创造出新的事物。如此，我们可以肯定地说某一对象或对象的某一属性状态，既是理性知识的展现，又是意象原型的表征。与此相应，人们关于某一事物之特征的理性思维和意象表征，不仅可以相互生成，还可以引出该事物其他特征的思维和意象，甚至是分别引出或交叉引出其他相关事物的思维和意象来，这是一个风琴效应、连锁反应的过程。

综上所述，意象与思维的关系从笛卡尔的完全割裂，到休谟的两难境地，再至梅耶松的整体、统一性，意象与思维从来未曾脱离哲学家的视野，哲学本身就是在思维中理解意象，在意象中进行思维。人类对世界的认识是一个纷繁复杂、又异常艰巨的过程，在这个过程中，思维与意象相互蕴涵、彼此激荡、互相孕育、相辅相成。在思维中，概念、判断、推理等诸多逻辑形式、理解的得以实现以及观念的形成，都是通过意象构建而成，没有意象的思维仅仅是一个空壳而已。同样，意象的过程中必须有理性思维的参与，它指引着意象朝着既定的目标前行和延伸，离开思维的意象就像无舵的航船，飘飘荡荡靠不了岸。所以，割裂二者的观点最终将被人类的知性需求所颠覆，思维和意象从来都是彼此嵌套的统一体，缺一不可。

第五节 意象与摹仿

意象具有创造性的功能，在创造新事物或建立新观念的过程中，需要认知主体对事物现象及其外在的复杂的情况或意义拥有敏感的知性，所表征的新的东西需要与科学的、日常的表象或表现相仿或类似但又有区别，并使之具有不同的认识层面。倘若科学的表象或表现建立在对事物现象极其透明的意识的基础之上，因而能够轻而易举地被人们所理解，那么，创造性的意象则需要一种不太透明且更为精细的智的功能——对事物现象、想法或感觉进行更为细致的识别、探究，即需要进行摹仿。

一、摹仿是意象表征的一种独特方式

在理性生活中，模仿的内容尤其丰富。我们已经看到，摹仿是体现同类信任唯一的理性方式。目前，摹仿的运作机制尚不明确，但摹仿是普遍存在的这一事实却是非常明确的。即使现在我们关于人的生物学知识的掌握尚处于基础阶段，但我们至少可以大致猜度一下摹仿的某些总体特征。如果大脑中出现了运动意象，这说明大脑在预示身体接下来将要做出的行为；但是由于大脑中出现的所有意象都或多或少有点运动感，所以很显然，除非身体本身受到相同冲动的指令，没有任何明确的观念计划能够单独驻在大脑进行指导身体反应。因此，通过意象再现视觉印象的本能，其实就是一个不间断的、完整的视觉意象的过程。这两种现象（指观看行为和观看后的摹仿行为）在逻辑上相互分离，在笛卡尔心理学中也被一条人为的鸿沟割裂开来。但事实上，它们是不可分离的；在自然历史中，

它们只不过是同一个时间中两个不同的组成部分。抽象来看，任何运动意象都有赖于意识而存在——这一事实既不关涉意向，也不构成知识。但是，运动意象与后来发生的事情之间所存在的天然联系，不仅赋予意象一种认知功能，还将运动意象等同为与观念计划同时产生的运动冲动。若某一意象既不涉及身体态势，也没有预示任何具体的行动，这个意象就不可能指向任何可能出现的现实存在，因此也就没有任何实际意义。即使它的确意欲指明某种将来可能会发生的事情，在这种情况下，它也不可能达到自己的目的。为什么呢？因为在这种情况下，意象与外物之间没有形成观看行为和观看后的摹仿行为就无一支撑和无从证实。像梦一样，它可能会让人感觉到有意义，但这种意义却是虚假的而且也不具有自我超越性，因为逻辑只适用于由真实构成的世界。观念计划与其预示的现实化存在之间这种必要的联系，不仅仅是一种逻辑学假定（根据逻辑，观念计划本身就肯定了这种联系），更是一种先于观念计划就已存在的起源性的联系：它为观念计划的产生和发展提供了土壤，并构成了观念计划得以实现的必要条件。观念计划无意间表达的是一个当下的观念事件，而后来将要发生的事情所刻意指望的是某个早于或晚于它的因素。所以，真正导致观念及试图以观念化手段来表现的现实事实就是观念计划的成熟，或其先前的历史（而非观念计划本身）。

二、延续的感觉产生摹仿

摹仿其实就是感觉的完美化和现实化。在知觉行为中，感觉得到了深入的反思和理解，这种知觉行为其实就已经是一种内摹仿。在知觉行为中，客体在头脑中被追忆和仔细检视，并伴有相当明显的肢体运动；也就是说，在这个过程中，肢体会以感应客体习性的方式进行摆动。或许，这种对客体的初期摹仿构成了知觉本身的生理基础；刺激或许会采取一种迂回方式，将自己重构为一种冲动从而再现客体，就像我们往往不知不觉间就学会了一种我们经常听到的口音。这种摹仿有时会导致一种非常有益的结果，就像动物总是在摹仿其他动物的搏斗中学会了搏斗，在摹仿其他动物的奔跑中学会了奔跑。所有这些都发生在摹仿的早期阶段，并且根本不计较摹仿行为最后是否会带来任何功利性结果，就像所有其他实用性一样，这些逐渐产生的实用性仍然维系于一种巨大的、天然的生命活力。而且，早在感觉被功用性和科学地转化为有用之物之前，感觉的活力就已表现得淋漓尽致。如果创造是游戏，那仅仅是因为所有的生命都始于游戏。随后，在非常偶然的情况下，理性开始介入和调整游戏，进而将游戏导向一个更高层次，即揭示真理和谋求幸福。

三、摹仿具有明确的目的性

摹仿所产生的绝对不是被摹仿者的表面重复。摹本的逼真性是次要的。摹仿不是对同一模型的简单重复，即不是惟妙惟肖地制造第二个原本，而是用新的媒介来再现原本的形式，赋予它一种完全不同的功能。在后一种情形下，第二级形象的摹仿性本质体现得十分清楚；比如，一片树叶永远也不可能摹仿另一片树叶——即使存在两片完全相同的树叶，它们也不是相互临摹的产物。与感觉一样，摹仿是对另一具体之物的重铸，以便在某些形式方面使自己与另一事物看起来相似。它是一种反应、一种标志——通过摹仿，人们的注意力被引入一种情境或其可能的发展趋势。当一个人不自觉地摹仿另一个人时，他并不会真正变成那个人；他仅仅是因为受到他人言行举止的影响而产生一定的改变，这使他不断地去猜想他人的心理愿望及其个体生活方式。在这个过程中，他不可避免地会在一定程度上变得与他人相似，并努力在自己内心真实地再现他人的形象。他所展现的个人举止形象就是他所领悟的他人的形象，所谓领悟就是清楚地知道：在世界上其他某个地方，存在着一个与他所再现的形象并存的人或物。感悟者身上所展现的某个成分复制了被感悟者行为举止和性格倾向的原貌。尽管与其摹仿的事物相似并再现了这个事物，摹仿却是依赖于一种完全不同的媒介，从而使得摹仿本身具有独特的个性和独特的效果。摹仿绝非相似，其根本目的也不是追求一种空洞而呆板的相似性。在再现事物形式的过程中，摹仿怀抱着一种新的目的，使用的是一种新的媒介材料，因此，摹仿不仅具有表现价值，还具有思想价值。

如果某个认知主体亦步亦趋地追随他人的生活样式来摹仿他人，那么，这个认知主体只不过是在千百万他人中又增加了一员，不会产生任何社会推动作用。但若认知主体的摹仿不是那么亦步亦趋，而是有适当的保留并怀有明确的个人目的，这才是其对他人的真正领悟。通过再现非我之人或物，认知主体保存并扩大了自己的个人生命的意义，并使其个人生命与其具体依靠的东西产生了精神联系。所谓同化就是主动进入他人情感之流、或是被动地让他人情感之流穿越主体自己内心的一个过程；与此相反，再现是一条关于进步的原则。在人生的过程中，激情和空想的堆积之多像菌落或水螅那样，只是量积的简单增加。但若我们能在时间的流逝和阅历的丰富过程中逐渐展示出我们到底不是什么，或者我们不希望成为什么，这样的人生就是有尊严的人生。也就是说，在这个过程中，你会逐渐变得睿智而从容，会用高度清晰的头脑来洞悉世界的全部奥秘。

四、摹仿具有身体适应性和知识获得性

摹仿感所产生的成果具有更高的层次，即高于摹仿之初的两个因素：懵懂的个人与未知的世界。通过促使身体做出灵活的调整，摹仿也刺激心灵去进行理想的表现。即使在刺激是一种习染性影响或习惯时，情况也是如此，尽管这时身体的摹仿反应可能是被动的，

心灵对理想的表现可能也不十分清晰。紧跟头羊跳跃栅栏的羊群，无疑会感到它们不是孤独的，尽管它们可能并不十分清楚自己（跳跃栅栏）的目的，但直觉告诉它们，这不仅是应该的，而且是有回报的。同样，当人们诉诸普遍性时，他们也感觉到权威的召唤。主动的趋同即使是非理性的，却是令人愉快的。然而，当引起摹仿的刺激因素并不具有普遍的趋同性、当它刺激的仅仅只是某一种（而非全部）感官、当它激发的仅仅是手或眼睛对客体的追溯行为——在这种情况下，人的摹仿反应就绝对是认知性的。它构成了人们对事实的观察、对事物结构的了解，以及由此产生的对专业知识的掌握。这个过程还赋予人一种重构事物的能力和行之有效的思想。闲暇时，人们不会把这样获得的知识立刻投入使用，新获得的那种摹仿能力会自动展现出来；人们总是会以戏剧动作的形式将他们听到的声音、看到的事物、理解的事实统统摹仿出来。之后，摹仿不断完善自己，逐渐形成一种无拘无束、活跃的摹仿感，进而演化为人的摹仿本能。

认知主体依靠感觉经验理解和领悟外界事物，外物的直观性，诸如左/右、上/下、大/小、明/暗等对立项，都必须在主体个人经验过的任何事实里找到真正的对应物。所以，依靠具体的感觉很难将分散的印象组织为一个整体，当然也就不可能把握到与个体经验相关的现实。所以，具体形象类似于一大堆具体的符号，每个形象符号都是对人的具体感觉或反应的图解。只有这些符号在意象的空间里被赋予了丰富的情感意义时，才有可能被身体所适应，进而内化为一种新的个体经验，以模糊、不稳定、随时可能被更替的表征而存在。

知识不是自然中的任何事物，它是一种具有逻辑性的抽象物，这种抽象物的理解需要激发认知个体的感觉，唤醒所有与之相关的情感，以摹仿的方式去寻求一种新的和更令人兴奋的感觉或思想，进而达到对感觉信息的再理解。因而，依靠摹仿去获得知识，不是感官信息的复原，而是结构、情景、手段、符号的理性诠释。

第六节 小 结

在心理学中，表象的概念代替了意象。表象是非物理性质的，因此它不可观察和感知，它同意识一样属于形而上可能的世界，它在物理方面同一于我们的世界但却没有意识，它需要解释才能通达，包括表象的对象在内，主体的知觉、思想和理解是直指这种对象的。这种表象与其主体所要表征的现象或感觉到的物象是具有同一性和相应性的。所以作为表象的心理形象是认识的一种路径或方法，凭借此主体可以认识外物的各种现象和人体自身的各种感觉和活动。

表象是人的心理和对象之间的一座桥梁，它似乎源于经验，但又不完全是经验。这表明感知觉和"内省"是表象产生的前提，"酸、甜、苦、辣"的感觉如果没有对可以产生这种感觉的对象的接触，那么我们也不会产生所谓的"五味"的想象，感觉的输入才意味着表象表征的开始。可是，我们又如何辨认出"黑、白、冷、热、酸、苦"呢？如此看来，好像是"内省"，也就是我们的心理活动给予了注意和推理。

当然，表象的作用远不止于知觉到这些感觉的东西而满足，它会借助记忆、思维、推理等认知加工方式对这些感知的东西进行表象加工。于是，人们获知了没有感觉到的东西或不可感知的东西或不存在的东西的信息，它们都是人们的心理所获得的从外物不可能得到的有关人心活动的另外一套新东西，这些新东西带着不确定性、不稳定性、模糊性的特点，形成了怀疑、推论、意向等等。

表象既是一个被动反映的过程，又是一个主动加工的过程，主体以感知觉为来源，了解了外部世界的空间、外延、运动，不同的个体感知觉是不同的。感知觉的阈限也不同，因此反映到大脑中的信息也会有差别，经过心理认知的加工，表征出来的"象"也各具特色，但是，本质还是大体相同或类似的。然而，表象再经过加工后，也就是创造性的思维活动后，表征出来的世界就会是千差万别的，甚至是不可思议的，这是表象发挥了创造性的功能，加上了个体的记忆和主观经验，形成了独立的想象或更为复杂的观念，复杂的想象或观念经过主体的外部活动最终成就了新的"实体"或"存在"。

因此，意象不仅仅是一种表征或是一种"副现象"，**它是个体感官的感觉形成的知觉感受在头脑中的体验，是对感知觉的一种深刻的"内省"，是所表征之象的再建构或再创造**。意象的形成离不开感觉器官、记忆和思维，它们与意象是彼此嵌套，互为条件，相互依存的关系。

第五章　哲学视阈中的意象

思想要想获得其内容，不仅有赖于机制，而且离不开媒介。当一个人想到金字塔在埃及时，他的思想部分是关于金字塔的，部分是关于埃及的，部分则是关于一个地方与另一个地方在地理学上的关系的。思想怎么可能做这样的事情？怎么可能会受对象、属性和关系的影响？这是关于心灵认知架构的种种设想。如何解释这些不同的表征以及产生这些表征的机制？从哲学的角度，不得不考虑到意象的"象征"类比性和其借助的思维语言工具。

意象是影像、声音、文字符号的混合体，它是主体心灵上的观念群、意念的集合体，反映了主体以外的形象、性质、规律和关系，它既是思维的工具，又是思维的元素。在内部语言的帮助下，意象使思维具有了系统性——对象 a 与对象 b 处在关系 R 之中，我们可以想象或记忆 a 和 b，但二者之间的关系就需要我们借助语言来描述并建构。思维的媒介正好是以自然语言具有产生的方式而使思想具有产生性的特点，也即意象是具有产生式的特点的。比如，我们想象：1 是小于 2 的正整数，2 是小于 3 的正整数，3 是小于 4 的正整数……由此可以形成一种关于正整数比较大小的概念。对于具有无限复杂性的思想，我们可以形成这样系统性的复述和构想。意象或者说思维有符号媒介的进一步理由与自然主义纲领是连在一起的。

主体行为是依赖于我们思想内容（信念、愿望、意向、感觉等）的。比如小张想取一瓶饮料而走向了冰箱，即小张走向冰箱的理由在他的心中得到了表征——有某事让他走向冰箱。在这里我们迫切想要知道的是小张为什么走向冰箱，又为什么走过去拿了一瓶饮料。这些都是需要内部语言进行解释，然后形成意象，进而形成对小张行为的解释。

从哲学的角度分析意象，其实更多的是从主观唯心的角度出发，这是因为意象是不可观察的现象，它无法捕捉到。意象又是思维的工具和元素，是个体通达未知世界的中介和工具。然而，意象不能脱离个体对外界具体事物的感觉这一事实；它既是经验和主观的东西，又依赖于外在的客观实在；它可以解释自然想象的因果必然性，却又不能保证这种解释是正确或有意义的。因此，无论是中国哲学的"名""理"的意象观，还是作为一种虚拟的存在，意象本身所蕴含的矛盾性、不确定性都值得我们去探究。

第一节 "名"或"理"的意象观

意象这个概念虽从未成为中国哲学研究历史的主流概念，但是它在中国哲学的历史中却也源远流长。早在《周易》中"观物取象"和"圣人立象以尽意"就表明了"意"与"象"的辩证关系，以及"象"来源于认识又高于认识的特点。意象不只是物象的知觉反应，它是认知主体的主观意识产物。

在中国哲学中，意象被隐匿在诸如"名""理""玄学""佛学"之中，尽管其表述或表达的方式千变万化，但其内涵是不变的，即意象是主体情感、情绪、情态与外界物体、环境的一种融合产物和表征过程，它具有模糊性、非严谨性、不准确性、创造性、意向性、情境性等非常独特的特点，因而它贯穿于整个哲学研究的历史中。

一、先秦"以名表实"的意象观

中国哲学思想源于先秦时期的诸子百家之学，但其实，先秦思想兴起之前，中国哲学已经历了相当长的酝酿和萌芽时期。正是在诸子百家的争鸣之中，中国哲学思想不断地发生碰撞、颠覆，流传至今，成为中国哲学思想的基本框架和价值导向。

人类的文化始于"以名表实"的知识形成及其过程之中。"以名表实"强调人之反省，主张人们对日常问题的思考与想象，进而归纳总结为人类的知识，这一意象过程不在于指导人如何行为，也并非对人说任何具有实用意义的话，而是使人去反省其说的话所用之名，与世界之"实"存在何种关系，使人知道对于某"实"，什么"名"可以用，什么"名"不可以用；这一"名"能够指什么"实"，不能指什么"实"。公孙龙等对"名"与"实"的关系讨论，目的在于探讨人之思想，并回头反省他自己说的话及所涉及的关系。也就是我们通过意象，想象实物与附之其"名"的关系，再反省、评判对这一命名关系的界定的再思考，通俗点讲，就是"我说是怎么回事就是怎么回事"，或者"我认为是这样的道理，那么就是这样的道理"。

先秦思想谈论"名实"之中的"实"，主要是指客观之物或物的形色，这里的形色直接属物理之实；而"名"则属"意"，不同人对不同"实"有不同的"意"，意恒在理，理是超物的，只可以名表，而难求物，包括道理、事理、义理、情理。又像是孔子所提及的"礼教"，其意义是道德的、社会政治的；还类似于荀子所谓的"期文理"或法家之言刑名，多半具有政治法律上的实用意义。

墨家认为"名"是表意中之实的，但庄子则认为"书不尽言，言不尽意，意不尽道"，他在《秋水篇》中提到"可以言论者，物之粗也。可以意致者，物之精也。"这一观点与墨家相左，庄子认为我们不可能完全表达清楚"实"之所有，而且我们所能谈及的"实"，只是我们体悟到的该物之"精髓""核心"，又或是如"盲人摸象"般，以点概全，角度、方式不同而不能观察到物之"实"。这也印证了"意象"之"模糊性""不稳定性""意向性"的特点。

老子道法曾言："道不违自然，乃得其性。自然者，无称之言，穷极之辞。"[①] 又以天地不仁而曰："天地任自然，无为无造。万物自相治理，故不仁也。"道生一注："万物万形，其归一也。何由致一，由于无也。"以"名实"之解，所谓道、自然、一、无等都是表意表理的。值得注意的是，道、自然、一、无并不是特定的实物之名或特定的实物之理，更不是某客观存在之外的某一实体，尤其是"自然"不是科学哲学上所讲的"自然物理世界"，而是"自然者"所认为或想象的世界。即万物之自相治理，而自是其所是，自然其所然之谓。没有特定的实物可以命名之，穷极所有的词汇，也没有特定所指，这只是人们心中的一种"意"或"理"而不是外在对象客体。诚然，道、一、无皆是如此。正如王弼解释论语："道者，无称之也。寂然无体，不可以想象。是道不可体，故但志慕之而已。"认为道只是想象中的一个"理"而已。

所以，在先秦的名实论中，用"意"（即理）来言"象"（即物），阐释"意之变"，可以多，致"物"无恒的道理：天地万物自无生而生，皆由变化而向冥中去，是"无""易""玄"之名，概言之，天地万物可归结为"一"。但其"名"则可多，而每一个皆可以为穷极之辞，也就是说，对于万物的"一"，于"我"而言，只

[①] 谭洁：《论王弼的"自然亲爱为孝"观》，载《长春师范学院学报》，2003年第2期。

是"我"对天地万物之意象，之理解，之意中会理。这便是万物不止一种表征、表达方式，万人皆有万种理解，万种意象，而表达也会千差万别，这种"意"直指个人。

　　进一步来讲，物理与名理的区别在于：其一，人们通常所说的物理，在其言语中，至少包含一个或数个词汇，最初是直接指一感觉所接触之具体实物而获得其意义，个人感觉不同，意指也不同。也或者可以是我们所听说了某个事物，与我自己曾感觉到的具体事物的比较而间接地再去理解该事物，在这种情况下，所感觉、所听到的有关该事物，都可以称之为"物理"。我们言谈中所提及的具体之物，都可以用作比喻或举例，但却不是感觉的具体之物，这需要我们加以言说、解释，作一番"内省"之后才能表之其"意"、其"理"，这时就是"名理"而非"物理"。其二，物理皆属于具体之物，而有实作用的东西，比方说轮子是圆的，这个圆有转动的"实"的作用；水有向下流的趋势，因而可以推船下驶。然而，名的"理"却并没有实际的作用，天地万物是有、是无、是变、是独特、是天然、自有、自然，这是一种共理，没有实际作用，因此也不属于任何具体之物。再比如四季变换，它是一种"理"，我们只能体会、感悟，但这种变换无实际作用，更观察不到实物，它只是一种"意""理""道"。物理有实际作用，于是我们多了解一些事物，就会多知道一些"理"，但名理却无实际作用，人多知道一些理，并不多生一些事物。人们知道水向下流，其性湿，人们便可借助其行船、洗漱、饮用。人们又知道水是变化、是自然、是独化，但却不能再多生一实际之事，多一种对水的理解，只是让人的心灵更开阔一些而已。

　　先秦的意象观体现的是一种人与自然、人与社会、人与自我的伦理、天道、名实的关系，强调和谐、顺从的理念，这个与当时生产力并不发达有着直接的关系。然而，在这个时期，人们能够将直观思维、形象思维、逻辑思维和辩证思维，融合在一起形成一种思维惯性，这是难能可贵的。比如将水的流动，既看到其物理性的一面，又可以从思辨的角度探讨其功能和不再生一事物的名理性，都充分体现了从矛盾运动中辩证思考，从整体上、本质上完整地认识和把握对象。因而，先秦的意象观体现了思维的整体性、易变性、中庸性以及形而上的特点。

二、魏晋至南北朝时期的玄学、佛理的意象观

"空""果""善""行"等思想是魏晋至南北朝时期的主流哲学思想，这一时期，佛学盛行，强调的是境界和修行。但这些"真理"或"理法"却非可见之物，只能意象、意想，只可意会，不可言说，这也是这一时期意象观之形而上的一大特点。

佛家之境界或理境必由空诸情见而后显上说，这称之为空理，表示佛家的理论注重情、注重空，亦即修行后所达到的一种境界。佛家认为，世间的人们在行事的时候都是"实我实法"而产生的各种情感，这些情感和思考都是"空"。

佛教之名理或言空与"玄"学密不可分。"玄"主要谈及"虚"和"无言"，它源于人与人之间的情感关系，也是论及一种"意境"，但它止于第一次的内省，即对当下现行之事进行思议和体悟。尽管其有摒弃实际事物的倾向，但也有一种超旷的心境。比方说，玄学家谈及天地万物有无同异之理，王弼认为"无"，裴頠（音同"委"）说"崇有"，而郭象则讲万物之"形色弥异，其然弥同"。这些都因为他们所认为的是表征之物，都具有普遍性，都可至未来的天地万物，比如易变、易通等，表明万物的多变性和万事皆关联的感通性。说有，则万物之生莫不有；说无，则万物之未有与己化，皆莫不无。因其所同而同之，则万物莫不同；因其所异而异之，则天地万物莫不异。因其所一而一之，则天地万物为大一；因其所多

而多之，则天地万物莫不多。我们意象万物，它们皆生于无形，只是我们自己当下一念之心而所知，是达于虚旷之境（空之境）皆因"意"而起。故，意及意之所理，提起则有，放下则无，这都是因我们的直接经验去感悟世界，此意象是一种"虚拟"、是"玄"之境界和所至，因而"玄"之空理，充分体现了形而上。

佛家虽在意象上与玄学有"师出同门"的表象，但是，佛家主张修行功夫，超思议和个人的内心觉悟。佛家谈"缘生"的根本目的在于"破物自有性、破实我实法"，意思是说"缘"可以生起"诸法"，"诸法"则无缘不生，因而"诸法"无自性、无我、无内在自生之力。我们常常听佛家人言"缘"，"灭缘"则能"重生"，"缘"是一种思想，需要"破执"，就是抛弃、舍掉，达到"空"的境地，才可以修行心性，至愈空愈多的"有"的境界。可是，人空一切妄执之后，观念亦空，那么还有什么可以思议之心呢？也许人们在"空"之后，尚有能证明一般的意会、思议之心境，或具有般若智而证涅槃之心，此心并非莫有。如有此心，则此心纵然无妄执可空，但也不再有空的观念或空理的观念横亘于心。倘此心不具此理，则其不能常住于无妄执的境界，也不能说以破他人之妄执。故，其自己的无妄执可空，对他人妄执之起，能一一空之，则此理必将全部彰显、暴露。

此外，从佛学的角度看，意象还体现在"善恶之论"，阐释的是"果"的境界。他们认为"恶"心存在于内在的自觉，包括不想让人看见的意思。这一"不欲使人之见"源于"羞耻之心"，或"欺人之心"。说到羞耻，羞耻心虽然根于善，但却并非全部都是善；说道欺人，欺人的念头是恶念，想要欺人的人必定是知道所欺之人善而恶意丛生，也说明欲欺之人是知道"善"的。这样循环以论，则言人之善不善，说恶说善，都会生出各种观点、不同深度、不同层次、当或不当，则主要依据那个言说之人的经验而定。可是，善恶的感觉是具有意象同觉性的，亦即我们所讲的"众恶之""众善之"，涉及道德生活、伦理法则。在道德生活进程中，人们时时以其心改其所觉之众恶，而自恶其恶、自善其善者；则此众恶在一自化而被自己所否定的历程中，善在一自生而被自己所肯定的历程中。当然，确定为"善"之行事，并非当下的绝对善，它只是一种自体验而悟得的善的感觉，这类似于董仲舒所认为的人是受命于天的，善恶的天性是不可以改变的，是泯灭不掉的。诚然，我们不苟同于"人受命于天"的"天性观"，但不可否认的是，善恶之性成就内在的个体的道德生活，意象于个体的善恶之经验体悟，表于个体的行动，也会诸于众的进行善恶之评判。

总之，玄学家原无意将其所言放下落到实际，或自谓其言目的旨在以遮为表，比如说无遮有，说有遮无，可见其言说意理的功夫尚欠火候。于是，纵观佛家理说、缘说、善恶说都是放之于实际，并以"空"相对、破执相灭，来达到发现并释义的另一种"理"，即物理之外的另一种理。

三、明代王阳明的"良知"意象观

道德的本质是个体内心用意象出来的行为规范对其自身的保护，其中包含了自我约束、良知、自我要求、自我纪律等，是精神分析的"超我"。王阳明在其思想中用"心即理"的观点详解了善恶之辨、善恶之念、善恶之行。道德本身是形而上的产物，是不可观察、不可感知、不可触碰的观念。道德是由意象与思维、记忆及社会规范共同形成的。它是一种天生的自我体验和自我践行、自我理解又独立运作的意志现象。我们不能称道德为实在，但却可以感受其存在。

（一）王阳明"心即理"的意象观

"良知"属道德伦理的概念范畴，早在先秦时期，孟子就将道德知识视为一种先天知识，它不依赖于人们对外部世界的主观经验，其观念来自于人与生俱来的"四端"之心，它有别于外部感觉、知觉经验和经验知识。然而，对于道德的先天性，宋代的张载以德性之知和见闻之知加以了区别，他指出，德性之知并非始于见闻，从而为德性之知和见闻之知的涵义奠定了基础。王阳明主张"心即理"，即德性之知不可能来自于见闻之知，它来自于良知。这一观点是早于西方哲学家的，更早于史蒂文森等西方情感主义哲学家。

按照王阳明"心即理"的思想，属于非能见闻的道德层面，其本质内容是内省自我反省的产物。也就是说"良知"非可见，只能够明于心。王阳明认为，善恶之念，皆源于人心。不仅如此，"良知"之知还蕴含着情感和态度。花香，但感觉其香才是香，感觉其刺鼻则离香就远了；又如听之声音，只是耳鼓振动，但理解其音义，才知其内容和知听之意，以辨是非。与情感态度伴随的是行为，我们知何为孝，何为悌，何为善，何为恶，然只有个体曾行孝、行悌、行善、行恶，才知孝、悌、善、恶，否则，只是知道几个文字而已，并无切身感受，也就无从知之。这是因为它们本身不是外部世界的属实判断，而是改变外部世界的情感态度和行为，二者皆来自行为主体而非对象世界。例如，我们对父母行孝，不可能只是看到或听说他人如何行孝而知其理，面对自己的父母而言"孝"却不行动，那么这就不可能成为主体内心真正的"孝"或"良知"。倘若父母去世，则"孝"不就全无了吗？显然不是，它存在于主体的孝亲之动机和行为之中，内化为主体的"良知"和"理"，成为真正的"知"。

有人质疑王阳明这种"良知"意象观属主观唯心主义，"良知"完全与自然之物无关，只是形而上的意识内容。"良知"是与生俱来的能力，不是后天经验的总结。就好比视力和视觉经验不是同一回事一样，先天知识或先天的意象能力是独立于主观意志的客观事实,这个客观事实是无法通过经验归纳得到证明的客观事实,否认其存在才是主观的。

"良知"是一种理解和认识先天道德知识的能力,比如"恻隐之心"、忧伤、哀怜、愉悦等,当他人有如此的情感表现时,作为旁观者也会产生同样的情感、情绪反应,这就是旁观者以意象之能力将其自身置于对象同样的处境之中而产生的"是非之心"。道德主体当见到他人遭受痛苦陷入困境之时,会不由自主地产生应激反应,好像自己身处困境、遭遇危险、遭受痛苦,类似于"其仁之与孺子牛而为一体也""其仁之与鸟兽而为一体也"等。就像现在我们观影的同时,心境也随之跌宕起伏、感同身受一般。这种情感反应由内生之,以内省的方式而觉察表征出来,但这完全不同于人们对外部世界的知觉。而且,王阳明据此认为由外部刺激引起的内心剧烈的反应是良知产生的先决条件。然而,我们知道不是反应,是对反应的评价和解释引起了内心剧烈的碰撞。从今天心理科学的视角来审视上述观点,可以将其理解为"移情"或"共情",我们理解并且能体会他人的内心感受的能力。当我们设身处地地为他人着想时,我们就能感受到他们内心的体验。还有就是,我们的情绪反应来自于我们对某件事情的评价和解释,而非事件本身,这也是一种先天的能力。需要强调的是,无论是王阳明的"良知",还是心理学的"移情",都不是一种理性判断或理性推知,它们都是由内而发、潜意识自主生成的,不以语言为中介,是能力和生理情绪的使然。因此,良知或移情的能力是不同于"德性之知"的,且对德性知之的形成至关重要。

当个体对他人的忧伤和痛苦感同身受之时,往往会产生自己也遭受了同样的痛苦和忧伤的感觉,于是便对这种忧伤、痛苦之情产生"厌恶";与此相反,当感同他人的快乐、愉悦之情时,就会产生"喜好"之情,于是,这种"厌恶"与"喜好"构成主体自身对事物的不同态度,进而去判定外部事物的是非,这就形成了"理"。

"理"或"致良知"是一种直觉能力,天生的意象能力是无需进一步的推理即可判断的能力——良知只是个体的一种好恶和是非之心,其变,则对万事万物的判断也会随之改变;不同个体有不同的良知或好恶之心,有不同的潜意识的移情反应;是个体独特的心理基础和准则。

(二)道德情绪的进化

还有一种情况也是良知的一种自然而然的表现,就是个体待人、待物"厚此薄彼"的情况,这也是一种先天而生、不可逾越的进化产物。我们这里称其为道德情绪的进化:进化过程中,我们看重人多过于物、看重自己的血脉之亲多过非亲,看重自己的亲戚和朋友多过非亲非故的人,看重和自己有过交往的人多过陌生人,看重自己直接行动的后果多过间接行动的后果。这是一种本能的、直觉的、下意识的反应,是一种应急反应,来不及思索、计算和考虑,不是理性计算的认知反应。进一步来讲,从表面上看,道德似乎不需要计算,但对与错、好与坏、道德与邪恶的感觉,能告诉我们一些重要的行为准则。我们具备一种进化而来的是非感,也就是道德感觉或道德情绪。比方说,当心里感觉在行"善"的时候,我们会体验到诸如正义和自豪等正面情绪。这种道德情绪可能是由对个人好或对群体好的强化行为进化而来。当心里感觉在做"恶"的时候,我们会体验到诸如愧疚和羞耻等负面情绪。这种道德情绪,可能是进化自对个人坏或对群体坏的强化行为。道德情操代表的是一种比针对特定行为产生的特定情感更深沉的东西。对于哪些行为好,哪些行为坏,不同的文化或许有不同的定义,但对行为 X 感觉好或坏的一般道德情绪,是一种进化而来的情绪,人人都一样。

"善"的正义、自豪情绪,"恶"的愧疚、羞耻之心可能是进化自对个人坏或对群体坏的强化行为。不同的文化、不同的群体对这种"厚此薄彼""善恶"之分是有所区别的,可能趋于一般共识,但也会有细微差别。但是,这些是具有人类普遍性的,即人在思维、行为、语言、社会关系、文化上存在的一些共性,放到无论是过去还是现在的任何人类社会中,都找不到例外。我的所作所为,和我们身为社会性生物,彼此相互影响,相互制约。

良知或移情反应可以通过回忆、想象等意象表征的方式产生,也就是说,这种自发产生的情感不受时间、空间的限制。人们可以追忆逝去的人而潸然泪下;可以回忆起童年的美好而微微一笑;或是看到某段文字、读到某句诗词,甚或是欣赏某件艺术作品,都可以产生一种莫名的情感,无论其忧伤、痛苦,抑或是欢快、明朗,都非个人意志所能掌控。尽管我们不得不承认"良知不离于见闻",但是,它又"不滞于见闻",它是一种天生的能力,但外部的刺激也是必不可少的生成条件。

王阳明以"良知"为核心概念阐释了"心即理"的意象观,表明了意象是一种先天的能力,它促使个体能够以自发的"善""恶"之心度他人之"善""恶"之情,能够在进化的基础上表达"厚此薄彼"的道德判断和行动。所以,王阳明的德性之说不仅澄清了"先天知识",也从一定程度上证明了意象存在的先天性。

第二节 "符号"或"概念"的意象解释说

世俗的心灵空间是认识世界的重要元素,因为它是世界文化与情感的本质联系,是世界的基本要素。意象成为联系特定文化和特定空间之间的连线,并使之成为"空间视界"的意识,这种空间视域保持着自己独特的状态。这种独特的状态被布拉加看作是"空间矩阵",它能解释不同空间视野的文化在同一个景观中达到共存。如此看来,"空间矩阵"可以阐释世界各种不同的文化存在,其存在的方式是以意象为前提的无意识空间视域。因而,意象是艺术意识、哲学意识和数学精髓的统一体。

意象符号的理解是不单单停留在单纯的印象或无秩序的反映,可以试图将其想象成具备体系的、以合理性为后盾的客观的一种表征。我们可以将意象的表征作为一种人文科学的概念,并以此形成人文科学方法论加以阐释。

一、意象是一种虚拟的存在

意象是这样一个概念：在德谟克利特看来是原子,在牛顿看来是粒子,在歌德看来是白光,在物理学上是"波",在布拉加看来它是民间的灵魂,是伟大的匿名者。布拉加认为,理解意象可以通过图像的概念,因为图像的概念有助于将直观的科学上升到一个可以达到抽象和具体之间平衡的通用的语言,比如实验和数学的精髓、文化、知识、物理科学和创造等等。这样的理论可以作为一种文化形态,结合变形的矛盾（形而上学）与神话思维（科学哲学）,来表达概念的语言（诗学）和文体领域（科学哲学）。这种理论观点是反功利主义的,是一种统一理论,我们可以借用心理学的理论加以阐释,即概念似乎是一种镜像的想象。从这个角度看,概念和图像之间不是一种完全对立的关系,相反,概念由于图像的参与从抽象变得越来越清晰。

意象是一个伟大的匿名。布拉加的这一思想在其哲学体系中成为核心。在他看来,意象的特点是可以将不同的存在加以限定,使之完全、绝对地以自我为中心。这些限定包括两个方面：其一是保持这些匿名的集中性；其二是通过施加一个绝对的层次使这种"自

第五章 哲学视阈中的意象

我中心"与世界和宇宙之间保持一种平衡。布拉加说:"伟大的匿名是一种'整体'的一个最大的实质性和结构的复杂性,存在完全的独立,即自给自足。有必要提出一个形而上学的神话意识,将伟大的匿名可能'复制'循环往复,但并未使自己筋疲力尽,没有同化的外来物质。"

意象是我们任何创造或虚构或真实的存在,是承认的一股超然的变身,从头顶到脚趾。意象可能是一部艺术作品,可能是一个投机的想法,可能是宗教经验,可能是关于自然的一个形象,也可能是一个关于社会有机体的概念,在每一天的生活中,意象嵌入每个人的行为之中。意象存在的意义是多重的,它是在假设成为实际上存在的其他潜在的生物;它是神的智慧表现在世界;它是可以产生潜在世界的伟大介质;它也是一个精神的世界或世界的精神。我们无法绘制意象本身的形象,因为它也许只是一种四维的空间,如果用形而上学的观点看待意象,那么它也许只能作为一个幽灵,作为一种现象在正统文化的框架内。但其本质,我们不得不说,它基本上是人们对感知觉的一种体验和评价,是一种超越性,是世界的人和临时空间的一个过渡的超越,因此,我们可以借助意象发挥想象,达到创造的目的。

创造的问题是通过意象得以实现的,但是其限定在一定的思想框架之内,是对世界的一种否定,一个必要的否定,从而突出其重要性,成为形而上学的中心。创造性以意象为中介形成虚拟结构,是跨空间的无数小片段的集合,我们以实体为模板赋予这些集合形象和灵魂,融入特定的文化,打造一个特定的生活空间和联系,因此,创造是一种独特方式的意象表征,无论多么清晰的概念均可以构建出形而上学的可能性。亚里士多德将这些创造的片段集合比作幽灵,使得这些东西无法为科学所证明,然而,很多创造性的事物在后来科学发展的今天,被验证为并非空虚的架构,而是实际存在的真实状况。故而,与意象有关的一切,像鸟巢和外壳,细节和角落,它们超越了物质性的大门,是以想象力允许一切的可能性,正是靠着无法立竿见影的想象力,才形成了所谓的"真理"。

从物质到非物质的超越是一个动态的关系,无论是诗歌、艺术、还是梦想,以及任何人能想象的一切,都是一个不断变化的过程。比方说,"描述",既是客观的又是主观的,现象学的解释可能更为恰当——它是一种生活的主要功能。比方说,我们建造一幢房子,其图像应遵循以下规则:(1)生存空间,(2)安全保护地,(3)透光,(4)温暖,等等。这其中包含了我们对"家"的想象:真实的和虚拟的。家庭代表了生活必需的场所,包括水和火,包括了我们对家人之间关系的回忆和想象,这是一个共同体。我们关于物质元素的回忆和想象,其本质不是物质的东西,而是我们心中形成的图像,在经验的基础上成为意象的未来。它总是老老实实地登记在某处,以不真实的登记,超越我们认为是周围事物的现实。如此看来,意象的图像成为了意识与无意识之间的中间体,图像显示在一个特定的时间和空间,适用于虚幻,它的功能才是真正发挥作用的东西。这些图像所代表的东西超越了我们最初的设置,其作用是根据思维规律,或者说是一种潜意识,帮助我们形成一种理解和概念,在某一空间中扮演着重要的角色。所以,存在于心灵空间的意象图像始终代表着一种符号,怀揣着遗传的信息,成为"家中之家",成为另一个世界。

二、意象的概念解释说

意象的特征具有不稳定性、模糊性和易变性,而这些特征直接导致了意象所表征的概念也具有上述特征,弥补概念的这些缺陷的一个补救方法就是提出更抽象、更复杂的概念知识结构。于是,概念系统以三个指导性约束原则,即信息丰富原则、经济原则和一致性原则将具有某种相似程度的两个事物或两类事件进行类比。《圣经》中提到，所憎恶的事物而制定的饮食规则产生了干净和不干净的动物这一分类。很多爬行动物被认为是不干净的，比如蜥蜴、鳄鱼；大多数鱼类和昆虫被认为是干净的，比如蜻蜓、蝉等。然而，墨菲和梅丁认为[①]，概念之间并不是由于相似性，而是基于某种假设或某一框架下的设定，才导致了区别。干净和不干净动物概念依赖于一个假设，即生活习性、生物结构和运动形式方面的特征在不同动物中是怎样关联起来的。大致说起来，水生动物具有鳍、鳞和游水这样的属性，而陆地动物则有四条腿。如果一个动物符合上述假设，那么它就被认为是干净的。但是，任何不具有这种运动特征的动物均应该被认为是不干净的。墨菲和梅丁据此认为，即使相似性是重要的，我们还是不能充分地去决定哪些概念是连贯的或有意义的。这些争论已经促成了一种新的理论，即所谓的解释说。

解释说认为概念的外延要更宽泛一些，概念不仅包含了因果知识，而且还隐含着一些特定的内隐限定假设——图式或者说表征的经验或背景知识。例如，有翅膀、羽毛和轻质骨架的生物可被看成一个自然类别，因为我们有一个假设来解释这些属性联合发生的情况。

研究者已经从多种途径获得了支持解释说的证据。相似的东西并不一定就可以归为一类，比如鲸鱼，它生活在海里，有鱼鳍等，但它是胎生动物，这一关键的特征决定了鲸鱼是哺乳动物，因此，相似性不是判断类别的唯一机制，我们还需要了解物质的关键性质。那么，因果或特异性知识是怎样影响类别应用和学习的。里普斯在

---

① Murphy, G. L., Medin, D. L., "The role of theories in conceptual coherence", *Psychological Review*, 1985 (92), pp. 289–316.

一个研究中解释了相似性判断和类别判断之间的分离现象。[①] 在这个研究中,实验者首先询问一组被试一个 5 英寸直径的物体是更像一个硬币还是更像比萨饼,另一组被试也获得了同样的信息,但要求他们判断这个物体与一个硬币或比萨饼之间的相似程度。尽管物体的大小大致在一个大号硬币和一个小号比萨饼之间,但类别组被试还是倾向于把物体归类为一个比萨饼。然而,相似组被试则更可能把物体判断为一个硬币。如果类别化的过程只依赖于相似性的话,那么在两个小组里被试的判断应该是一样的。这种判断结果不一致的事实说明还有别的变量在起作用,也就是关于物体大小变化的知识或假设。硬币的大小是法定的,而比萨饼的大小几乎可以任意变化。

梅丁等发现[②],概念知识似乎促使家族同一性策略在概念排序任务中得到应用。这类似于原型说,即一个概念成员的典型性是与那个例子的家族同一性分数紧密相关的;也就是说,这反映了实例属性特征的分数是与类别内其他实例的属性相同的。在一个排序任务中,被试在排序时只关注一个维度,而不是多个维度。这也是家族同一性假说所预测的。梅丁等进一步发现[③],当项目间具有因果关联特征时,被试就放弃了这种单维排序策略而使用多维策略。也就是说,当向被试提供可使特征之间关系更为突出的概念性知识时,家族同一性排序就变得很常见了。问题的实质是,当存在某一连接属性的背景知识或假设时,彼此相关的多维属性维度才可以应用于排序任务之中。

背景知识是怎样影响类别化过程的呢?研究者发现,合取概念

[①] Rips, L. J., Shoben, E. J., Smith, E. E., "Semanticdistance", *Memoryand Cognition*, 1987, pp. 1 – 20.

[②] Medin, D. L., Goldstone, R. L., Gentner, D., "Similarity involving attributes and relations: Judgements of similarity and difference are not inverses", *Psychological Science*, 1990 (1), pp. 64 – 69.

[③] Medin, D. L., Golestone, R. L., Gentner, D., "Respects for similarity", *Psychological Review*, 1993 (100), pp. 254 – 278.

比析取概念更容易学习。比方说，人们学习一个合取特征"黑色和圆形和皮毛"组成的概念要比析取特征"黑色或圆形或皮毛"组成的同一概念要容易一些。当析取概念与背景知识一致时，上述现象刚好相反。在这个研究中，实验者向各组被试呈现正在用各种颜色和大小的气球在水中完成拉伸或进入动作的人像。一组指导语要求被试去判断是否一个给定刺激情景（如一个儿童正把一只大的、黄色的气球浸入水中）是一个 α 情景。另一组指导语要求被试去预测一个气球在刺激事件后是否会膨胀。接受任一组指导语的被试都必须学习合取概念（尺寸—小和气球—黄色）或一个析取概念（年龄—成人或行动—拉伸—气球）。研究者确定，大多数人知道拉伸一个气球使得它更容易膨胀，而且成人比儿童更容易使气球膨胀。

结果表明，α 组被试发现合区概念比析取概念更容易学习一些。原因在于，关于气球膨胀的背景知识与学习 α 类别化过程是无关的。然而，在预测气球膨胀指导语条件下，研究者获得了相反的结果，即析取概念比合取概念更容易学习。这一现象是因为被试的背景知识支持了合取概念的形成，但这些背景知识又不支持合取——膨胀概念的学习这一事实所造成的。

与此研究逻辑类似，维希涅夫斯基和梅丁向被试展示了一些儿童的人像素描图，并要求被试形成一个类别规则去描述一个集合，该集合可以被扩展至该类别的一个新的实例上。[1] 实验者通过给图片加上具有意义的（这些图片是由具有创造力或没有创造力的儿童所完成的）或中性的（即这些图片是由第一组还是第二组完成的）标记而把背景知识介绍到任务上面。那些被赋予意义性标记的被试会以一种与中性组被试很不相同的方式来对图片进行分类；前者倾向于使用图片的抽象特征（如动作、对生命是真实的、体语）而不是

---

[1] Wisniewske, E. J., Medin, D., "On the interaction of theory and data in concept learning", *Cognitive Science*, 1994 (18), pp. 221–281.

一些具体的知觉特征（如在一侧的胳膊、口袋、卷发）。在中性组里，这些素描图主要是根据具体特征之间的差异来分类。简言之，前一组被试对任务提出一些直觉的假设。相对于后者，它会从这些图片中抽取一些非常不同的特征。

三、意象的现象学解释

现象学解释事物现象最显著的特征是整体性。我们对事物分类和概念化的过程，会让我们把事物看成是各自独立的存有。这个活动会反过来让我们局限在感官的觉知中，因为它削减了我们本有的全观能力，它让我们觉察不到实相的合一性。处在实相里，区分能力并不等同于划分能力。我们的肺和心脏虽然不同，但并不是完全分开来的。身体的细胞虽然可以被精细地区分，但它们彼此并不是隔绝的。它们共同组成了我们的身体。从根本上来看，它们构成了我们身体这件事，比它们是各自独立的要更正确一些，而实相的合一性也比桌子和椅子是独立存在的要更本质一些。换句话说，整体性才是更根本更完整的实相。将意象这个抽象概念太过具体化会阻碍我们洞察实相，同时也形成了我们对物质经验的概念。我们不可能把意象具体到物或事件，不能用时间、空间或更多维度进行界定，因为它本身是一种非物质状态，它需要置于一种语境或背景中去解释。

其实，就现象学研究方法的本质来讲，它所强调的是认知主体、环境、行为三方面的相互影响，也就是说内在意识、外部行为、外界环境彼此之间没有从属或先后关系，它们在某一事件或某一现象发生的过程中是一个整体，是全面的综合，尽管研究对象千差万别，但都是从个别现象考察本质、获得一般意义的过程。

以人类的学习为例，学习在某种程度上就是意象的内容、作用和结果。人的学习能力是天生的，但学习行为本身在很大程度上是

第五章 哲学视阈中的意象

意象的结果，而非刺激—反应的强化。我们可以在无条件刺激的作用下，先入为主地去认识一些现象和事物，可以有目的地实施一些行为。比如，我们以认知—学习为例，通过班杜拉的"Bobo娃娃"的研究来解释个体外部行为发生的影响因素。班杜拉想知道小孩是否通过观察其他有攻击性的人而变得有攻击性，于是他和助手做了很多实验，最著名的就是他们让孩子观看一段现场或电视的表演：成年人踢打一个叫Bobo的充气娃娃，并同时对他吼叫。然后，让小孩在房间里和同样的玩具玩，像班杜拉假设的那样，比起那些没有看表演的孩子，看过攻击性表演的孩子对Bobo娃娃有更大的攻击性。

  人类的学习在很大程度上是模仿的，人类行为的发生不单单是对外界刺激的反应，更多地是已经在头脑中形成的图式对行为产生的影响，文化和社会关系在心中已经构建了一个认识事物的方法，外部环境对这些行为只会起到是否强化之作用。那么，就"Bobo娃娃"研究的结果，它证明了儿童模仿他们在电视上观察到的榜样示范。我们是否可以利用这个结论进行正面教育呢？答案是肯定的。研究者和电视制片人生产出了长期性娱乐性的系列剧，其特征是明星来示范一些正面行为并得到好的结果。欣喜的是，那些"肥皂剧"对文盲、艾滋病毒、人口过剩和性别歧视等这些社会问题有一些戏剧性的效果。比如：1975年，墨西哥执行制片人做了一档娱乐肥皂剧《跟我来》鼓吹成年人识字班。该剧的成功令人难以置信，当年参加成人识字班的人数是之前的9倍。20世纪90年代早期，在非洲坦桑尼亚，致命的巫术和谣言很多。按照这个报告的说法，坦桑尼亚人相信艾滋病毒"是通过蚊子叮咬传播的，在性行为中使用避孕套会产生这种病毒。1993年坦桑尼亚开播了一档斯瓦希里语的广播节目《跟时代一起前进》，每周两次，结果同样也是异常成功的。不只在墨西哥和坦桑尼亚，在中国和加勒比海沿岸也是如此，

《跟时代一起前进》取得了巨大的成功，越来越多的人知道无保护的性行为会导致艾滋病毒感染，减少性伴侣数目、增加避孕套使用会减少罹患艾滋病的几率。模仿、学习，用电视剧广泛传播的特点寓教于乐，这就是认知学习的巨大作用。我们可以将语言、符号、图像浓缩在一个物象里，将"意"融入其中，法律、经济、文化和政治都会在无形当中体现出来。

从出生到死亡，观察对我们的生理、心理和社会生存都是非常重要的。观察他人可以通过意象获得间接经验，使我们避免环境中的危险刺激，教我们怎样思考和感觉，告诉我们怎样在社会情境中行动和互动。人类是有态度、信念、预期、动机和情绪的，尤其是人和动物都是能够通过观察和模仿他人而进行新的行为学习的社会动物。

包括偏见的产生也可以用现象学的视角进行解释。我们是否天生就带有偏见呢？曾经有研究观察儿童对黑色娃娃和白色娃娃的反应。他们发现，无论黑人儿童还是白人儿童，都更愿意和白色娃娃玩。这种偏见是怎么产生的呢？首先，在儿童形成偏见的条件作用之前，他们对另一群体中的成员没有反应；其次，当看到亲近的人难过的时候，儿童也自然会难过和恐惧。如果看到父母所讨厌群体的成员时产生的负性反应（无条件刺激）被儿童看到，儿童就习得了难过和恐惧；第三，多次把来自这个群体的人跟父母的负性反应配对后，看到的那些人就会成为条件刺激，而产生难过和恐惧就成为条件反应；第四，原本没有偏见的儿童就习得了偏见。我们不需要去事事尝试，事事亲历，间接经验的获得让我们可以通过想象避免遭受伤害，同时却也同样被"同化"，这其中包含了文化和社会环境的影响。人作为社会性生物，以意象的"事件"代替实相，可以减少认知加工，减少躯体伤害，同样也累积了社会文化的"色彩"及其"偏见"。由此可见，用现象学的方法看待事物，是整体性的，或是语境的，或是辩证的。我们每个人的心理图式和心理构架都影响着我们对物理世界的认识。这种认识本身自带意向性和意识性。

第三节　意象建构论[①]

想象根源于本能，又体现为物质。如果筑巢的鸟儿能意识到其工作的功用性，它所从事的就是一种创造性的实践活动——只要它们对其世代相传的目的和方法偶有意识，本能就有可能成为理性。那么，为什么人的创造性本能能够理性化而动物却不能呢？从根本上说，是因为人具有动物所没有的创造性意象的能力，这一能力存在于身体的感觉与抽象的符号形式之间的一块地带。我们如何改进世界，如何将自己的价值观念赋予生命更大的意义？如果仅仅依靠感觉刺激和知觉反应就可以达到，那么只是在"暗淡的认识"里左右徘徊而已。我们需要借助一种工具——意象，指引我们在理性的范围内寻找"真理性的认识"，使经验中抽象、朦胧的东西被重新挖掘，赋予形式的理智，从而更好地展示可能性的人性的光辉前景。

所以，意象需要回答这样的问题：意象和我们的经验究竟是怎样的一种契合？意象本身的建构与记忆的建构是如何达到统一的？意象的抽象性如何成为理性的思维，二者是怎样的辩证关系？意象与主体的运动、行为是如何协调的？意象的创造性功能和摹仿能力又是如何辩证统一的？这些问题我们都将通过意象的建构论进行深入的探讨。

[①] 本节内容以《意象的建构论研究》为题目发表于《福建江夏学院学报》2016年第5期。

一、意象建构与思维语言的认知表达

意象与语言是彼此联系、相互转化的过程。因为，意象所指的对象并不以真实存在的物理世界为前提，它不是摹写或复制，当意象表征了作为其对象的事物、事件、情境时，它们只是主体出于某种意图来讲述或传达对这一事物的理解或表征。主体不仅可以将头脑中的表征物以语言的形式表达出来，还可以将语言符号转化成大脑思维的抽象物（就像知识依赖于文本的传播一样）。

首先，从语言逻辑上讲，语言并不是提供某种客观事实或现象的信息，它是理解基础上的一种意象建构。在一些日常的表达中，我们通常会说，"我真的很抱歉""别假装""理解万岁"等，它们作为完全独立的句子，仅凭自身就具有独立的意义，但却并不提供有关客观事实或现象的信息。从语法的角度看，如类似于"中国的国旗是红色的""山西的省会是太原""柳树叶是绿色的"等句子都是由主语和谓语组成，它们分别提供了"省会""柳树叶"等所指称对象的信息，我们可以从中认识、了解到一些信息。因而，逻辑实证主义者从认识意义和逻辑意义将结构相同的句子进行了区分：对于一个语句的意义，只有在其真伪能够从逻辑上得到证实时，它才能具有认识的意义；否则它便只具有情绪意义。换句话说，客观陈述的句子能够得到证实，是具有认识意义的，但是若陈述的谓词是一个意象之词，则这个陈述只是具有理解意义的情绪表露。

其次，意象关于所指对象"是什么"的描述，可能只是主体的一种"虚构"。比方说，"苹果是红的"这一命题，一般情况下是以一种判断形式为前提的。但是，当相同的命题被作为文章中的一个短句来看待时，对它判断的逻辑真假则并不构成首要的问题对象。①

---

① ［韩］朴异汶：《艺术哲学》，郑姬善译，北京大学出版社2013年版，第28页。

第五章 哲学视阈中的意象

这缘于"苹果"是被虚构地使用着,即它们所说的事物现象并不以客观存在为前提。名著《傲慢与偏见》,作者描写的并不是这部作品问世之前就真实存在的达西先生(某位绅士)和伊丽莎白小姐(某位淑女),围绕人物所发生的诸多情节,都不过是作者意构出来的,就是所谓的"创作"。所以,以语言形式所表征出的主体意象,其指称对象,从逻辑上看是一种"虚构",这种虚构包含在文字里,即便从语言本质功能上看,意象所"陈述的真伪"也不以真实对象的存在为前提,因此,语言才以文字为物质载体,在社会生活中可以脱离主体而物化为全社会的共同精神财富。①

再次,"双重代码说"阐释了视觉印象、意象建构和语言生成之间的关系。当我们听到"狗"这个词,一般会先想到"狗"的样子,进而想到它们的特征(吃骨头、有敏锐的嗅觉、忠诚等);有时看到"狗"这个动物,也会不自觉发出"狗"(gǒu)的音。类似这样看到一物,听到一词,同时会意象到一物的事情几乎每天都会发生,是什么导致了这种状况的出现?双重代码说可以解释此类现象。双重代码主要指认知系统是由言语和非言语这两个彼此独立但又相互联系的系统组成的,前者的基本单位是词元,后者的基本单位是象元,二者都需要经过编码、加工、储存和提取等几个高级过程来对外界刺激信息进行认知加工和处理,进而达到表征事物的过程。② 当我们看到"狗",再不由自主地发出"狗"的读音的时候,这是象元和词元都在发生作用。因此,言语系统和非言语系统之间没有绝对的鸿沟,二者通过指示性联系共同发挥着认知表征的作用。再比如,看到一张好友的照片,我们会脱口而出这个朋友的名字,还会想象她样子,同时回想起关于她的许多事情,甚至可以滔滔

---

① Alexander, P. A., Schaller, D. L., Hare, V. C., "Coming to terms: How researchers in learning and literacy talk about knowledge", *Review of Education Research*, 1991 (61), pp. 315 – 343.

② Paivio, A., "Psychological processes in the comprehension of metaphor", in A. Ortony (Ed.), *Metaphor and thought*. New York: Cambridge University Press, 1979, pp. 23 – 33.

不绝地讲述与她在一起的点点滴滴,尽管她并不在场。这些日常的经历都表明视觉印象、意象和语言之间是彼此联系、互相影响的,它们可能通过上述的词元和象元的相互转化,使得我们可以进行思维和推理。

最后,"科学创新"是意象与语言、感觉相互联系的最深刻体现。科学是构造世界象征体系的一种表现,科学所创造的对象,并非是参照一种对象而制造另一种形式不同的类似物,它是被纳入意象范畴内的象征体系。外界刺激信息以感觉的方式传递给意象主体,经过编码、加工形成关于认知客体的表象信息储存在主体的大脑中,并以语言的方式记录下来,在这个基础上以无穷的张力和想象力建构新的事物,借以认识世界、改造世界。科学创新的过程就是感性、语言、意象层层递进、彼此嵌套的过程。在这个过程中,感性认识是基础,它规定了意象延展的方向性,是科学创新的根基;语言因为有固定的句法结构、串行的加工方式以及相对具体性可以确保思维过程的精确性和交流性;而意象则可以在头脑中灵活、迅速地操作,是新观念、新关系、新结构的手段,它可以及时、迅速地弥补已知和未知之间的裂缝。

二、意象建构与空间信息的加工与操作

从空间信息的加工方式看,认识主体可以根据感觉来源传递的表象信息,在思维空间中形成有关认知客体的加工形象,并对这一形象进行整体性或结构分解性的加工、分析。"心理旋转"和"心理地图"就很好地解释了人们是如何进行空间信息的意象加工过程的。"心理旋转"是通过向被试呈现不同旋转角度的字母"R",并同时在对侧呈现镜像的效果图,然后让被试确认镜像图中的"R"是否是原先的那个"R"。为了进行判断,我们会在头脑里不停地旋转镜像"R",来和原先的"R"进行比照,直至基本可以做出判

第五章 哲学视阈中的意象

断。结果发现，测试图形离标准图形的旋转角度越大，被试用来判断图形的时间越长。由此，我们可以提出该实验的前提应当是：视觉意象拥有客观世界中那些物体的全部属性，即它们像客观物体占据物理空间那样占据一定的心理空间，而且，这些心理物体也像客观物体一样在心理空间那样被转移或旋转。原先的字母"R"与镜像的"R"是否重合，其实是一个匹配的过程，就是判断实际物体与心理物体是否一一对应。风靡全世界的"俄罗斯方块"游戏，也是基于上述前提，我们不是在实际地旋转这些方块，而是将"心理方块"进行旋转，然后置于其恰当的位置。

心理旋转的意象之物是一些三维物体的准空间模拟物，这个准空间模拟物的特征是：第一，意象之物以"物自身"存在为前提。意象的建构要以"客观之物"为"原型"，不是简单的映射，但却反映了"客观之物"的主要特征，这是意象的"客体性"意义的本质特征。我们之所以要在头脑中旋转字母"R"，是因为它是意识的对象，但我们不能直接作用纸上的这个字母，只有通过它在头脑中的映射来加工。意象的这个"R"与纸上的"R"是同构的，主体特征一致，可以用于认知加工，但是，意象的"R"是虚的、不可触碰的，即意象之物不是实在物、没有独立性、不能离开"原物"而成为占据一定物理空间的实体，当我们转而思考其他事情的时候，它也就不存在了。第二，意象是一种心理过程，这个过程的主角是"意象之物"而非"物自身"。因为意象设定其对象是不存在、不在场的，又或者是存在于他处，或者是不规定意象本身的存在性。所以，意象具有表征某个不在场的对象的能力，即将一个以前经验过但当下不在场的对象提交给意识的能力，既然"不在场"，那么意象加工的就不是"物自身"，而是一种"印象"，这种"印象"是人类意识、特别是人类神经生理的本能，这种"印象"与"物自身"没有现象学时间上的原则区别，也不存在空间上的不对等，它只是一种"滞留"。因此,当意识的思维去加工这个"滞留"的时候,是不受时间和空间的限制的,这个过程由于它不是"实体",因而可以连续地、反复地、不怕损毁地、永不停歇地加工,除非主体自身有意识地中断或停止。但是"物自身"却并不能,其受其本身实体的限制,它占据一定的空间,随时间的变化而变化,具有一定的实体意义,这些都导致了它不可能被"自由地"加工。第三,意象对模拟之物的加工过程内隐且耗费认知资源。就像我们思索那个镜像的字母,默默地在心理以不同的角度和方式旋转它,但是即便是近在咫尺的旁人也是看不到的,因为,这是一个非常明显的内隐过程。有人认为,意象就是思维的一种形式,它同思维一样内隐、受认知经验的影响,但是,与之相反,有人认为意象具有"原发性"或"生产性",是一种自发的生理本能。就其本质来讲,意象与记忆一样是一种个体的能力,这种能力只要不发生某些部位的脑损伤,它就会存在,而这种存在是受各种因素影响的,否则就不会产生其效用。意象如何产生效用,体现在对意象之物的加工上,依据个体的经验知识,以及受周围社会、文化等环境的影响,我们对意象之物的加工并非一蹴而就,相反,加工过程是一个连续不断、耗费人的认知资源的过程。"创造性""创新性"之所以很难,原因在于个体认知资源的有限性,我们不可能穷尽"物自身"所有可能的属性、变异性、发展性,因而也就不能完全地将事物全面、完整地表征,我们只能就其某些特征、用某些已知的方法加工这个表征之物。

此外,"认知地图"也可以充分表明意象在空间建构方面所起到的作用。"认知地图"是指对世界表征时表现在空间结构方面的认知。在认知地图中可以明显地展现出意象与行动之间的联系。比方说,我计划从一个地方到达另一地方时,会经常发现自己在想象始发地和目的地周围的环境,进而在大脑中勾勒出行动的轨迹。于是,我们会想象自己正在大脑构建的认知地图中行走,从哪里坐车,在哪里转弯,等等。意象地图是以自我表征为中心的一种空间表征方式,这种方式是在没有真实物理地图的情况下,凭意象在头脑中构建地图,这个地图将无关信息排除在外,将始发地和目的地两个"点"作为主要对象,将二者之间的连接线作为行动路线。因此,我们可以很快地按照这样的"规划"实施行动。然而,在认知地图建构的过程中,我们往往忽略了一个问题,就是"地图曲解",也就是说,当我们计划从一个城市到达另一城市的时候,通常不会直接勾勒出认知地图,而是不经意地将两个城市所在省级单位首先作为一个大的"面",进而具体到城市这个"点"。比如,问题:"哪个城市更靠东:太原还是济南?""哪个城市更靠北:奥斯陆还是柏林?"回答这两个问题,我们首先构建的是太原属山西,济南属山东,山东比山西靠东,那么济南比太原靠东;奥斯陆是挪威首都,柏林是德国首都,挪威比德国更靠近北极,那么,奥斯陆比柏林更靠北。故而,当我们在头脑中建构两点之间的相对位置时,通常是将二者放置在两个大区域之中进行比较的,它反映了我们的认知经验对高层次信息的推理判断的影响。但也因为这种高层次信息过于依赖我们已有的知识记忆,所以,其出错的概率也相对较大。

其实,在认知地图的构建过程中,意象还可以通过语音通道将语言信息转化为意象地图。也就是说,空间认知的另一个非常强大的功能就是当我们听到一个空间结构的文字描述时可以创造心理意象。比如判断什么东西在你的什么位置(前、后、左还是右);比如驾车从学校到市政厅,在你的右手会有一家银行;等等。我们会将这些信息变为鸟瞰的空间信息,在心中建构认知地图。总之,认知地图的形成表明意象的空间建构能力,它可以代替物理地图帮助人们进行推理和判断,而且可以将语言信息转化为空间结构。当然,这不仅依赖于主体的认知经验和认知能力,而且还依赖于主体的神经生物基础。有研究表面,个体以自我为中心的空间表征,与大脑顶叶皮层有着非常重要的联系；在寻路的过程中，大脑的海马激活程度，直接影响着寻路的结果。

三、意象建构与主体体验的抽象再现

意象的主体建构性主要表现在主体文化背景对记忆等认知经验的影响。比如，巴特莱特做了一个关于记忆"幽灵战争"故事的实验，他让一直受传统英国教育的被试去记忆流传于北美印第安人的民间故事（这个故事包含许多奇怪的属性，而且具有与西方人的期望相反的因果结构），并在间隔一段时间后让他们复述这个故事。巴特莱特发现[1]，被试在回忆这个故事的时候不是逐字逐句地回忆它，而是将自己的文化环境所认同的思维逻辑和习惯融入了故事当中，他们将那些奇怪的属性内容舍弃掉，取而代之的是把符合其背景的伦理关系添加进去，于是，故事变得越来越短、越来越自然合理化。显然，被试没有脱离故事的框架，但却更改了其内容，这就是意象主客体性双向互动的结果——导致了错误的记忆。意象不是复制，意象可以进行部分或整体地、有意或无意地替换或修改，因此，意象是在对语言、文字、符号的理解上的意义建构。人们会将有联系的"客观物体""客观现象"，甚至是无关的这些"实在"，通过意象组织在一起，通过自身经验和体验将这些从未实际发生的事联系在一起，于是形成了一个较为抽象的表征，这个表征实际上是主体信仰、情绪以及经历的再现。也许，换成印第安人被试，回忆结果就会更好一些。

而且，意象还是一种主体"体验"的表现。意象反映的不是人类同自己生存条件的关系，而是人类体验这种关系的方式，即主体对自己同客观世界真实关系的理解、内省和想象。人们通过意象出

---

[1] Bartlett, F. C., *Remembering*, Cambridge: Cambridge University Press, 1932, pp. 7-11.

的道德、伦理、经济关系、阶级关系来制约自身的行动，使自己的行动置于一种符合当前社会成员普遍认同的社会关系之中。意象有时被认为是一种幻觉和想象，比如弗洛伊德的"童年创伤经历"，他作为心理疏导者提示来访者："很多人在童年的时候都曾遭受过来自异性的侵害，你回忆一下是否有过这样的经历。"于是，来访者"大多都能回忆起自己曾经遭受过伤害"，尤以女性居多，但事实上，她们中的绝大多数却并没有遭受过伤害。这表明，来访者回忆童年经历的时候，想象地"被侵害"，错误地重构了"事实"，这些事实的形成是社会信念、道德体系等意识形态附着在了真实的情景和关系之中。这个过程是个体趋于实现社会自我认同的过程，而这种认同本身就是一种异化与分裂，是主体通过想象将自身变为一种不可能性的社会价值的负载者。

不仅如此，从主体的社会性出发，意象的建构还是社会再生产实现的可能。意象是创造性思维的形式，人们可以借助意象设计新的结构，创造新的生产工具，发明新的劳动对象，并在此基础上不自觉地形成新的生产关系。以意象作为中介的思维能迅速、灵活地进行操作，从而有利于新结构、新对象、新关系的诞生。新的劳动工具是在原有工具的基础上，通过意象产生出更符合彼时人类生存发展的新工具，进而发生了生产关系的变革。意象由于组织原则松散，所以意象的内容是不受空间、时间的限制的，它可以跨越地域想象，可以穿越时间联想，并依据个体或群体的现实需要而不断变化。牛顿发现苹果落地，想象万有引力；达尔文观察灵长类动物的习性，写出了《进化论》，哥白尼根据日升日落，提出日心说，都表明意象不是静态再现，而是一个"新"的物象的产生载体，通过已有的"物自身"，产生预期、假设和有组织的知识结构，这是意象强大功能的体现，更是主客体性在双向流动过程中的成果展现。进而，新的生产关系需要社会群体群策群力地构建新的意识形态，成为约束个体作为社会成员存在的前提。于是意象的建构已不仅仅是改变个体的思维方式,而是一种社会需求的群体性变革的要求。没有意象,社会记忆也只能停留在"进化""遗传"的层面,只有意象的建构,才能使这种社会性的记忆延续和拓展,从而达到社会建构的目标。当怀揣意象的记忆被集体认同成为社会共同体所认可的象征资源时,这种记忆已经深深地打上了"意义化"的烙印。它必然以意象为中介,将不能亲身经历或未曾亲身经历与遥远的事件中特定意义相联系,成为个体存在于社会的理由。

意象在社会生活的建构性还体现在其客体性上。《周易·系辞》中,子曰:"圣人立象以尽意",是说意象是物与观念的综合体,是客观的"像"为了尽主观的"意",即客观事物或现象与主观思想和情感融合的产物。宇宙万物之象,我们不可能尽收,但是可以借助图片、文字、符号等以意象形式为我们所知,这就是"意"与"像"融合的过程,亦是主体性与客体性互动的结果。认识世界的过程,既非源于有自我意识的主体,也非发于"自在"的客体,这个过程是在两者双向互动的中途产生。

从客体的角度讲,意象表征可以称之为"类比"表征,"意象之物"与"物自身"的主要特征是一致的,不同的是,一个虚无,一个实体;一个不确定,一个确定;一个内隐,一个外显。然而,意象之物无论如何不能脱离"物自身"而凭空产生,它们二者"异质同构"。并且意象之物恰恰是主体顺应客体的表现,它内在地建构以"物自身"为模板,经主体的组织、加工,成为可被主体认知和表征的客体经验。

在社会中,人们获得经验,感知事物,形成记忆,而且,也只有在社会和文化的框架中才能形成特殊的属于某个群体或某些成员的、特殊的意象体系。这些意象体系具有如下特征:第一,它们是在无意识中发生作用的。当社会群体将情感、意志置于理性的制约之下，就可以重构出符合社会需要的政治学、经济学、伦理学等意识形态。这些意识形态产生于社会群体的社会生产过程并间接地作用于个体对价值观的判断上。之所以是无意识的作用，是因为意象重构的经验体系是作为结构强加于绝大多数人的，它不需要通过人们的"意识"。此时的意象客体作为被感知、被接受和被忍受的文化客体，通过一个不为人知的过程而作用于主体。意象从根本上讲，它不是意识的一种形式，而是人类世界本身。而且，意象体系的形成是与人们的社会生产、生活同步建构的，它构成了我们生活的"大环境""大背景""大剧场"。意象不是反映，不是捏造，不是错觉；它是再现，是此时此地的再现，是一个活跃的重构，是人们根据当前需要所勾勒出的完整的图景。

意象的客体性还体现在它承载着意义性。比如，"飞流直下三千尺""枯藤老树昏鸦""小桥流水人家"，分别指向飞瀑、枯木、乌鸦、村庄，我们不一定身临其境，但是却可以想象这些景象，可以在头脑中形成这样的画面，这就是主体依据语言、符号所表征出的意象客体，这是一个反映和顺应的过程。然而，对这个客体的解释却是"仁者见仁，智者见智"，如何勾勒出作者的心境和彼时状态，已不是几个铅字就能直接传递或表达出来，对诗句背景的理解依赖于意象主体原有的知识和文化背景，更需要其在语境的框架下思考、理解和判断。

第四节　身体意象与具身认知

认知行为学因为将现象还原为物理现象的方法缺少了事物间联系的一个整体构建的框架，从而在解释认知主体行为上总是跛脚前行，不能置"人"于社会本质属性的特点来解释其行为。所以，认知行为学的研究逐渐趋向于现象学的研究方法,比方说具身认知、身体意象等研究。

意象的意思是用比喻的语言来表达事物、行动和思想,以及诉诸我们的身体感官。通常人们认为意象是利用特定的词来表达思想的视觉表象。"意象"一词与精神图像有关。然而,这种说法只是部分正确。例如:

1. 森林里又黑又暗。其中的"黑"和"暗"是视觉图像。
2. 孩子们在田野里尖叫着。其中的"尖叫"引起了听觉刺激。
3. 他闻到了煮咖啡的香味。其中的"香气"唤起了嗅觉体验。
4. 女孩在柔软的丝织品上抚摸着。其中的"软"触发了我们的触觉感受。
5. 新鲜多汁的橙子很冷也很甜。"多汁"和"甜"对我们的味觉产生了影响。因此,意象学要借助比喻、拟人、拟声等修辞手法,以达到对身体感官的吸引力。身体意象和具身认知都是运用了隐喻的方法,力求达到个体对自身身体的认知。

一、身体意象

身体意象是个体对自己整个身体的心理形象的认知,包括对身体的知觉、评价以及行为意向的认知。身体意象的研究源自古典的自我参照范式,即将身体意象作为"当下我"的反映状况,是笛卡尔"二元论"的具体体现:我们纯粹灵魂的内部直觉、理智、想象、记忆、意志以及欲望等对纯粹肉体的认知,也就是"我"对"我肉体"的认知。

在20世纪20年代之前,人们对于身体意象的研究主要是通过脑损伤病人的知觉缺损来推测正常个体的认知反应的。之后,心理学家保罗·谢尔德从心理学和社会学的双重角度探讨了身体意象,他研究发现,身体意象的知觉缺损不仅发生在脑损伤的病人当中,在正常的个体身上也会发生。

谢尔德认为,身体意象不仅仅是知觉行为,而且包含了认知评价及与他人的互动过程中产生的一种态度或价值判断。[①] 他认为,身体意象就是个体是如何评价自己的体型的。那么,体型的评价都包含哪些因素呢?有研究者总结为:(1) 对身体大小的评估;(2) 对自己外形魅力值的评估;(3) 对自己体型的感觉体验。如果个体对自己的身体知觉有什么不满,那么大致可以认为是上述三个方面的评价不高。

这种对身体知觉的意象,往往是通过他人态度和人际交往的互动中感受到的,而且是富有弹性的。我们对身体的意象知觉有时会受到他人或社会媒体的影响,比方说"瘦身",当外界一直宣扬"苗条"是美的,那么我们就会一直认为自己是偏胖的,开始节食,甚至会得神经性厌食症。我们对自身身体的认识很多情况是参照他人身体形象而认识的,也就是通过比较,这种比较的结果使我们对自己身体意象感到失望。由于身体意象是社会性的产物,所以我们探讨身体意象应将其置于社会文化环境当中,去研究在这个背景下的个体内在运作机制。其实,很多情况下,个体对自身身体的评价与他人对其身体的评价并没有必然的联系,甚至是相反的评价,比方说那些得厌食症的人们,其客观评价并非如他们自己所认为的那样——过度肥胖。

这样就涉及一个问题:身体意象和自我认同之间的关系。研究者欧文提出了"正常外表"这个概念,它表明个体可以"我行我素",没必要去过度重视当下的环境。很多时候,人们是在焦虑的状态下"正常行事"的,其根源在于内在的自我认同与身体外型没有达成一致,即二者产生了分离,所以才会有不同程度的焦虑,背向

[①] 何静:《身体意象与身体图式——具身认知研究》,浙江大学博士学位论文,2009年。

而驰得越远，焦虑感越重，这直接威胁到"本体性安全"。二战期间，纳粹集中营中的犯人因为遭受了非常可怕的身体伤害和精神威胁，身体和自我的分离比较严重，直接导致了极度恐惧下的肉体和精神的双重死亡。当然，平时我们的焦虑多半持续的时间比较短，如果这种身体和自我认同的不一致持续时间过长就会导致精神分裂。精神分裂症患者和正常人的区别在于精神分裂症患者的假性"正常外表"掩盖了内心的不堪重负。

身体意象触及社会文化环境下最深层的本质，它体现着人性和社会中的个体角色扮演，对于身体意象的分析，不仅可以深刻剖析个体的自我同一性，而且也揭示了社会内在的矛盾。身体意象是一种内外的结合，它不仅关注个体内在身体结构、组织和维护，也表征着社会组织和社会稳定对身体刺激和欲望的约束。

从方法论上讲，身体意象是对身心二元论的摒弃和批判。然而，对身体的研究依然逃脱不了一些基本关系的探究：个体—社会、自然—文化、本质主义—建构主义，这些探究正朝着多元化的方向发展。比方说，"如何打破存在论解释身体本身及其表征问题？""身体在社会中是如何被形塑的？"等这些问题，其目的在于用更加多元的方法，以类型学的框架来研究身体。

我们的身体，本来是可以用生理学的知识加以解释，但是，当我们真正想要了解我们究竟是如何生存的时候，身体已经不是一个生物学意义上的物质实体，它是集物质性、体验性、意向性、偶然性、可变性、社会性、文化性为一体的综合体。因此，探究其本质及其运作机制也应当以多元的角度加以诠释。

二、具身认知

具身认知的观点强调动作的贡献以及动作如何将我们和外在环境联系起来。我们经常会说生气会影响身体，这是讲情绪对身体机能的影响，这种结论在生理学那里得到验证。生气是人们对事物或事件的评价因未达到预期而产生的负面情绪，这是认知行为中的一种，如果我们有不良的体验，那么就会产生不良的情绪，进而发生不良的行为，产生不好的后果。若认知评价从身体开始，就是我们通过身体对外部世界的感知进行知觉评价，不仅是对外部世界的评价，也是对自身是否适应外部世界的评价。比如，我们要了解一个建筑物，就必须环绕其四周走一圈，这时就必须借助视觉、和触觉。即便是更高级的认知判断也离不开身体，比如决策的判断，一定会有身体情绪的反应，等等。又比如，有时我们的躯体动作也是语言的一种反应。在一项fMRI研究中，记录了人们听到关于面部、手臂或腿部动作的动词（例如，舔、摘、踢）时的脑活动，他们考查了与面部、手臂和腿部有关的不同运动皮层区域的激活，当被试在听某个单词时，与做出该动作相关的运动皮层有较强的激活。

梅洛-庞蒂认为，二维空间、他人、自然界、主体间性等问题的探讨和阐释，都是通过对身体的讨论开始的（就像我们为什么将神经科学脑机制提到日程上一样）。我们对世界的认识往往是从对身体的认识开始的：我们只能依靠身体去体验和知觉无法穷尽认识的外部世界，这个世界不是对象性的存在，而是与身体融为一体的构成。一种关于人类如何表征语义的理论必须解释不同的知觉和运动通道关联的理论提出了两种观点，即多通道假设和通道无关假设。多通道假设认为不同的知觉和运动系统关联着不同的表征，我们有将一种表征直接转换为另一种表征的方法。例如，视觉和运动之间的双箭头表示，一个将视觉表征转换成运动表征的系统和一个做相反方向转换的系统。通道无关假设认为存在一个中间抽象系统，我们有在知觉和运动表征与这种抽象表征之间来回转换的系统。所以一个人要将一幅图画转换为动作时，首先要将视觉表征转换成其意义的抽象表征，然后再将这种表征转换为运动表征。这两种观点对先前关于人们记住的是所经验的事件的意义而不是细节的研究提供了两种不同的解释。通道无关假设认为信息保持在中枢语义系统中；多通道假设认为人们直接在表征的通道之间转换信息。

以"自欺"为例，具身认知是"自我"的双重认识。当代欧陆哲学通常认为"自我"是双重的：我们既可以从内部看自己，也可以从外部看自己。但是这两种看法常常会发生不一致的现象，自我可以是沉默不语的，但外部的评价却可以是活泼开朗的，呈现给世界的那张笑脸与心底会意含笑的那张脸并不一致。不过，或许心里那张笑脸本身可能是一种幻觉，只是映射了从他人那里吸收过来的神态而已。于是，就形成了一种"自欺"的模型。自欺的内在论和外在论：前者认为自欺是一个人与一套信念之间的关系，内在论倾向于关注自我的内在结构或层次。弗洛伊德把自我区分为意识和无意识，即一幢混乱的房子，还有一个不能进入的地下室，之后又区分为不同的"行动者"。自我就像是座中世纪的城市，是由街道和小区构成的现实迷宫，它们各自为营，全然不知道其他存在。

外在论者认为，自欺是一种社会现象。它与个人和个人信念关系不大，更多涉及的是个人及个人角色和关系网。自欺之所以产生，是因为希望他人以某种特定方式看待或对待自己。一个人的自我概念是他人意见的产物，而不是其根源，因此自欺是操控这些意见的努力。自欺的开始和持续都为了扮演某个角色：好妻子、负责任的老师、和蔼的母亲。这里面可能会有自我宣称，也可能没有；可能有理性化或否认，也可能没有。但是，我们为了生存，确实是在"为他人存在"。自欺或自我认知是具有背景性的，个体不过是一个关系网，没有他人也就没有自我，也就是说，自我是社会建构的。自我在多大程度上由非生物决定或由非认知的社会力量和态度决定，尚无定论。我们自己拥有，别人也拥有对于自我的解释，采用某种视角、以某种方式看待自我，以某种文化界定自我，这些都是具身认知所要解决的问题或探讨的重点。

再者，心智的有形本质是指，人总是以"体认"的方式认知世界，即认识世界的过程中身体体验的重要性。身体体验不是被动的刺激感受，而是人类依据自身的身体构造在与外部世界的互动过程中产生的基本感受和认知，包括运动经验、意象图式、情绪感受等。

最困难的认识莫过于人类对自身的认识，既然自我是社会建构的，那么我们究竟要建构什么样的具体类型，达到什么样的目标呢？有着自我意识的个人主义文化，自然会强调个性、自主和独立等观念的重要性；有着自我意识的社群主义文化则会强调社群、忠诚、义务和亲族的重要性。我们谈论自己是什么样的人，其实谈论的是我们如何思考自己以及实际上如何行动的问题。有时不需要依靠语言，而只需要非语言的暗示和行动就可以了解。这让人们不得不持一种怀疑论和实用论的主张：要么放弃，要么随意。通过意象，我们可以大胆地建构一条重接心灵观念之路，虽然轮廓不甚清晰，但已有方向。

综上所述，意象不只是作为一种心理现象而存在的，在个体的理念与实质之间、在意识和潜意识之间、在直觉和意向之间，意象以一种特殊的方式存在着，它是物质世界和可能的创造世界之间的桥梁，在人类进化的过程中它起着特殊的作用。因此，用现象学的方法来研究意象，不仅肯定了意象是对认知主体和外部世界的统一体的再强调，也明确了意象是自主性、时间性、空间性等多维的对象"客体"。一开始我们就谈到，现象学是哲学，它不是科学，它既不演绎也不归纳，它是以"格式塔"的方式的整体性探讨问题。现象学方法是可以"直观"地自由想象，却不失主观意志性；是事物、观念和语言三者有机结合下的对事物现象的全面理解，具有系统性、明确性和细致性的特点。因而，以这种方法探究意象的本质及过程可以有效地规避意象模糊、易变、多样的缺陷，将意象置于语境、文化、社会环境等诸多因素的影响之下进行探讨，会使与之类似的心理现象找到一条很好的研究路径。

第五节 小 结

其实在第一章我们就将意象的西方哲学观的演进过程进行了梳理，在这一章我们主要是从中国哲学、现象学和身体意象等方面讨论了意象及其意义。无论是先秦直观、形象的"和谐""顺从"理念还是魏晋南北朝的"玄"学或佛理，它都是透过一个在隐蔽状态下发生的过程的思考。有人认为，如果我们思考的对象不是真实的存在，那么我们思考的只是真实存在的影子，因为影子是最接近事物的东西。影子是当我们想赋予那些没有物质对象与之相对应的名称的意义时创造出来的可以为我所用的图画，我们可以理解它，但却没有必要解释清楚它。意象就是这样一种东西——我们想方设法去理解它，以各种方式解释它的涵义与形成过程，但就是没法说清楚它究竟是什么。

意象或思维是一种非物理性的精神状态，这些精神状态是生命体进化的结果，也是生存应当具有的功能。有时，我们是不需要说清楚它们究竟是什么实体的——以现象学的方法，从整体和功能性的角度解释精神状态与有机体的物理躯体之间的关系、之间的相互影响和交换与反馈，可能比单单给出确切的涵义要更实用一些。当然，这种精神状态本身也是意象的产物，它的不可观察和不可触碰、模糊及不稳定性，也注定了我们不能以达成共识的定义界定之。

意象是存在，不是实在。意象存在的前提是主体的认知能力的存在，认知能力首先依赖于先天的物质实体——身体的感知觉器官的存在、大脑可以进行信息处理和加工；其次，认知能力是进化的不断完善和适应外界环境的结果；第三，具有认知能力的有机体是经验个体，他的任何一项认知活动都离不开其主观意向和主观思维，也就是认知活动的表征是带有主观色彩的，即主体认识世界是主动的过程、是带有个人感情色彩的。我们之所以不能以自然解释自然界，是因为个体的存在方式是特殊和极端的，他必须也只能以特殊和极端的方式存在于自然世界，也就是说，人的认识活动是人的一种存在方式。

意象本身就是认识活动的一种方法或手段，手段和方法是"存在"的生存方式。意象存在的证明只有在认识活动中才能得到解脱和生存，也只有在个体的认识活动的生存方式下所展现的人的生存状态才得以表征。在认识世界的过程中，人是有能动性的，人要实现自己的目的，手段和方法不是人所设定的，也就是说意象不是我们创造出来的，它本来就在那里，它本身就蕴含着强大的功能和指向性，人们只不过是去探索、发现了这个方法的作用而已。意象就是这样的，我们在探讨意象涵义及其产生过程的时候，不过是在证明这种认识世界的方法是"存在"的，是自发的，是进化的结果，是主观能动，是主客体不断地相互作用彼此嵌套的过程。

综上所述，我们从哲学的视角对意象做如下定义：**意象是一种非物理性的精神状态，是非物质实体的存在，其本身既是一个自我生成的过程又是一种认识世界的手段，是主体能动地与客体不断交互作用的不可观察的心理现象。**

第六章　认知科学研究阐释的意象

认知科学关于心灵的研究包括感知觉、知识、思维、记忆和语言等，其基本思想来源于哲学，并受到"符号计算"的思想影响，而进一步发挥为"心灵是计算表征过程"的基本假设。之后，运用隐喻和模型等方法建构了认知科学所需要的概念基础，并形成了诸如认知心理学、认知神经科学等相关学科的理论。

认知心理学认为，人类思维中形成的有关客体的加工形象是认识主体在接触过外部事物之后，信息通过感觉通道传递到大脑所形成的意象。这一信息的表征是对物理世界的复制，还是对其总体结构特征的主动把握？这一过程是被动反应，还是意向驱使？总之，对意象及其形成和表征过程的探讨可以帮助我们回答上述问题。比如，认知心理学假定：首先，个体的认知活动是心灵表征的产物，是需要心理操作的；其次，进入大脑的信息像计算机储存信息的方式一样储存在大脑特定的位置；第三，我们可以运用具有代表性的平均实验数据来推知一般个体的心理组织结构。就目前的研究来讲，认知心理学的许多实验假设都是基于上述三个方面的。我们都是以实验的方法来论证这些想象的东西，努力改变各种操作变量，减少干扰因素，朝着我们认为"正确"的方向一直前进。即便如此，仍然会面临失败。失败后又以各种理由说明不是假设有误，而是实验过程某处或某个问题上操作失误或有严重干扰等，很少证明那个假设存在的东西或关系其实是不存在或不存在联系的。我们一直通过意象在努力创造着一些事物或关系！

认知对心理状态的解释是把某一组通过非语义说明的属性或特征组织并协调起来，从而使这样建构的一种装置在合适的环境中能表现出"语义良好行为"。"语义良好行为"涵盖了演绎推理、作出适当猜测、根据收到的输入或刺激作出适当行为等能力。

目前，我们对产生认知、知觉和行动的神经机制有很多认识，我们的知识跨越了从膜通道的生物物理学到大规模平行神经网络的大范围动力学的所有层次。神经科学家试图从"质的"特征来探讨意识或认知的相关问题，并用直接经验的方法来解释和解决它们。比如，在认知心理学家研究个体认知行为的过程中，他们从个体受损的大脑解剖中发现了一些问题，由此得出了一些至少目前看来比较可信的结论。但不免有倒向"还原论"的嫌疑。显然，意象、思维、意志等仅仅用神经科学来解释是不充分的，这些认知过程明显带有形而上和意向性的特点，所以才用模型模拟的方法来补充说明，以更全面和整体性的思路阐释复杂的心理现象。

第一节　意象是信息的一种表现方式

人们在生活和科学研究中经常会使用"信息"这个词，用来对一些宽泛的现象进行概括，它包含了两个基本对象：一个是客观世界本身所具有的性质，也就是物质实体本身的特征；另一个则产生于主体与客体发生关系的过程或者主体活动的结果，这个过程和结果是非物质实体，但也确实存在。由此看来，我们讨论的意象应当是属于后者的。意象作为个体适应外部世界，并且让这种适应又为外界所感应，而且还要将内外世界的内容与名称进行交换，这些都是信息所承担的功能或信息的本质。因此，我们说意象是信息的一种表现方式。

非物质实体的存在和变动方式通过意象的符号的形式经过大脑的认知加工储存和表征为一种兼具主体意向性和经验的反映。然而，意象本身不是物质也不是能量，它的运作方式及数量没有限定的规则，也不存在"质料"的内容，但是它却有无限的可能性、组织性和复杂性。以信息方式存在的意象以自组织方式从无序向有序发展，表征出来的结果会呈现有序、规范和系统、复杂的特点。

从心理学上讲，意象可以被理解为处于独立状态却又相互联系的一组器官联合作用产生的行为。因为我们的许多行为能力和认知能力被视为一种并行系统的产物，这些产物包含在具有层次结构的功能独立的子过程里，这些子过程有自己独特的输入和输出系统，这些固定的输入输出信号和其他系统交流。英国生理学家巴洛对于经过视觉传输过程后感受信号的编码是否正确，以及这一过程是否最为有效进行了研究。他认为感觉系统的反应倾向仅发生在刺激发生变化的时候，而不发生在刺激不变时。这个过程是一个通过减少脉冲间隔的连续相关性趋势，将感觉信息压缩为少量脉冲的机制。一定有很多时候，邻近的感觉组织有同样的刺激，这将导致邻近的纤维中脉冲值之间的相互关联。这提供了进一步减少刺激的机会，并可能寻找到一个更加合适的重新编码的机制。

从实证的观点来看，意象又是一种正在转化的信息，或已经储存的信息正在被提取。旧的记忆信息如果辅以当下的刺激，就会生成一种新的记忆，这种记忆是覆盖原有储存信息的进一步生动和形象化，会产生与预期相反、与事实相悖、与当下相左的歪曲或模糊不定的记忆。比方说，警方让目击者看完录像后，让其回忆事发时的情景，往往导致错误的记忆。所以，意象不是一种对感知觉的反应，也不是完全的信息提取和复制，它是自我状态的一种呈现方式，生理上所测到的物理信息，只是意识状态的一种证明而已。

从人工智能的角度看，从大型计算机的诞生到现在涉及动力学、创造学、管理学、行为学、心理学等综合的计算机人工智能，人类的发展因为信息技术的不断突破和创新进入了一个崭新的阶段。创造性的意象思维将已知信息衍生到未知的世界，再将之转化为已知信息，如此说来，信息才是最快的技术增长范畴。如果说信息是具有全方位的渗透性和灵活性以及充盈性，那么意象也具有同样的特征，而且只有意象具有了这样的特征，信息才得以转化为技术，人类才向前迈进了一大步。

用语言可以记录感知觉，也可以表达意象观念。主体凭借自己的经验来理解他所看到的、听到的、触摸到的东西，并把这种感知觉以图像和语言符号的方式储存在大脑中，经过意象加工，将这个思想以语言的形式传递给其他的人。在传播的过程中，表达形式可能会彻底颠覆其原有内涵，发生变异，也可能因为语言的存在，而使得事物本身的信息得以保留。当我们看到红色或蓝色月亮的时候，我们究竟应该判断原先那个白色的月亮是消失了呢，还是被替换了呢？在科学技术并不发达或者说天文学还不是很发达的古代，这种现象被认为是不祥的预兆，因为每当出现红色或蓝色月亮的时候，大自然就会有"大动作"：火山爆发、大地震或森林大火。于是关于这种"不祥"的说法代代相传，又似乎被一次次证实。直至今日，我们了解了相关的天文学知识后，我们才知道这只不过是天体运行的某种结果而已。这个例子告诉我们，物自身或自然之物的变化本身和我们对它们的解释并非同步，可能既不在一个水平面上，也不在一个空间里。鉴于此，我们真的可以仔细考虑笛卡尔的二元论。我们可以无条件地接收感觉信息，但要处理那些信息是要经过"注意"进行筛选的，筛选的信息也并不是全部加工，是要在主体内与已有经验相匹配、相适应，否则就很难形成意象，即便形成也会很快消失。如此说来，物自身与意象观念又不完全独立，二者丝丝相扣，谁也离不开谁。

神经生物学家的解剖在一步步证明意象等认知行为发生的大脑模块化，是趋向于一元论的方法，而且在物理科学中非常成功的当代科学方法足以解释大脑和行为之间的可能联系。但实际上，仔细推敲一下，科学家们在多么"纯净"的实验环境下才得出的结论，又是在一些病人或动物身上发现的实验结果而取代活生生的人，这是物质世界用数学方法解释的逻辑性错误。何况这些实验的假定都是在先验的基础上形成的，或者说是先有了行为，才有了猜测，再形成假设，然后费尽心思地去验证。从意象本身的角度看，意象是不能被证明的，意象的过程永远都会处于"正在运行"阶段。如此，我们好像容易陷入不可知论，但我们又找不到更好的理由去反驳，至少现在的"我"还不能很好地界定意象究竟是什么。也许模块化或者说大脑区域化是比较妥帖的解释，但也只证明了意象存在的生物基础，其机制和运行过程仍然是一个"意象"的过程。

综上所述，作为信息表现形式的意象具有了两个层次的内涵，它既是一种带有痕迹的记忆，又是主体根据实践和认识的需要从不同角度把握客观世界内容的结果。也就是说，意象不仅具有被动反映的特点，也具有主动建构的特征。

第二节　认知神经心理学对意象阐释

如果将"意象"界定为认知科学的一个核心概念，那么它的哲学基础理应是唯物主义的，但事实是"意象"本身是不可观察或观察不到的东西，那么这样的现象或想象的东西其哲学基础又是什么呢？一般来说，心理现象多半采用的是还原的唯物主义或物理主义，以这种观点来描述和解释人类思想、感觉、知觉和行动的最适合属性是那些与人身体共享的非人类生物和无机实在的属性。沿着这条路线，心理学将还原为神经学，而神经的唯物主义认为，人的思维、感觉感知和行动能力依赖于脑和神经系统的特性与过程。

近年来，认知神经心理学在逐渐兴起，它是认知科学的一个分支，亦是心理学、认知科学和神经科学的交叉学科。研究者通常借助神经生理解剖来观察病患的脑部结构，结合病患发病期间的心理行为变化以及认知活动的改变，得出相应的关于脑部受损后对上述两种行为发生变化的结论。一般是以病患的个例或类似的一些病例推知正常个体大脑中各部分功能。

一、抽象与实例

回忆前不久你曾参加的一次聚会。你大概能够记得参会的人员都是谁，聚会在哪里举行，以及聚会时大家都讨论过什么话题。但是，如果要准确说出所有参会人员的衣着打扮、讨论话题中的确切用词、聚会地点的装修情况等等，你可能就会感到很困难——虽然你可能记住了其中的许多细节。不难想象，随着时间的消逝，我们的记忆中会流失掉一些原始信息。

我们曾经讨论过视觉表象能力对于细节的记忆，如果我们总是能够将信息表征得如此精细并能记住这些细节，那将会是非常理想的。但是，为数不多的拥有如此详尽记忆的人的故事说明，这种能力带来的可能是灾祸而非福气。卢里亚讲述了20世纪上半叶一个俄国记者的故事，他拥有非常逼真的表象能力，并能记住大量经验细节。他的日常生活遭遇了各方面的麻烦，包括阅读：

他抱怨道："其他人阅读的时候是在思考，而我只是在看。"他刚开始读一个短语，图像就会浮现出来；随着阅读的深入，越来越多的图像就会和另一个图像"打架"；一个个图像摩肩接踵地挤在一起还会变得扭曲。

这些问题严重影响了他的生活，他连维持一份工作都有困难。帕克和卡希尔介绍了当代的一个拥有高度细节记忆的人的案例[①]。她能够记住很多年前的许多生活细节，但是学业成绩却不佳，而且似乎在完成抽象推理任务方面（比如类比推理）有困难。在很多情况下，我们需要超越视觉表象的细节而去模糊地想象经验的内涵和意义，这可能有涉及我们天生是"认知经济性"的，否则我们将会陷入一场"灾难"中。

有研究表明，参与意象记忆提取的脑区是：前额叶的一些区域，它们与提取图片和句子中的有意义信息有关。左侧前额叶更多地参与言语材料的意象加工，而右侧前额叶则更多地参与视觉意象材料的加工。其中有些加工是用一般类别信息表征，涉及后部脑区，包括颞叶、顶叶和枕叶皮层。不同的后部脑区表征不同类型的信息。

既然意象表征的过程会依据信息材料的不同而形成不同的表征方式，其目的却都是帮助个体更好地提取记忆，减少更少的认知消耗（认知经济性），从而纳入更多的知识经验，形成更加丰富的经验结构。故而，从认知的角度，我们将意象表征的方式大致分为两种，一种是语义表征，一种是类别表征，前者是一种归纳的方法，即从众多的实例中找出其共同的东西形成这些实例的特征，如此归为一个类型；后者则是一种演绎的方法，即已知一类事物的共同特征，找出其最具代表性的实例来说明这类事物的特征，比如苹果代表了水果。两种情况形成了两种理论：前者被称作抽象理论，后者

---

① 她写了一本自传《一个不会忘事的女人》。

被定义为实例理论。抽象理论类似于心理学中所讲的"图式",图式是从具体事例中抽象出来的,它能够用来推断其所表征概念的实例的属性。如果我们知道某物是房子,那么我们就可以想象出它可能是由木头或砖建造的,并且有墙、窗户和天花板。实例理论则认为我们并不是在头脑中储存了一个核心概念,而是储存了一些具体的事例。当要判断一个特定对象在鸟类中的典型程度时,我们会将它与一些具体的鸟作比较,并由平均差异作出判断。

在抽象理论和实例理论关于人的意象如何运作的机制上有如此大的差异的情况下,令人惊异的是它们竟然对大量的实验都做出了相似的预测。例如,两类理论都预测了对核心类别成员的加工优势。抽象理论做出这样的预测是因为,核心实例与概念的抽象表征更为接近;实例理论做出这样的预测是因为,平均起来看,核心实例与类别中其他实例的相似程度更高。

然而,这两种理论的预测确实有着细微的差异。实例理论预测人们应该受到学习过的与测验实例很相似的特定实例的影响,并且这些影响应该超出了某些核心趋势表征的影响。因此,虽然我们可以认为狗一般都会叫,但是我们可能曾经遇到过一只长相奇怪的不会叫的狗,之后我们倾向于预期其他长相类似的狗也不会叫。其实,我们太过关注抽象理论和实例理论哪一个是正确的。但是,近来的研究认为,人们有时使用抽象概念,而有时使用实例来表征类别。

对于上述扩展的观点,最有力的证据来自神经成像研究,研究显示不同的被试使用不同的脑区对事物进行分类。例如史密斯、帕塔拉诺和乔尼德斯让被试学习对十个动物进行分类。[1] 鼓励其中一组用规则来分类,例如,"如果几点中至少有三点都能满足,那么这个动物来自金星:触角般的耳朵、弯曲的尾巴、有蹄、鸟嘴、长脖子,

---

[1] Smith, E. E., *Concepts and thought*, in R. J. Sternberg & E. E. Smith (Eds), "*The psychology of human thought*", Cambridge: Cambridge University Press, 1988.

否则这个动物就来自土星"。鼓励第二组被试简单地记忆这十个动物的类别。史密斯等人发现被试对这些刺激分类时，有着非常不同的大脑激活模式。提取规则的被试倾向于激活他们的前额叶皮层区，而实例组被试激活了他们的枕叶视觉区和小脑。史密斯和格罗斯曼的综述提供了第二组的系统也需要海马这样的维持记忆的脑区参与的证据。

以抽象的方式表征概念，其形式是多样的。虽然史密斯等人的研究确认了涉及使用规则作外显推理的抽象系统，但是也有涉及无意识的模式识别的抽象系统的证据。例如，即使有无法说清楚区分狗和猫这两个物种的特征，也仍能分辨出狗和猫。阿西比和马德克斯认为这种系统依赖于基底神经节。他们的研究显示，基底神经节的激活与内隐类别学习的关系非常密切，如果基底神经节受到了损伤，临床表现为帕金森症和亨廷顿症，那么，类别学习的缺陷就会非常明显。

二、脑中的天然类别

人类通过想象创造出了新的类别，这些类别区别于自然界的天然类别，比如椅子或鸟类，两者之间到底有多少相似始终存在着疑问，因为创造的类别与天然的类别一样表现出模糊的边界，并且它们之间还存在其他一些共同特点。但是，天然类别的出现经过了比典型的实验室任务长得多的时间。经过了长时间的学习后，人们才形成了区分生物和人造物这样的自然分类。许多关于这种区分的研究都以小学儿童为对象，他们尚在学习不同的类别，但已经比年纪再小一些的孩子强多了。例如，如果告诉他们红苹果中含有果胶，那么他们就会认为绿苹果中也含有果胶。很明显，儿童假定如果一样东西是某个生物种类中的某个成员的组成部分，那么它就是这个类别的所有成员与生俱来的组成部分。这就是意象发挥了推理功能的作用，这是人类学习必不可少的技能，继而通过非常简单的判断标准，来推断可能的结果。另一方面，如果告诉儿童一个人造物的例子，如杯子是陶瓷制成的，那么他们并不会认为所有的杯子都是陶瓷制成的。就功用而言，情况则恰恰相反。例如，如果告诉儿童一个杯子是用来"畅饮"的，那么他们会相信所有的杯子都是用来畅饮的。相反，告诉儿童他们可以"啖食"一只漂亮的红苹果，那么他们不一定认为他们可以"啖食"一只绿苹果。因此，人造物的不同在于，它们有整个类别都适合的功用。总之，儿童相信同一个生物类别的所有个体都有相同的组成部分（例如苹果中的果胶），人造类别中的所有个体都有相同的功能（例如杯子用于畅饮）。

认知神经科学的数据显示，生物的和人造的类别在人脑中有着不同的意象表征。大量证据来自语义性痴呆病人，脑损伤导致他们的类别知识受到破坏。不同脑区受损的病人有不同的缺陷。颞叶损伤的病人表现出生物类知识的受损，例如动物、水果和蔬菜。这些病人无法识别出鸭子，当问一个病人鸭子是什么时，他只能回答出是"一种动物"。但是，这些病人关于像工具和家具这样的人造知识相对没有受到影响。另一方面，额顶叶损伤的病人对人造物的加工受损，但是对生物类别的加工不受影响。

表6-1是两名颞叶受伤的病人对生物类别和人造类别的描述。这类病人多于人造物知识缺损的病人。

表6-1 两个生物类别知识受损的病人在名词解释任务中的表现

病人	生物	人造物
1	鹦鹉：不知道 水仙花：植物 蜗牛：一种昆虫 鳗鱼：不太清楚 鸵鸟：不常见	帐篷：临时的户外建筑，活动的家 书包：学生们用来装书本的小包 指南针：为你指引方向的工具 火炬：手拿着的光源 垃圾桶：放垃圾的桶

(续表)

病人	生物	人造物
2	鸭子：一种动物 黄蜂：飞鸟 藏红花：垃圾饮料 冬青树：能喝的东西	手推车：人们用来运东西的物体 毛巾：可以把人擦干的东西 婴儿车：用来搬运人，有轮子和座位 潜水艇：在海底行驶的船

有研究显示分离的产生是由于生物类别与形状等知觉类别联系较紧密，而人造物与人们使用它的活动联系较紧密。法拉和麦克莱兰提供了这种分离的计算机模拟模型[1]，它可以学习单词、图片、视觉意义特征和功能性语义特征之间的联系。通过选择性地破坏计算模拟的视觉特征，他们能产生出生物知识的损伤；通过选择性地破坏功能性特征，他们能产生出人造物知识的损伤。因此，这些病人类别信息的确是与定义类别的特征信息的缺失有关。

最近的脑成像数据似乎也与这一结论相一致。特别地是，当人们在处理人造物的图片或者表示人造物的单词时，激活的脑区与出现类别特异性时受损伤的脑区基本相同。加工动物和工具都激活了颞叶皮层，但是工具激活的区域在动物区的上方。加工动物时还激活了枕叶的区域（视觉皮层）。总之，这些证据似乎指出在表征动物时需要更多的视觉参与，而表征人造物时需要更多的动作参与。

三、面孔识别

布鲁斯和杨[2]等在1986年针对面孔识别提出了面孔识别的几个相关问题：第一，面孔的识别可以依据特征进行结构划分；第二，

---

[1] Farah, M. J., Wilson, K. D., Drain, M., Tanaka, J. N., "What is 'special' abour face perception?", Psychological Review, 1998 (105), pp. 482 – 498.

[2] Bruce, V., Young, A. W., "Understanding face recognition", British Journal of Psychology, 1986 (77), pp. 305 – 327.

从面部的微表情可以推测该人的情绪状态;第三,可以通过该人的嘴唇活动,分辨出语言知觉;第四,身份不同,面部特征和表情也能反映出来;第五,对熟悉的面孔我们有时是不需要注意的,是习得性的,但是对于不熟悉或特殊的面孔,我们会尤其不自觉地注意;第六,我们识别面孔时会加入一些其他信息加工成分。

布鲁斯和杨假定熟悉和不熟悉面孔是以不同的方式被加工的。如果我们能够找到一些患者,其熟悉面孔识别能力完整,但不熟悉面孔识别能力严重损害,并且找到表现出正好相反的模式的另一些患者,那么就可以判断出确实存在有两种面孔识别的加工方式,并且其涉及的成分和过程在某些方面是不同且分离的。

马龙等测试了一个患者[1],其识别著名政治人物照片的能力相对完整(17幅中有14幅判断正确),但几乎不能匹配不熟悉面孔。对于第二个患者来说情况则正好相反。该患者匹配不熟悉面孔的能力正常,但识别著名政治人物的能力受到严重损害(22幅中只有5幅判断正确)。

根据这一模型,名字产生成分只有通过适当的个人身份结点才能被加工。这样,如果不在同时获得一个人的其他信息(比如他/她的职业),我们就不能把一个名字与一副面孔匹配起来。杨、爱丽丝要求被试保存一些在面孔识别中所遇到的特定问题的日记记录。研究者总共设计了1008个事件,但当对要识别的那个人一无所知时,被试就不能把名字和面孔匹配起来。相反,研究者发现共有190个场合,被试能够记忆起那个人相当多的信息,但不包括其名字。

研究者也获得了相应的认知神经心理学证据。比较典型的是,

---

[1] Malone, K. R., Morris, H. H., Kay, M. C., Levin, H. S., "Prosopagnosia: A double dissocation between the recognition of familiar and unfamiliar faces", *Journal of Neurology, Neurosurgery, & Psychiatry*, 1982 (45), pp. 820–822.

如果不知道目标人物的其他信息，脑损伤患者就不能把一个人的名字和面孔联系起来。例如，弗路德等人研究了一名患者，当呈现熟悉面孔时，该患者能正确提取85%熟悉面孔人群的职业，但只能回忆15%的名字。

根据这一模型，另一类问题应该很常见。如果某一适当的面孔识别单元被激活而其个人身份结点则没有，那么被试应该有一种熟悉的感觉，而又不能想起与那个人的任何相关信息。在杨等的研究中，总共有233例这样的事件。

由此，我们可以做进一步的预测，当我们注视一幅熟悉面孔时，从面孔识别单元获得的熟悉性信息、从个人身份结点获得的个人信息（如职业）和从名字产生成分获得的个人名字信息按先后依次得到加工。从而，关于面孔熟悉性的判断应该比那些基于个人身份结点的判断更快一些。正如所预测的一样，杨、麦克文等人的研究发现，判断一副面孔是否熟悉要快于判断一副面孔是否属于一位政治家。

布鲁斯和杨的模型关于面孔信息加工的方式可以总结如下：第一，由于不熟悉面孔的加工只涉表情部分，或者是面部结构的加工部分等较为浅显的加工过程，因此，其加工的精度不如熟悉面孔加工过程；第二，整个面孔信息加工方式很少提及复杂的认知加工过程，而这一过程对于识别信息来讲是至关重要的；第三，关于"名字"的加工，应该不仅仅限于个人身份信息和自传信息，还可能涉及语言和背景信息的加工，甚至是概念信息的加工；第四，一些患者识别熟悉面孔要好于不熟悉面孔而另一些患者则正好表现出相反的结果，这一事实对该理论很重要。马龙等发现了这一双重分离现象，但结果很难重复。例如，杨等研究了34位大脑损伤男性，并评估了熟悉面孔鉴别、不熟悉面孔匹配和表情分析等三方面的内容。其中5位患者在表情分析方面存在选择性损伤，但熟悉和不熟悉面孔识别能力也存在选择性损伤的证据则不太充分。

布鲁斯和布鲁顿在上述模型的基础上提出了含有联结主义范式的交互激活和竞争模型[1]，这个模型会引发联想启动效应。比如，前后间隔非常短的时间分别呈现两个人的面孔的图片，后呈现的图片识别起来时间是否会短一些。根据这一模型，第一副面孔激活语义信息单元，后者反馈激活该面孔和与之相关面孔的个人身份结点。这一过程又加速了对第二副面孔熟悉的判断。由于个人身份结点能被名字和面孔激活，所以当一个人的名字之后紧跟一个相关人物的面孔时，判断的联想启动效应应该是会有的。

交互激活和竞争模型与布鲁斯和杨的模型的一个差别是关于面孔和自传信息的贮存在语义信息单元中，而在布鲁斯和杨的模型中，这两类信息均贮存在语义信息单元中，而且后者的模型中名字信息只有在自传信息之后才可以被加工。遗忘症患者ME自传记忆损伤后名字和面孔匹配能力完好的事实与布鲁顿和布鲁斯的模型比较吻合一些。在一个类似的范式中，有研究者发现，当名字是有意义的而职业不具有意义时，面孔比职业能引起对名字的更好的回忆。

当我们识别照片中的一副面孔时，我们可以利用两类信息：(1) 关于个体特征的信息（如眼睛的颜色等）；(2) 关于这些特征的完形或整体安排的信息。许多关于面孔识别的方法均是基于一种特征范式。例如，警察经常利用拼图认人法来协助目击证人识别面孔。拼图认人就是比较一个个特征的条件下，构建一幅与犯罪嫌疑人面孔相似的面孔。

此外，在面孔识别中也要考虑面孔特征的完形方面的证据。他们通过把许多著名人像的上、下半部重新组合来构建一些新的面孔。

---

[1] Bruce, V., Valentine, T., "Semantic priming of familiar faces", *Quarterly Journal of Experimental Psychology*, 1986 (38A), pp. 125–150.

当上、下两半紧密接在一起时,被试在命名上半部人像时出现明显困难。然而,当上下两个部分靠得不那么紧时,被试成绩要好许多。可以假定,靠紧产生了新的完形使面孔识别受到了干扰。

瑟西和巴德利报告的证据令人信服地说明[①],面孔加工并不完全是基于完形的。照片中面孔扭曲可以有两种方式:(1)完形扭曲,如把两只眼睛往上移而嘴巴往下移。(2)成分扭曲,如使瞳孔模糊而产生白内障、使牙齿变黑和使其他牙齿褪色等。

实验者然后将照片正立或倒立呈现,让被试在一个7点表上对其特性进行评判。结果发现成分扭曲在正立或倒立呈现条件下都能较好地被检测到,而完形扭曲在倒立呈现条件下则一般不能被检测出来。从而,完形和成分信息二者均可用于加工正立面孔,但对于倒立面孔的加工在很大程度上只局限于成分加工。

绝大多数面孔识别研究均利用照片或其他二维刺激。这类研究至少存在两方面的潜在局限性。第一,对观察者来说,注视一个实际的三维面孔会比一个二维表征产生更丰富的信息。第二,人类面孔通常是富于变化的,反映其情绪状态和同意与否等等。这些随时间变化的动态信息都不能在照片中体现出来。布鲁斯和瓦伦廷研究了这些动态变化的重要性。[②] 一些细小的小光点分布于一副面孔上,然后把面孔置于暗处使得观察者只能看见那些小光点。当光点运动时,被试基本能够识别性别以及面孔的身份,而且还能很好地识别表情性运动,如微笑或皱眉等。

面孔失认症的主要表现是不能识别熟悉面孔,比如他熟悉的人的名字和面孔的对应性就会很差,也就是熟悉面孔和名字的联想启

[①] Searcy, J. H., Bartlett, J. C, "Inversion and processing of component and spatial-relational information in faces", *Journal of Experimental Psychology: Human Perception & Performance*, 1996 (22), pp. 904 – 915.

[②] Bruce, V., & Valentine, T., "When a nod's as good as a wink: The role of dynamic information in face recognition", In M. Gruneberg, P. Morris, & R. Sykes (Eds.), "Practical aspects of memory: Current research and issues (Vol. 1)", *Experimental Psychology*, Chichester, UK: John Wiley, 1988.

动效应差。但是对于识别其他对象的能力还尚好。可能是因为名字和面孔都太过熟悉，以至于精细的区别就很难进行，比如区分一张桌子和一张椅子需要更精细的识别的缘故。

法拉发现面孔失认患者能对面孔外的其他目标进行非常精细的区分。她研究了因车祸而导致面孔失认的患者 LH。LH 在识别各种眼睛时所表现出来的能力与正常控制组几乎没有差别。然而，LH 在面孔识别时成绩要比控制组差许多。

面孔识别涉及特定机制的观点可以用双重分离现象来证明。这里的双重分离是指一些面孔识别正常而对其他目标存在视觉性失认的现象。如果面孔识别涉及一些特定加工机制，那么我们应该能够在某种程度上预测面孔识别和其他目标的识别与不同的大脑区域有关。

绝大多数面孔失认症患者都拥有关于面孔熟悉性、面孔身份以及与面孔有关的语义信息等方面的内隐知识。例如，鲍尔和威夫里要求一个面孔失认症患者选择与著名面孔对应的名字。[①] 由于该患者成绩保持在随机水平，因此患者不具备关于这些面孔的外显知识。然而，当名字与面孔匹配时，其皮电反应要比不匹配时大许多，表明相关内隐知识的存在。

很多研究者也发现了面孔失认患者拥有关于面孔的内隐知识的更多证据。他们要求患者 PH 判断名字是否属于政治人物。在实验中，当呈现一个名字时，一幅著名的干扰面孔也随之呈现。PH 不能正确区分名字是否属于政治人物或非政治人物。然而，当干扰面孔来自与名字对应的不同职业领域时，患者的判断时间要延长。这一发现说明患者获得了对那些被呈现面孔的著名个体的内隐知识。

一些面孔失认症患者似乎并不拥有关于面孔的内隐知识。这些

---

① Bauer, R. M., " Verfaellie, M., "Electrodermal recognition of familiar but not unfamiliar faces in prospagnosia", *Brain & Cognition*, 1988 (8), pp. 240–252.

患者又有什么特点呢？事实上，他们分析面孔特征的输入知觉机制已经受到破坏。布鲁顿等通过减少面孔识别单元与个人身份结点之间的联结权重而模拟了面孔失认现象。① 这一过程降低了个人身份结点对面孔的激活，并且意味着这些面孔将不太可能得到区分或被识别为熟悉的。并且他们还发现其损伤模型能够以一种与面孔失认症患者类似的方式来利用这些内隐知识。面孔呈现可在某种程度上激活个人身份单元及其相关的语义单元，而且促进了那些需要利用内隐知识的作业成绩。

心理学家法拉在后来的研究中又提出了"整体加工涉及相对少的部分分解过程"的观点，即面孔通常是以整体识别为基础的，而面孔各部分的外显特征（如鼻子和嘴巴）不起什么作用或起不到多少作用。② 她们的研究是，在实验中向被试呈现一副面孔，接着是一个掩蔽，然后是第二副面孔。被试的任务是判断第二副面孔是否与第一副相同。实验的关键操作是对掩蔽刺激的控制，即掩蔽刺激有时由一副面孔的各个部分随机组成（部分掩蔽），而有时由一个完整的面孔组成（整体掩蔽）。这一研究的核心假设是：如果面孔是以整体形式识别的，而且部分表征所起作用相对有限是正确的话，那么一个由面孔各部分随机组合的掩蔽刺激，应该比由一幅完整面孔组成的掩蔽刺激对面孔识别的干扰要小得多。

实验结果显示，部分掩蔽条件下的面孔识别成绩要好于整体掩蔽的成绩。这一发现建议面孔是以整体形式加工的。在其他条件下，研究者还考查了部分和整体掩蔽对词汇和房屋识别的影响。部分掩蔽对整体掩蔽的优势效应对房屋来说明显减小，而对词汇则根本就

---

① Bruton, A. M., & Bruce, V., "Naming faces and naming names: Exploring an interactive activation model of person recognition", *Memory*, 1993（1）, pp. 457–480.

② Farah, M. J., "Specialisation within visual object recognition: Clues from prosopagnosia and alexia", in M. J. Farah & G. Ratcliff（Eds.）, "The neuropsychology of high-level vision: Collected tutorial essays", *Journal of Physiology-Paris*, Hillsdale, NJ: Lawrence Erlbaum Associates Inc, 1994a.

没有任何优势效应。从而,对于目标(房屋)和词汇来说,似乎其整体加工的成分要少于面孔。

此外,类似的失认症还有:失读症和视觉性失认症。前者是由于建构能力受损而导致了阅读能力障碍,但是患者的口头语言理解和物体识别能力尚好;后者是由于整体加工和分析加工的能力都受到损伤而导致的面孔和阅读能力都受到损害的情况,也就是说,后者的损伤程度要更甚一些。有研究者在诸多面孔失认症、失读症、视觉失认症患者群体中,通过磁共振和其他脑功能成像技术对所涉及大脑加工区域的研究发现,绝大多数面孔失认症患者是枕叶或颞叶受到了损伤,或者是两者都受到了损伤;而失读症患者则是大脑左半球的顶叶后部的角回受到了损伤。两种失认症的大脑损伤部位不同,导致了一般失认症患者不会两种失认兼具,它们所涉及的认知加工和大脑系统分属于不同的部分。而且,由于该理论假设阅读和物体识别均涉及分析加工过程,使得我们可以预测失读患者(具有分析加工障碍)应该在物体识别方面也存在缺陷,这与传统观点是相矛盾的——传统观点认为失读患者只损害阅读能力。一些研究者还发现,失读患者在命名复杂图形时速度明显比正常被试要慢。

总之,面孔失认症、失读症之间差别比较明显,即便是面孔失认症中在获取面孔信息时,熟悉和不熟悉面孔的识别也是存在显著差别的。在完全不了解一个人的情况下就对其面孔进行命名是不常见的。研究者已发现对面孔进行完形加工的证据,但也有成分加工的证据(比如加工倒置面孔时)。面孔失认证患者不能识别熟悉面孔,但一般还拥有一些关于这些面孔的内隐知识。已有证据显示面孔失认现象是因特异性面孔加工机制损伤而不是精细辨别能力造成的。Farah进一步对整体分析加工与局部分析加工进行了区分。面孔识别主要涉及整体分析过程,阅读主要涉及局部分析过程,而物体识别则二者兼有。①

第三节 心理模仿

支撑意象的心理机制是否需要大量丰富的信息呢？模仿论者在回答该问题的时候首先使用了一个类比：你想预言一架太阳能飞机在某种气流条件下是如何工作的。有一种办法就是从航空学理论以及对这架飞机的详细描述来进行预言。另一种方法就是建造一个飞机模型，把它放入一个复制了那些气流条件的风洞中，接下来只要观察这个模型是怎样工作的就行了。模仿论者认为，与第二种策略相类似的策略可以用于解释意象的机制。因为如果你猜测或预言另一个人将有什么行动，或者如果那个人正在想象的东西和你类似，那么，你就可以将自己的心理意象视为关于另一个人的类似的心灵成分的模型。

至于这个过程是如何进行的，用模仿论的方法可以概括如下：假如你想预言另一个人在某个重要问题上的决定是什么的时候，姑且可以认为，另一个人的心灵将利用这样一个决策或者"实践推理系统"进行决策，这个系统把他的相关信念和愿望当成输入，并试图提出关于要做什么的决定。图 6-1 显示这种可能构成了正常决策过程之基础的认知结构。

假如你的心灵能够使你的决策系统暂时"脱机"，从而使你没有按照它意象产生的决策做出实际的行动。再假如在这种脱机状态下，意象能为你的决策系统提供一些假设的或者说是"假定的"信念和愿望——你可能不实际具有而另一个人却实际具有的信念和愿

---

① Farah, M. J., "Current issues in the neuropsychology of image generation". Neuropscholgia, *Journal of Physiology-Paris*, 1995 (33), pp. 1455–1471.

第六章 认知科学研究阐释的意象

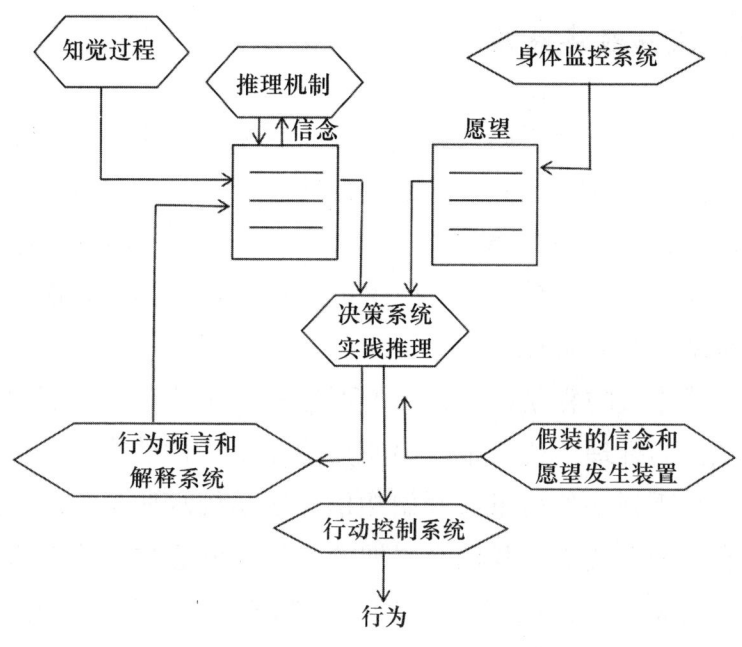

图 6-1 决策过程的认知结构图

望。于是，意象就可以袖手旁观，让你的决策系统来作决策。如果你的决策系统与另一个人的相似，或者你输入脱机系统的这些假设的信念和愿望与对象所具有的相近，那么你的决策系统所作出的决策就会与对象的决策系统将作出的相类似或者近乎相同。如果现在将这个脱机决策发送到意象的某个位置，它将产生关于其他人将做什么的预言，那么你就会预言：这就是另一人将会作出的决策，而且你的预言很可能是正确的。根据模仿论者，所有这些过程的发生你很少甚至根本不能有意识地觉察到。此外，关键处还在于：这个过程没有使用任何关于决策系统怎样工作的理论或者丰富的信息。相反，你只是用自己的决策系统来模仿另一个人将实际作出的决策。

上述过程是让决策系统脱机并通过模仿来预言决策。但是几乎完全相同的过程或许也能用于使意象推理机制或者意象的其他成分脱机，并因此用于作出关于其他种类的心理过程的决策。

一、认知经济效应

近年来，人们越来越意识到意象是一种复杂的、繁琐的现象，意象的某些方面可能是由类似于模仿且信息贫乏的过程（类似于我们在前面所讲的"认知吝啬"）推动的，而有些方面则是由信息丰富的过程推动的。于是，应运而生了一种混合方案，即模仿论和信息丰富推动过程兼而有之。

对于成年人的意象过程，一个不争的事实就是：我们都非常擅长预言他人的推理，甚至是他们明显的非论证性的推理。例如，假如一个人在听到一条简讯后开始相信某国总统辞职了，此时这个人认为谁会成为总统呢？我们会立即产生这样的想象：这个人认为副总统将成为总统。我们完全知道而且我们以为这个人也完全知道：有很多突发情况会使他的推理出错。副总统可能也辞职了，或者副总统身体不适，不能担任总统，又或者副总统涉及了某桩丑闻被罢免了，还有可能发生了军事政变，等等。很容易产生很多副总统不会成为新总统的可能。然而，我们仍会毫不犹豫地做出类似这个人的非论证性推理的预言，而且在大多数与此类似的情况下，我们的预言都是正确的。任何恰当的意象都必须承认确实如此。

意象的信息丰富方案的支持者对上述推理保持了沉默——我们都非常擅长预言他人做出的推理，都倾向于认为即便是有遗漏，其原因也是非常清楚的。对于信息丰富方案的支持者来讲，我们这种意象下的推理语言技能之所以能够存在，唯一可行的解释就是我们必须拥有更多的信息：我们之所以能够对他人的预测进行貌似正确的推理，其根本在于我们以某种方法获得了一种关于人们如何进行推理的一套方法或有效的理论。也就是说，我们依赖于我们自己的生成语言学直觉并决定我们自己关于特定句子的直觉的机制，而我们把这些机制归入到他人之上。

第六章 认知科学研究阐释的意象

以模仿为基础的推理预言解释比信息丰富解释更可取的原因还有：生物系统中多余的和明显不必要的复杂性在现实中是有很多实例的。比如，在认知社会心理学的"启发法和偏见"就真实地反映了这一情况。人们在很多需要演绎和归纳推理的问题上都做出了似乎很糟糕的推理。然而，在所有的文献中都不存在这样的主张，即人们不擅长预言其他人的推理，不管这些推理是好是坏。这与我们下面要讨论的愿望归属方面形成了鲜明的对比，在后者那里，人们经常会谈到，人们的愿望是有多么出乎意料和难以预测。虽然还没有进行系统的研究，但我们认为，一般来讲，即使是在与他们以前遇到的都完全不同的任何问题上，预言其他人行动的人，所做的也很可能就是他们对自己所做的这些糟糕推理。如果真是这样，那么它就对信息丰富解释提出了一个问题：当人们进行最普通的意象时，如何提出这样一种关于人们如何做出推理的准确的理论——这种理论甚至支持关于非常不熟悉的推理的正确预言？这个问题会被这一事实弄得更加尖锐：人们在其他一些意象任务上的表现非常糟糕，为什么人们在推理方面得到了正确的理论，而在其他心理过程方面却得到了错误理论呢？与此相反，基于模仿的推理预言解释对我们的准确性有一种现成的解释。根据模仿论解释，我们对于做出推理和预言推理使用的是相同的推理机制，因此，可以预料，我们能预言其他人会做出与我们相同的推理。

显然，从准确性进行的论证是一把双刃剑。在我们尤其擅长预言或归属不熟悉的情形中的心理状态下，这个论证表明：在不确定或不熟悉的情景下，意象过程不可能是信息丰富的过程推动的。但在我们不擅长预言或归属心理状态的情形下，这个论证表明：这个过程是不可能由模仿过程推动的。也就是说，关于简单性论证和复杂丰富信息之间的论辩，其初始假设是，准确的意象过程是由类似于模仿的过程推动的，而不准确的意象过程则不是。于是，我们似乎可以得出一个结论：推理预言是以模仿为基础的。

二、馈赠效应

意象另一个非常重要的方面是向别人归属愿望的能力。如果没有这种能力，我们就不会知道别人想要什么，我们在预言或解释他们的行动时就会有难以克服的障碍。有很多过程都能产生对一个对象的愿望的信念。在某些情况下，我们用有关对象的言语和非言语行为，包括其面部表情的信息来确定他们想要什么。在其他情况下，我们是根据别人对于对象说了什么来归属愿望的。而且，很多别的线索和资料源也都被用于愿望归属过程。我们认为，愿望归属技能不依赖于模仿，而是由信息丰富的过程推动的。其理由如下：

第一，愿望归属表现出来一种系统误差，也就支持了一个假设：意象过程不是以模仿为基础的。证据来自于心理学家米尔格拉姆的一个非常著名的实验[①]：他让一个被试"老师"控制一些开关，他可以向另一个被试即"学习者"（实际上是一个同谋）进行电击。学习者每出错一次，就要求老师逐渐增强电击强度，其中一个标有"危险：严重电击"，达到峰值的开关上标有"450伏，×××"。如果老师向被试表示了保留态度，他就被平静地告知要继续实验。实验的结果是令人吃惊的，绝大多数被试都执行了所有电击。人们常常会觉得这些结果难以置信。当然，米尔格拉姆的研究是如此违背直觉，以至于言语上重演实验时，人们仍不能预言这些结果。对这些研究结果的一种可信解释是：在米尔格拉姆的实验中，实验者发

[①] 米尔格拉姆实验又被称为权力服从研究（Obedience to Authority Study）。这是一个非常著名的针对个体社会心理的科学实验。1963年耶鲁大学心理学家史坦利·米尔格拉姆（Stanley Milgram）在 Journal of Abnormal and Social Psychology 这个期刊上发表的题为 "Behavioral Study of Obedience" 的论文中提出了一些基本的概念，此后，他在1974年出版的 Obedience to Authority: An Experimental View 里进行了进一步的讨论。

第六章 认知科学研究阐释的意象

出的指令产生了服从的愿望。人们觉得这些结果令人吃惊,觉得被试并不能预言这些结果,这一事实指出,我们确定别人愿望的能力有重要的缺陷。

在认知社会心理学中,有很多实验案例表明,愿望和偏好在一些显著的、出乎意料的方面受到了被试所面对的环境的影响。尽管我们会惊讶于这些结果,甚至会感到恐慌,但这的确是不争的事实:人们用于预言被试的信念和偏好的心理机制是有系统偏差的。很多情况下,人类个体因受到一种惊人的、甚至是无法自知的偏好影响而进行了预言。例如,洛温斯坦和阿德勒提出的"馈赠效应"就验证了这一点:

> 对馈赠效应的典型演示中……第一组被试被赠予了非现金的东西,需要将赠予的东西兑换成现金;第二组被试直接被赠予了一定数量的现金等一系列选择。虽然这两组的客观的财富情况是相同的,就像他们所面对的选择一样,但是受馈赠的被试坚持认为他们比未受馈赠的被试得到的钱多得多。[1]

在这样一个实验中,它是用来检验"未受馈赠的"被试在实际拥有所讨论的东西时,是否能预言他们设定的价格。实验人员首先让被试检查一个印有学校校徽的大杯子,然后给随机挑选的大约一半被试发一张表,要求他们在上面"想象他们拥有所展示的杯子,并预言他们是否愿意用这个杯子换取一定数量的钱"。当收到表格的被试填写完时,所有被试都被赠予了一个杯子,并拿到第二张表,上面的填写说明和预言表上的相似,但在第二张表上清楚地写着他

---

[1] Loewenstein, G., Adler, D., "A Bias in the Prediction of Tastes," "The Economic Journal: The Quarterly Journal of the Royal Economic Society", *Journal of Personality and Social Psychology*, 1995 (105), pp. 929–937.

们真能用杯子换钱，而且他们在第二张表上所作的选择决定着他们能得到多少钱。"被试被告知：他们在其中一条线上画圈就表示接受了这种选择——至于具体哪条线则是由主试确定的。"结果表明，填完第一张表的被试对于他们愿意用杯子交易的平均价格为 3.73 美元，而被试的实际交易平均价格为 5.40 美元。此外，实验中似乎有一种**"参照效应"**，它压低了实际交易价，因为对于没有就他们自己的卖出价做出预言的被试来说，平均的实际交易价要更高，达到 6.46 美元。因此，人们在预言环境对愿望的影响方面有系统的误差，在这种情况下，他们不能预言的愿望是他们自己的愿望。如果这些愿望预言是由模仿过程推动的，那么，为什么这些预言有系统的误差就难以做出解释。但是，如我们所相信的，如果它们是由信息丰富的过程推动的，这种误差就很容易理解。于是，如果参照效应的意象心理过程使用了丰富的心理信息而非模仿，这对于愿望或信念的产生不会有准确的信息在其中。

那么，使用丰富的信息推动愿望归属的心理机制是怎样完成的呢？模仿论者戈登和戈德曼就提出了利用综合分析战略，比如前面提到的认知结构图（图6-1），当我们预言行为时，假设的或"假装的"信念和愿望被输入意象的决策系统中，意象者预言：他人将会出现意象者根据这些信念和愿望决定要做的事情。如果我们能看明白认知结构图的话，按照意象者的描述，他的预言是按照这个图的逆行实现的。它始于一个行为的情景，这个情景通过寻找已经发生并仍在继续发生的假设的信念和愿望，当这些信念和愿望进入意象者的决策机制中后，就会产生执行我们想要解释的行为的决策。

根据模仿决策论，就会产生这样的疑问：我们头脑中会有无数多个愿望和信念的组合，决策者如何在这个时候运用机制帮助决策呢？戈登的解释是：

不管我对这些假说做多长时间的检验，我都不会把关于他人的行为的所有候选解释都尝试一遍。如果我要做出决定的话，有些未经检查的候选者可能至少会和我接受的这种做得同样好，也可能其中有无限多个会这样。但是从直觉上我会说，这些"太牵强了"。在这里，我表现出了我惯性的偏见。对于追踪别人的行为，我必须做得越不夸张越好。我只在必要时，只在别人行为中的某些东西不合适时……才伪装，这种惯性偏见可能被看成是一种"努力最少"（least effort）原则："假装最少原则"（principle of least pretending）。它解释了在其他情况相同时，我为什么偏爱更少地违背"真实的"世界——违背我自认的世界。①

戈登的解释可以这样理解：根据某种直觉的标准，归属越"牵强"，它们就越远离自己的心理状态。事实上，我们解释行为是借助于和我们自己完全不同的愿望或者信念（或者二者兼有）。比方说，我解释一个人现在正听着一首歌曲，可能是因为他正处在失恋期。但是，有无限多的愿望会使我去听同样的歌曲，这些愿望从直觉上说比失恋痛苦的心情更可能让我去听这首歌曲。对于缩小综合分析策略所产生的这个候选信念和愿望的无穷集合，模仿论者没有提出别的主张。如果对这个问题没有某种可信的解答，这种策略看起来就相当没有希望了。

三、主试效应

意象还有一个无法克服的弊端就是"主试效应"，这是心理学术语，换成哲学解释就是意象无法克服我们自己并不具有的信

---

① Gordon, R., "Folk Psychology as Simulation", *Mind and Language*, 1986 (1), pp. 158 - 170. Reprinted in *Davies and Stone*, Page reference is to the *Davies and Stone* volume, 1995.

念——矛盾的信念。这些矛盾信念包括：依赖于关于对象的知觉状态的信念；利用了关于对象的言语行为的信息；依赖于关于对象的非言语行为的信息。所有这些可能都是由信息丰富的机制而非模仿机制推动实现的。有很多证据表明，矛盾的信念归属系统表现出了我们预料这样一种信息丰富的系统会产生的系统误差，这个系统还不够丰富，它不含有与产生这些矛盾信念的过程相关的信息。而且，典型的模仿机制没有明确的办法来做矛盾的信念归属系统所做的事情。

比如，之前我们提到的，在催眠状态下，患者开始自发地讲述他们童年的经历，有几百人声称他们在成长的过程中遭受过性侵害或身体的伤害。真的这么具有普遍性吗？这时，我们有必要了解真实的情况：心理治疗师（主试）在进行治疗的时候会对病人这样说："你要知道，据我的经验，许多人都受到和你同样问题的困扰，他们的童年通常经历过某种痛苦遭遇，可能是被大骂，也或许是被性侵害或猥亵。我想知道，在你身上是否也发生过类似的事情呢？"在这样的"提示"下，来访者几乎都曾经"回忆"起他们有过被侵害的童年遭遇。但后来的调查显示，他们当中只有15%的人曾经有过上述"不幸的遭遇"。

还有社会心理学家或教育心理学家"贴"给被试的一种"标签"。在经过一些心理问卷或测量表的测试后，主试（心理学家）会告知被试，他/她具有某种特质，比如最近一个人遇到一些麻烦，心情郁闷，于是找心理咨询师咨询，被告知的结果是他具有抑郁的人格特质。此后过了一段时间，这个人的问题得到解决，心情也好了。但是他仍然相信自己是"具有抑郁特质"的人。类似地，还有一些心理学实验，主试在做实验之前，总是会假设实验的结果，于是整个实验过程，甚至是实验数据都会朝着假设"奔去"。一旦被试相信这个结果，那么即便在后来的研究中可能这个假设或结论被推翻，也很难消除在头脑中的这个"实验阴影"，或者说是这样一种"信念"。又比如所讨论的特质是自杀倾向或者是"潜在的同性恋者",那么坚定的信念就会导致严重的恶果。矛盾的信念归属系统在这个部分会使心理学家及其他所有的人认为,这些矛盾的信念在说明情况后就会被抛弃,这个部分对于坚定信念的过程明显有不准确的信息,因此它会导致完全错误的信念归属。

还有一种情况是"事后干预",也是主试效应的一种表现。心理学家做过这样一个实验,在火车站和其他自然场景下,主试洛夫特斯和她的学生表演了一幕"盗窃案"[①]:一个男同伙从两个女生临时留下的书包里拿走了一样东西,并把它塞到外套下面。片刻之后,其中一个女士注意到她的包被动过并开始大喊:"哦,我的天哪,我的录音机不见了!"她接着哭诉说,录音机是老板借给她的,非常昂贵。此时,旁观者中的大多数人都非常合作,他们被要求留下电话号码,以便在保险索赔时能为这个意外事件作证。一周后,一位"保险代理人"致电目击者并询问盗窃的细节。其中一个询问的问题是:"你看见录音机了吗?"一半以上的目击者都记得看见了录音机,几乎所有人还能对它作出详细的描述——尽管事实是:包里根本就没有录音机。根据类似的实验,洛夫特斯得出结论:即使随意地提及并不存在的东西或者并未发生的事件,也能显著地增加这种可能性:这些东西或者事件将被纳入人们的意象信念之中。据此,洛夫特斯强调:司法系统对依赖于目击者的证词应当非常谨慎。其原因在于信息驱动的矛盾信息归属系统会有"事后干预"的可能性。

意象的模仿机制在现实生活中被无情地"驳斥",其主要的原因在于我们无法察觉的潜意识进行了"生存还原"。意象的过程不是"肉身性"的,它随着时间、空间和主体性三方面的互动变化而不断地发生改变,这种改变是个体无法自知、也非"原初印象"所

---

① Lofus, E., *Eyewitness Testimony*, Cambridge, MA: Harvard University Press, 1979.

能改变。在意象的过程当中，我们总是保留了可以维持生存的最原始、最本质的东西，抹去了细节、规避了痛苦情绪，依照对他人行为结果的判断而进行自我剖析和判断。其实这种判断的简洁性和模糊性，恰恰反映了人类发展过程中的"冲动"本性和一个社会的价值、文化取向所在。这些东西都在潜移默化地影响着人们的意象过程，进而影响到对事物的态度和决策的判断。也就是说，我们不需要过分注意意象的机制究竟是什么，事实上，我们可能也无法说清楚，因为这可能是个无法解说或无法言明的过程，我们只需要知道在这个过程中的某些现象、情况是需要本能、欲望、意志和情绪参与的，需要全面地认识这些过程，而不是只注重细枝末节。

第四节　运动意象与模拟

运动意象最典型的特征是好像身体正在移动。近来的研究发现在运动意象的约束力和事实上发生的运动似乎是平行的。如何解释这种平行呢？因为运动意象认为运动是可以不必发生的，那么，我们解释运动意象就可以运用模仿运动的方式，即我们通过被试的决策判断过程来预测和解释这种平行。

一、心理模拟

很多情况下，我们在做一些事情的时候是不需要仔细考虑的，或者说是不需要深入"计算"和"谋划"的。但是，有一种现象的能力就是耗费很少的认知，而更多地关注想象行动的实施与实际身体的移动的匹配。显然，想象的运动和真正的运动看起来是明显的不同的，那么如何将二者结合起来阐释呢？1986年，简·赫勒和罗伯特·戈登提出了"心理模拟"理论，他们认为我们预测和解释别人的行为是通过模拟他们的决策过程的。在此，我们将"心理模拟"的范围进一步扩大——将模拟作为认知科学的解释工具。

模拟理论的核心就是我们通过模拟别人的决策过程来理解别人的想法。传统的认知结构决策者的行为决策过程是基于一个人的信念和意愿。模拟理论认为这个过程增加了两点：其一，它提出了一个机制，产生所谓的"假装"的信念和意愿引入到决策中。其二，它提出了一个"离线"的决策机制，指导其输出远离负责行为的系统。行动预测是通过假定目标的信念和意愿而实现的，这些信念和意愿是脱离决策者的。

决策者对假定输入的反应是一种自动化地反应"真实"心理状态的过程。然而，既然决策者对于输入信息是一种"离线"状态，那么也没必要采取行动。相反，假定输入被看作是一个预测目标的行为。因此，我们的目标是，我们自己会有行动的目标，我们有自己的信念和意愿。

模拟理论可以对行动能力的"平行"进行解释。假定的信念和意愿被引入到决策者的"离线"中。该信念和意愿被锁定在（也就是与输出匹配的）目标的行为中，并由此产生与该信念和意愿对相匹配的输出。因此，模拟论者特别强调人性原则来定位一个独特的属目标的信念和意愿对（或者至少是一个小的信念和意愿对）：对于属目标的那些信念和意愿对，你必须掌握其情况。

模拟理论除了解释个体为什么会去做，还能预测他们会如何去做的想法，也就是说，通过什么样的身体动作来执行这一行动。模拟理论扩展了两种方法：第一种方法是假定我们预测一个人的行动是通过"看到他们大脑中的眼睛"，即通过模拟一个人的视觉经验来执行该动作。另一种方法是通过想象来实现自己的行动。事实上，无论是视觉经验，还是运动意象，其采用的行为预测都可以通过模拟来实现。但问题在于：决策模拟与意象模拟的过程是相同的吗？

模拟理论认为这一过程是相同的。因为，首先确定的一些模拟过程的中心功能，是可以预测和解释行动能力的。

首先，我们应当注意模拟过程的非对称性。决策过程并不仅仅发生在人类群体中，我们还可以模拟其他物种的决策过程；我们既可以模拟他人的决策过程，还可以进行自我决策过程的模拟；这些过程既可以是因果关系的体现，也可以是一种非对称性的反事实的推理。人类的进化过程可以解释：我们的决策系统设计最初是因为去制定和执行决策赋予的选择性优势的能力，这一点是合理的。然后，在后来的进化过程中，决策系统开发出了另一个有用的、但次要的功能：决策模拟。非对称性的反事实推理有助于将模拟从目标状态中区别开来。模拟理论将行为预测看作是模拟决策，而非将决策看作是模拟行为预测。所谓的非对称性是指决策过程并非预测的结果，即二者不相一致。所谓的反事实推理，即决策结果与预测模拟是相背离的，于是对结果进行否定后重新表征，也就是重新进行预测模拟。所以，决策并没有被当作是行为预测的模拟，是因为决策过程不依赖于支持行动的预测过程。

其次，支持模拟过程是与模拟机制有相同类型的机制，这是模拟过程的一个特点。因此，根据模拟账户的能力来预测和解释行动，模拟过程包括预测者的决策，即与目标决策者的类型相同——它们都标志着"正常的人类决策者"。

最后，离线模拟过程包括我们称之为"因果关系的变化"。个体决策的子系统是以不同方式彼此相互关联的"盒子"，一个子系统的因果关系的作用可以定义为与之相互联结的其他子系统的总和。于是，我们有可能在不同的联结的环境下去操作一个给定的子系统。因此，决策子系统通常是初始动作的子系统。当我们模拟决策操作时，这些联结是被抑制的，相反，输出进入了信念箱：模拟你的决策，让我相信你将做什么。模拟理论认为，决策子系统的因果作用是有变化的,但其内部操作过程是不变的,这样可以保持模拟的稳定性。基于这个稳定性,该理论进一步强调决策模拟应当包括"假定"的信念和意愿。"假定"信念和意愿功能类似于由决策者提供的情景下的真正的信念和意愿,这与他们在外部环境是有所不同的。

总之,离线模拟过程的非对称性决定于目标过程,离线模拟过程的机制与目标过程的机制是同类型的,两者都包含了因果作用的多样性。

二、视觉表象与心理意象

根据视觉表象的模拟账户,视觉形象是通过运行视觉系统离线的关键部位生成的,与平常的输入和输出相分离。四种观察结果支持了这一假说。首先,如果视觉图像是通过运行视觉系统离线的关键部分产生的,那么视觉感知会干扰视觉图像。心理学家布鲁克斯做过这样的实验[①]:要求被试形成一个字母 F 的视觉图像,然后要求他们想象自己在跟踪 F,无论每个角是在顶部或底部,都要作出报告。一组用语言来报告,另一组则指向打印在纸上的一个"Y"或"N"。结果表明,后一组被试的表现远不如前一组,这说明视觉感知干扰了视觉图像。

其次,视觉表象与想象似乎有很多共同的特性。想象和视觉表象之间在现象学上有类似之处:视觉表象的主观体验与想象的主观体验有惊人的相似之处。此外,心理学家斯蒂芬·科斯林和他的同事建立了一个函数,即在记忆地图的视觉图像上扫描两点的时间是两点之间距离的直接函数,类似于在真实的地图中扫描一样。[②] 结果

[①] Brooks, L., "The Suppression of Visualization by Reading", *Quarterly Journal of Experimental Psychology*, 1967 (19), pp. 289–299.

[②] Kosslyn, S., Albert, N., Thompson, W., Maljkovie, V., Weise, S., Chabris, C., Hamilton, S., Rauch, S., Buananno, F., "Visual mental imagery activates topographically oraganized visual cortex: PET investigations", *Cognitive Neuroscience*, 1993 (5), pp. 263–287.

发现，被试扫描一个真实地图的时间与扫描一个从口头描述中记忆的地图的视觉图像所花的时间几乎相等。类似的研究还有：在远离观察者一定距离的基础上，给定的目标将充满视野；在同一个距离的基础上，不是看到的而是想象的同一个目标充满想象的视野。这个目标有可能位于视野边界，当且仅当它落在边界内，这个给定的目标才能被辨别。还有，根据1981年芬克和库兹曼的研究结论，仅仅想象同一对象在视野中不同的地方就能定义一个非常类似的边界。虽然未受教育的被试可能被认为会对一般命题有另一个理解，但是他们将不可能知道相关类的对象位于边界的位置（毕竟这是通过精确的实验方法确定的），因此视觉与图像之间的相似不可能是内隐知识的产物。①

视觉疾病为模拟假设提供了进一步显著的证据。法拉等人表示，单侧枕叶切除术导致对侧视力下降，也会导致对侧成像视野的减少。② 比夏克和卢扎蒂的研究表明，患有半空间忽视障碍的人表现出类似的成像视野一侧的忽视。③

对视觉图像的模拟账户的实验支持最终来源于利用脑成像技术的神经解剖学研究。根据模拟假设，在视觉中的脑活跃部位和在视觉图像中的活跃部位之间应该有一个明显的重叠。利用区域脑血流分析，罗兰德和里贝里等人证明，枕叶和颞下叶区域在需要视觉感知以及需要视觉想象的任务中都是活跃的。④ 此外，戴维森和史华慈

---

① Frinke, R., Kurtzman, H., "Mapping the visual field in imagery", *Journal of Experimental Psychology*: General, 1981 (110), pp. 501 – 517.

② Farash, M., Soso, M., Dasheiff, R., "Visual angle of the mind's eye before and after unilateral/occipital lobectomy", *Journal of Experimental Psychology: Human Perceplion and Performance*, 1992 (18), pp. 241 – 246.

③ Bisiach, E., Luzzatt, C., "Unilateral neglect of representational space", *Cortex* 1978 (14), pp. 129 – 133.

④ Roland, P., Larsen, B., Lassen, N., Skinhoj, E., "Supplementary motor area and other cortical area in organization of voluntary movements in man", *Journal of Neurophsiology*, 1980 (43), pp. 118 – 136.

第六章 认知科学研究阐释的意象

通过记录 α 节律,能够确定在视觉图像中视觉皮层的大脑活动会增加。[①]

通过视觉表象的分析,我们还可以得出模拟过程的另外一些特征。首先,假设一个对视觉的视觉表象的非对称性反事实推理是合理的。我们的视觉皮层最初进化是提高了人们的可见范围而不是使他们有视觉想象(这一进化首先是提高了生存率)。更确切地说,我们进化的祖先有视觉皮层但没有视觉优势,选择性的力量将能独立地驱使视觉皮层作为一个图像生成系统而进化——这一点是不可能的。其次,视觉表象机制与视觉机制是同一并行的。进化过程首先证明了二者机制的同一性。最后,视觉表象涉及因果关系的变化。视觉和视觉表象之间强烈的相似性表明,在视觉皮层中视觉表象的输入功能与"真正的"输入功能有着相同的方式,然而,视觉表象的输入表征方式与视觉的输入不同,后者来自感官的刺激。在输出端,表象输出与视觉输出有不同的功能角色:我们通常不会用对视觉表象的反应来对视觉做出反应。

然而,视觉表象和真正的心理意象是不同的。视觉表象的"在线"和心理意象的"离线"是不能用同一种模拟过程来解释的。因为,心理意象的输出与知觉的输出不同,离线决策的输出是"一个正确的决策,即使它不进入通常进入的决策机制"[②]。首先,心理意象的离线决策的输出不一定是"正确"的决定。决定本质上是心理过程的结果,这其中包含了之前所说的信念和欲望,也就是说包含着个体的意向性。视觉表象则是在视觉感知的基础上形成的,它不一定包含信念和欲望,只是一种过去经验与当下知觉的一种结合。

---

① Davidson, R., Schwarrtz, G., "Brain mechanisms subserving self-generated imagery: electrophysiological specificity and patterning", *psychophysiology*, 1977 (14), pp. 598–602.
② Nichols, S., Stich, S., Leslie, A., Klein, D., "Varietie of off-line simulation", in P. Carruthers and P. Smith (ed.) *Theories of mind*. Cambridge: Cambridge University Press, 1996, pp. 71.

其次，心理旋转的局限性。视觉意象的对象似乎就是真实的物理东西，因为它们也占据一定的空间，它们也可以"移动""旋转"和"调整角度"，只不过它们活动的空间是在我们的头脑里，它们是以影像的方式在做着上述活动。简言之，表象似乎是一些三维物体的准空间模拟物。然而，在某些情况下，比方说，当想象的物体变得很复杂，那么被试就不太可能正确判断旋转物体的外形。但是，对于真正的物体来说，任何实际的旋转却不存在上述问题。人类想象旋转物体的能力主要依赖于对该物体的描述。韩丁曾经做过这样一个实验：要求被试想象一个方块放置于一个架子上，其中方块底面与视线持平。试想用自己的左手抓住最靠近左手的左下角，并用右手握住离你左手最远的顶角，然后把方块从架子上拿下来并抓住它以便你的右手垂直于左方。那么余下的那些角的位置怎么样呢？大多数被试倾向于回答，他们将沿着方块的外周中线形成一个方形。事实上，方块的中间边并不是水平的，而是形成一个之字形。出现这一现象的原因是因为一个人并未产生关于方块的视觉表象并对其进行旋转，而是完成一次欠考虑的结构性心理意象模拟过程。

最后，视觉表象与心理意象模拟有时二者是没有明确的自然界限的。因为我们确实无法直接观察到视觉表象的输出与知觉过程以及与心理意象在输出的时候究竟区别在哪里。

三、运动意象

运动心理学一直秉持这样一种观点，就是心理意象能增强运动能力，并在此基础上将心理意象区分为内部和外部意象两种。当运动员产生一个外部意象时，他就有了一个第三方所能看到的自己的形象；而内部意象则是指运动员的运动经历、运动努力或动力，以及运动的感觉等运动元素。

第六章 认知科学研究阐释的意象

模拟理论认为，当运动系统的重要部分离线、与正常的输入输出中断联系时运动意象就产生了。在最近的脑成像研究中提出了一个假设，即运动系统中只有一部分在运动意象的过程中离线了。根据这一假设可以推断：(1) 真实运动的时间和运动特性应该体现在运动意象中，因为两种过程都被脑操作的相同序列所驱动。(2) 由运动皮质的某些部位的损伤所引起的运动性能的缺陷应体现在受损的运动意象中。(3) 运动意象可以改善运动控制和所输出的最大力量。(4) 既然被激活的大脑运动区对心脏和呼吸速率有相当直接的影响，那么这些影响在运动意象中也同样应当发挥作用。(5) 运动意象的神经基质应该与运动的神经基质有很大的重叠。以上的这些推断被一一证实。

梅茨勒和谢帕德向被试呈现几对数字（其中的一些数字发生角度的转变），且问他们是否是一致的。被试压倒性地报告说，他们对一个数字做心理旋转，直到它可以叠加在其他数字上为止。[1] 的确，梅茨勒和谢帕德发现对一致性问题的反应次数是分离角的线性函数。[2] 研究的下一部分关注的不是抽象的形状，而是身体部位的照片。要求被试判断呈现在屏幕上的一个图像是一只左手还是右手。在这种情况下，被试经常报告说有了这种运动就能体验到把手移动到刺激的位置。事实上，回应次数不是分离角而是影响相应实际动作持续时间的因素的函数：被试的利手情况、运动起源、轨迹长度以及目标位置的笨拙程度。此外，帕森斯观察到，只被要求想象把手移到相关位置的被试的回应次数也是这些因素的函数。[3]

---

[1] Metzler, J., Shepard, R. N., "Mental rotation of three-dimensional objects", *Science*, 1971 (171), pp. 701–703.

[2] Metzler, J., Shepard, R. N., Transformation studies of the internal representation of three-dimensional objects. In R. Solso (Ed.), "Theories of cognitive psychology: The loyola symposium. *Hillsdale*, N. J.: Lawrence Erlbaum Associate, 1974.

[3] Parsons, L., "Temporal and Kinematic properties of motor behavior reflected in mentally simulated Action", *Journal of Experimental Psychology: Human Perception and Performance*, 1994 (20), pp. 709–730.

既然实际运动和意象运动的持续时间是相同因素的函数,那么,实际运动的持续时间和意象运动的持续时间之间应当也存在很强的相关性。当然,对简单运动来说,这种相关固然很好,但在更笨拙的运动中,意象运动花的时间比他们实际运动的要少,即便如此,实际的和成像的动作的持续时间仍然保持比例。

实际运动和意象运动的时间及运动特性之间的差异性显示出了模拟意象运动的局限性。毕竟,如果实际的和成像的运动有共同的神经基质来源,那么它们的时间和运动特性应该完全重叠。然而,真正的动作从视觉和本体感觉中可以得到反馈,这种反馈在意象的运动中却是没有的。那么,我们是否可以在想象的运动中添加一些可以引起反馈的种种限制或要求呢?答案是否定的,因为这些要求会降低运动的性能,也就是说,会额外增加运动的时间以及降低运动过程中潜能的激发。因此,相对于笨拙的意象运动(或者说是复杂的意象运动),实际运动的持续时间可能更短一些的原因,我们姑且认为是"正确反馈"的存在,那么,简单动作的执行则不依赖于"正确的反馈"。

进一步的证据表明,实际和意象运动的时间特性都来自于戴西迪等人的一项研究。他首先测量了受试者走到一个目标所需的时间,然后,他们蒙住被试的眼睛,并鼓励他们想象行走到目标。实际行走和想象行走的时间非常接近(这个实验带有一些暗示性,因为我们不是很清楚被试是依靠运动意象、视觉意象还是依靠二者的结合)。[①] 在戴西迪等人的第二个实验中,通过让被试背一个重25千克的包来重复第一个实验过程。结果表明,实际行走的持续时间在很大程度上不受增加负荷的影响。然而,想象行走的持续时间则会因着重量的增加而增加。似乎表明了"重量增加"在意象运动中没有

---

① Decety, J., Jeannerod, M., and Preblance, C., "The timing of mentally represented actions", *Behavioral and Brain Research*, 1989 (34), pp. 35–42.

得到正确地反馈。根据这一观点，如果实际的步行者通过增加努力弥补了额外的负载，那么就能维持一个恒定的时间。但可能在想象组中被试并没有增加想象的努力。如果我们假设视觉和本体感觉反馈在调节的努力中发挥了至关重要的作用，那么我们就可以解释在想象组中缺少增加的努力的情况，从而解释了持续时间的增加。

如果意象的运动被一些实际运动过程中的因素所制约而区别于实际运动。那么，我们如何解释我们可以想象将我们的胳膊伸到很长很长，去触摸到天花板上的灯?！虽然，我们可以很容易地想象这样一个动作或场景，从而"触摸"到那盏灯，尽管事实上并不能。实际上，我们是用动觉的思维来思考将"手臂伸向天花板"这一过程是可行的：想象自己尽可能地向上伸长胳膊并努力触摸到天花板。好像自己确实触摸到了天花板。可是，从生物力学的角度看，这些似乎都是不可能的，因为二者在一起达不到从量到质的变化。就像我们完全可以想象自己历经千辛万苦攀登到了珠穆朗玛峰峰顶，但真实的情况是我们只考虑到运动的部分内容，忽视了运动是一个连续、艰苦的整体过程。

在之前的视觉表象的论述中，我们可以注意到一些感性的现象：视觉病理会影响到视觉表象。这个影响可以延伸至实际运动表现和运动性想象不足之间的关系。多米尼的实验结果表明，右侧的数字会对帕金森病人产生影响，并且在一个手指序列的测试中发现，他们受伤的手的反应明显慢于另一只手，这种不对称性与想象中的不对称性是非常相近的。[①] 一个病人，受影响的手不能执行运动序列的任务，也不能执行想象的任务，药物治疗恢复了病人在实际表现和想象表现中的能力。西里古等报告了他们做的一个实验，是关于受

---

① Domine, P., Decety, Brouselle, E., Chazot, G. & Jeannerod, M., "Motor imagery of a lateralized sequential task is asymmetrically slowed in hemi-parkinson's patients", *Neuropsychologia*, 1995 (33), pp. 727–741.

伤的运动皮层对手指、手臂和腿的影响刺激。他们要求病人执行手指运动节拍器的拍子序列：在想象执行此任务的过程中，被试报告说受伤的手指每分钟能跟上节拍器 95 次，完好的手每分钟能跟上节拍器 160 次。由此证明了实际动作次数和想象运动次数之间是有区别的。①

在想象的肌肉增加和实际训练的肌肉增加的实验中也表明了运动员在比赛的过程中，尤其是那种带有表演性质的比赛中，他们通过想象自己可以发挥很优秀，经由中枢神经控制，达到肌肉力量的增加，从而取得好成绩。模拟理论很容易解释运动想象的训练效果，因为最大受力是肌肉协调功能的一部分，所以增强运动中心对相关肌肉的控制可以提高最大受力。而实际运动是，我们通过反复运动来提高控制能力。因此，离线的运动意象可以提高运动水平，就好比飞行模拟器可以极大地提高飞行员的飞行能力一样。

当我们进行剧烈运动时，我们的心跳频率和呼吸频率变化太快，这并非完全由二氧化碳浓度的变化所导致，根据上述模拟理论，心跳和呼吸频率的变化似乎是源于动觉系统本身：当动觉系统对大肌肉群发出剧烈运动的指示时，它就会向负责心率和呼吸的大脑皮层发出信号。如果运动想象是由运行离线的动觉系统产生的，那么在运动想象剧烈运动时所出现的呼吸和心率增加的现象就可以被解释了。

关于运动意象的脑活动研究为神经生物学的运动假设提供了很好的前提。科斯林和肯宁，在运动系统中提出了 3 个子系统②：（1）行动计划子系统（APS）。即效应器所要达到的一系列目标以及一系列固定点。这一目标在外部空间而不在内部空间，也叫节

---

① Sirigu, A., Duhamel, J., Pillon, B., Cohen, L., Dubois, B., Agid, Y., "Mental simmulation of movement in patiernts with posterior parietal cortex lesions", astract, society of neurosciences meeting, *Brazilian journal of psychiatry*, nov, 1995.

② Kosslyn, S., Koening, O., *Wet mind*, New York: Free Press, 1992.

第六章 认知科学研究阐释的意象

间隙角。(2) 产生命令子系统（IGS）。它计算了一系列目标所制约的肌肉活动和由 APS 最初位置、效应器的关节制约点所提供的控制点。(3) 动作执行子系统（MES）。执行由 IGS 所产生的命令。于是，假定 APS 为计划一系列外部行动制定目标，IGS 接受这些目标并计算所需要的一系列活动，MES 激活那些与任务相关的肌肉群。因此，假设了运动想象是因为执行了离线子系统所致，这个子系统给效应器提供了目标，并且计算了为达到这些目标所需要的肌肉活动。如此看来，这个假设是可以解释前述的那些证据的，即那些与行动有关的、当下的和运动学的性质很大程度上由运动想象所产生的、当下的和运动学的性质所反应。

综上所述，依据模拟理论我们可以解释如下问题：

首先，运动意象的运动系统所包含的那些部分是如何做到离线操作的？可能是在运动前区皮质和 MI 区域之间存在一个"神经出入口"。如果 SMA 和运动前区皮质被激活，而且神经出入口打开了，然后 MI 区就执行实际行动。如果 SMA 和运动前区皮质被激活但神经出入口是关闭的，那么运动想象就会产生。神经出入口的打开与关闭是有选择性的，从而决定运动活动中是否产生运动想象。比方说，当我们行走突然出现刺激，我们可以做出向左还是向右的判断。这时，我们产生了运动意象，进而产生行动；当一些运动系统的资源运行离线时，运动意象产生，其他资源可能正在运行，由于运动系统能够协调不同的运动同时进行，所以，运行与不运行同时存在的混合操作是可以被预期的。

其次，当离线输出的运动系统在运行时可以被传送到视觉系统，这个假设是合理的。比方说，在被试被问到屏幕上的图像是否是一个左手或者右手时，许多被试报告说是动觉或有些视觉表象。但是，他们的视觉表象作为运动意象受到相同的时间和运动参数的限制。这表明，运动系统的离线输出在确定视觉表象的结构上可以发挥作用。也就是说，运动相关系统离线可以产生视觉和运动觉表象，即两个或更多个心理过程可以同时采取离线，一个进程的输出作为输入进入另一个进程。将运动系统的离线输出输入到视觉系统中，需要交叉模式匹配：运动意象必须转化为相应的视觉图像，这样还可以进一步说明婴儿的动作模仿能力。

再次，运动体验现象。从现象学的角度来看，任何一种意象其本质都不过是一种现象的体验。也就是说，"运动意象"不是指一种状态，其本质是一种体验。在我们看来，运动意象的一个情节，是一种发生在运动系统部分的特定过程，无论这个过程是否有意识的经验。可能是运动意象产生了那些感受（感觉），仅此一点，姑且认为这种状态是运动意象的一种。我们只能说运动意象和这些经验是相互联系的，不具备形而上学的必要性。但是，如果用运动意象的体验事件来解释使运动系统离线运动的条件，却并不能适合所有情景——比如那些运动系统运行离线需要有意识状态的场合。因此，必须明确的是，离线运动和离线运动活动的意识不是同一问题的不同表述，各自应该有着本质的内容。

最后，模拟过程两个重要性。第一，运动意象取决于非对称运动行动的能力，产生运动意象的机制是产生运动行为的机制的一个重要组成部分，产生运动意象的机制与产生运动行为的机制是相同类型的。第二，运动意象涉及因果作用的变化。之前运动系统的模型中，辅助运动区和前运动区活动的标准是将指令传递给 MI 区，启动运动行为在运动意象中这些相同的"早"运动子系统来操作他们行为的发生，但是也会有抑制信号传向 MI 区。

用模拟理论来解释运动意象，并不表明我们可以从运动意象一个模拟装置的存在来推断决策模拟的存在。意象与决策模拟是否存在共享机制，是尚不明确的。尽管我们假设了二者存在有相关机制，并且进化理论也给出了一些证据，但是模拟可能只是解决问题的一个策略，以应对进化过程中的各种挑战。而实证研究在视觉表象的研究明显多于运动意象的研究，这也使得运动意象的决策离线装置的运行显得不够有力度，我们也只能在隐喻中摸索前行。

第五节 意象研究的模型法

模型法的前提是，大脑是一个大规模的并行处理器，我们的日常行为、心理现象都具有一定的确定性。于是，在任何时候，一个包含了大量神经突触的大脑，尤其是突触数量最大的人类大脑，都在时时刻刻进行着精确的计算与衡量，进行着数量极为惊人的各种不同的信息转换。依此，人类的思维过程就是严格意义上的计算过程，那么，意象过程就是充满主体意向性的、缜密的、反复类比的表征过程。

关于稳定性，我们可以这样认为，从最一般的角度来看，系统所需要的是某种反馈机制，这样那些偏离均衡太远的行为或过程将会在选择压力下消失或由某个自催化的阻碍调节机制加以纠正。然而，任何稳定性都是相对的，不稳定和不确定才是真实的存在和真实的世界，运用模型的解释并不能维持很久，尽管模型的方法在一定程度上是直观的、清晰的。

一、命题网络模型

在很多情况下，人们记住的不是他们所见所闻的精确物理细节，而是其中联想的"意义"。为了能确切地把握"意义"，这里将其称之为"命题表征"。来自逻辑学和语言学的"命题"是可以作为独立断言的最小的知识单元。比如下列命题：

残酷战争时期的美国总统林肯解放了奴隶们。

这个句子传达的信息可以由以下较简单的句子来表达：

A. 林肯是南北战争时期的美国总统。
B. 战争是残酷的。
C. 林肯解放了奴隶们。

所谓的意义是指一个命题就是一个意义单元，这个单元具有信息唯一性和独立性。我们记忆中的信息表征不会保存任何具体措辞信息，而是保存基本命题的意义，即我们联想到的与文字表述相关的图景或关系。许多命题符号系统都用这种抽象的方式表征信息。

命题组合句："残酷战争时期的美国总统林肯解放了奴隶们"。将其分解为一个个可以单独表达命题的成分，每个成分用椭圆标注，和其他命题的关系用箭头线来连接，箭头线与椭圆之间的连接点被称作节点。那么各命题之间的关系就依靠这些椭圆和箭头线的联结形成所谓的命题网络。例如，图 6-2a 中的椭圆形表示前面分析的命题 A。椭圆形由标记着关系的箭头线（标明它是指向关系节点的）连接着关系。"……的总统"，由标记为施动者的箭头线连接着林肯，由标记为对象的箭头连接着美国，还由标记为时间的箭头线指向战争。图 6-6a、6-2b 和 6-2c 所示的三个网络结构分别表征前面所分析的 A—C 命题。

网络中元素空间位置与它们的意义无关。网络可以看作是用绳子联结在一起的若干玻璃球。玻璃球表示节点，绳子表示节点之间的连接。二维纸页上呈现的网络是缠结在一起的玻璃球以某种方式平铺开来。平铺的方式很多，重要的在于哪个元素与哪个元素连接在一起，与它们的位置无关（箭头线可以很长，也可以很短）。这

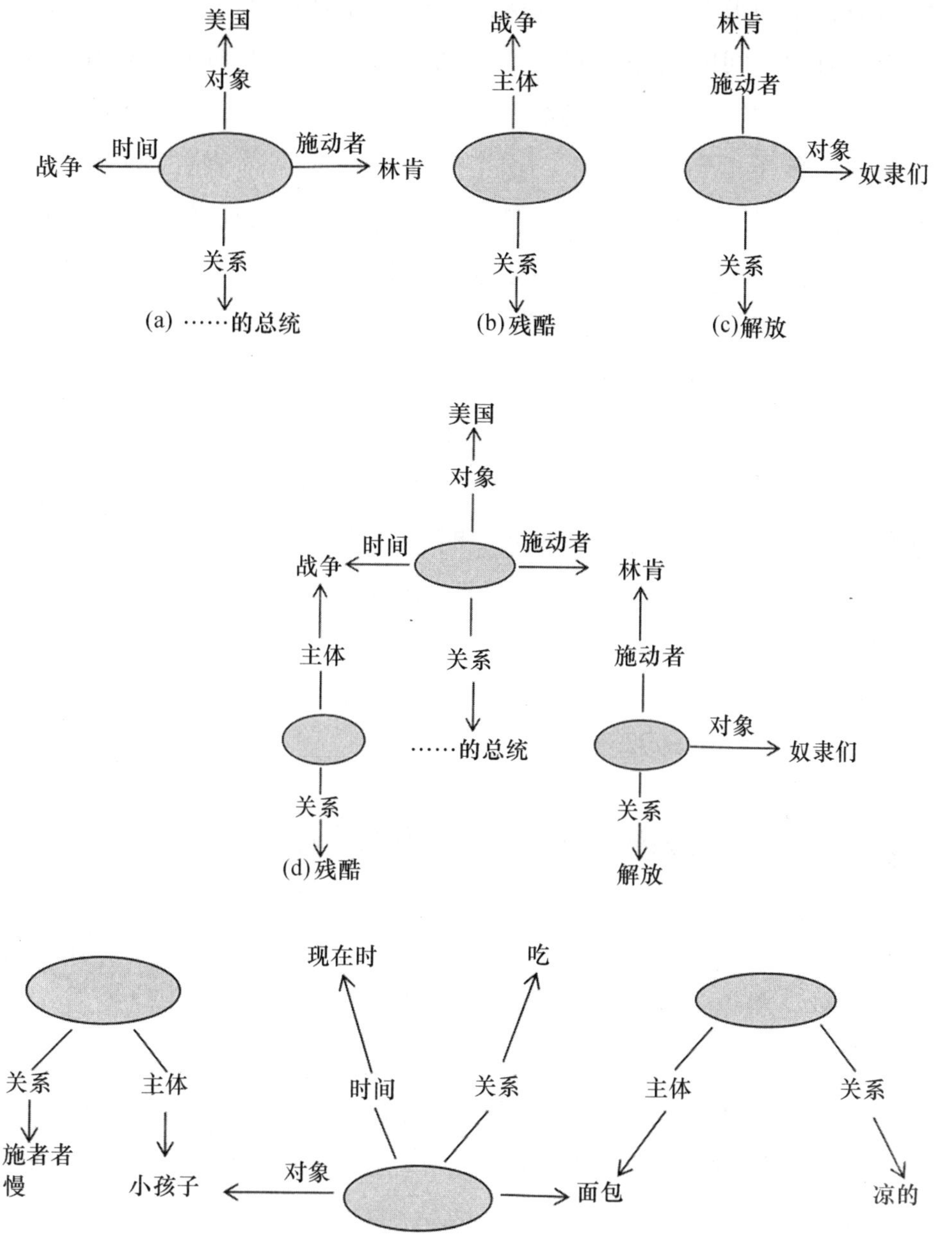

第六章 认知科学研究阐释的意象

图 6-2 句子"动作慢的小孩子吃的面包是凉的"的命题网络表征。韦斯伯格在一个实验中使用这样的句子来证明,命题网络中词的接近性比词在句子中物理位置的接近性更能影响人们的联想,进而影响记忆。

种网络连接的模型图示非常直观,而且,对于命题之间、概念之间、命题和概念之间的关系一目了然。认知心理学家韦斯伯格使用了限制联想任务的实验①。在实验中,被试学习并记忆这样的句子:"动作慢的小孩子面包是凉的"。这个句子的命题网络表征如图 6-2 所示。在学习过一个句子之后,被试要完成自由联想任务。在任务中,呈现给被试句子中的一个单词要求他们回答脑中浮现的第一个句子中的单词。给被试的线索词是"慢"时,他们几乎总是自由联想到"小孩子"而不会想到"面包"。尽管相比"小孩子","面包"在句子中的位置离"慢"更近。可是,如网络中所示,"慢"和"孩子"之间的距离比"慢"和"面包"之间的距离更近。类似地,给被试的线索词是"面包"时,他们几乎总是回忆起"凉"而不是"慢",尽管在句子中面包和慢比"面包"和"凉"的距离更近。

二、语义网络模型

通过意象,知识的类别化组织强烈地影响着我们编码和记忆自身经验的方式。因而,类别在表达和交流中节省了大量的资源。我们通常会将概念知识进行编码,方便我们记忆和表达。因此语义网络表征就是将语义、事实、概念和提取时间之间建立一种关系,达到表征的目的。

奎利恩提出,人们将各种类别的信息(例如金丝雀、知更鸟、鱼等)储存在如图 6-3 的网络结构中。在图中,为表示类别之间的层次结构,录入"金丝雀是鸟,鸟是动物",我们用上述连接将这

---

① Weisberg, R. W., Alba, J. W, "An examination of the alleged role of 'fixation' in the solution of several insight problems", *Journal of Experimental Psychology*: *General*, 1981 (110), pp. 169–192.

两类节点连接起来。① 对某一类别为真的属性将与此类节点关联在一起。对高层次类别为真的属性，在所有低于它的类别中也为真。所以，由于动物会呼吸，因此鸟和金丝雀也都会呼吸。图6-3也可以表征特殊情况。例如，虽然大多数鸟都会飞，但是图中表明了鸵鸟不会飞。

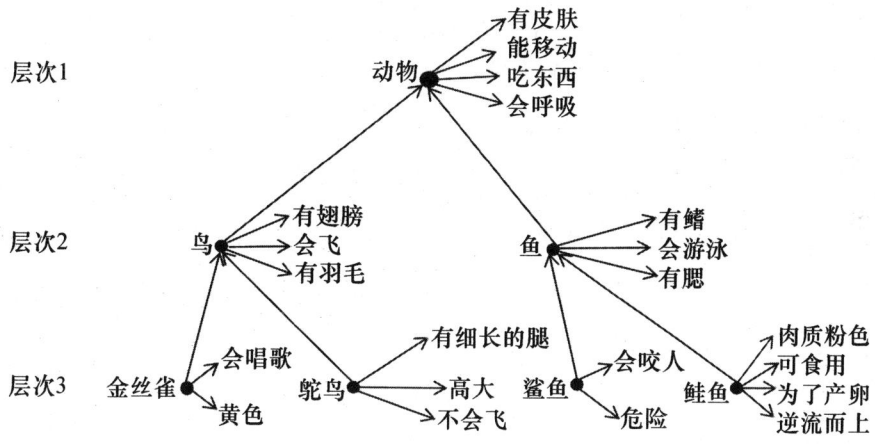

图6-3　以金丝雀为例，假设有三个层次的多层次记忆结构。奎利恩提出人们将各种类别信息储存在网络结构中。该图表示的是类别之间的多层次结构，例如金丝雀是一种鸟，而鸟是一种动物。对一个类别为真的属性关联于该类别。对高层次类别为真的属性对低层次类别也为真。

科斯林和奎利恩做了一个实验，通过让被试判断某些概念断言是否属实来考察这类网络的心理学真实性。② 例如：

1. 金丝雀会唱歌。
2. 金丝雀有羽毛。

---

① Collins, A. M., Quillian, M. R., "Does category size affect categorisation time", *Journal of Verbal Learning & Verbal Behavior*, 1970 (9), pp. 432–438.
② Collins, A. M., Quillian, M. R., "Does category size affect categorisation time", *Journal of Verbal Learning & Verbal Behavior*, 1970 (9), pp. 432–438.

3. 金丝雀有皮肤。

　　被试还会看到一些假的断言，例如"苹果有羽毛"。他们的任务是判断一个陈述为真还是为假，并通过按键做反应。记录句子呈现到按键反应之间的时间。

　　如果被试对这些类别的知识表征如图 6-3 所示，那么他们将如何回答这些问题呢？确认句子 1 的信息直接储存在"金丝雀"这个节点中，而句子 2 却没有直接储存在"金丝雀"节点中。可以看到，"有羽毛"的属性存在于"鸟"的节点中，因此句子 2 可以由存储的事实"金丝雀是鸟"和"鸟有羽毛"推论出。句子 3 也不直接储存在"金丝雀"中，谓语"有皮肤"储存在"动物"中。因此句子 3 可以由"金丝雀是鸟""鸟是动物"以及"动物有皮肤"推论出来。这样，判断句子 1 需要的所有信息都与"金丝雀"储存在一起；而对句子 2 来说，被试需要横贯一个连接，从"金丝雀"到"鸟"，才能提取到所需要的信息；对句子 3 来说，他们要横贯两个连接，从"金丝雀"到"动物"。

　　如果我们的类别知识的结构如图 6-3 所示，那么我们就可以预期被试对句子 1 的判断要快于句子 2，对句子 2 的判断要快于句子 3，而这正是科林斯和奎利恩所发现的结果。被试在判断句子 1 那样的句子时所需的平均反应时间为 1310 毫秒；判断句子 2 那样的句子所需的平均反应时间为 1380 毫秒；而判断句子 3 那样的句子所需的平均反应时间为 1470 毫秒。后续的关于概念类别属性意象的表征过程的研究表明，一个事实被经历的频繁程度会显著地影响人们从记忆中提取它的时间。有些事实，例如"苹果是可以吃的"，它的谓词可能是储存在一个中间层次的概念，比如可以放到"食品"里，但是却是经常经验到的事实。确认它们所花的时间，可以等于甚至快于另外一些肯定是直接储存在"苹果"概念中的事实，比方说，

"苹果有黑色的种子"。如果关于一个概念的事实被经历得非常频繁，它似乎就会储存在这个概念中，即使它也可以由更一般的概念推论出来。

我们之所以能够进行语义的记忆，是因为我们可以通过意象将彼此独立的信息联系起来，形成个体能够接受的概念，融入已有的知识经验和记忆当中。如果说知识表征是概念之间联系的体现，那么意象就是连接各种概念的桥梁，甚至概念本身的形成也是意象表征的结果。既然意义记忆的效果远胜于机械训练的效果，那么语义记忆中事实的组织方式与提取时间也体现了个体意象能力的高低，于是：

1. 如果频繁经历到概念的某个事实，它就会储存在这个概念中，即使它可以从更高层次的概念推论出来。

2. 概念的某个事实出现得越频繁，它与这个概念之间的联系就越紧密。事实与概念的联系越紧密，核实就越迅速。

3. 判断不直接储存在概念中的事实需要花费相对较长的时间。

因此，事实与概念之间联系的强度（由经历的频繁程度决定）和它们在语义网络上的距离都影响提取时间。当一个属性不直接储存在某个概念中时，人们可以通过更高层次的概念来提取它。

第六节　小　结

意象是不可观察的现象，作为认知科学的核心概念，它具备了可以以认知的视角来分析的特征：1. 这个现象具有相对的规律性；2. 意象的表征能产生可观察现象的不可观察机制的模型系统。于是，关于意象的认知科学研究在以下三方面的基础上展开：其一，对意象进行分类的概念系统，定义了其类型和种类；其二，"意象是信息的一种表征方式"这样一个基本概念源,成为之后网络模型、计算网络模型、多水平模型等的前提和基本创建假设,以此表征能产生意象现象的不可观察程序;其三,分类系统也好,模型指令也罢,它们被连贯的完善系统所连接,进而达到解释意象产生过程的目的。

布鲁纳以"窥视孔"(Judas eye)[①]实验证明,我们的认知有超过事物本身的东西,在认知活动中一个人必须具有关于要被感知事物的一些先备知识。也就是说,我们能知觉的比我们能感觉的东西要多很多,人的主观能动性决定了我们对感觉东西的接纳程度。所以,我们对一个事物的认识不是一对一的反映关系,而是对该事物的意象的象征物的一种觉知,这个象征物超出了事物本身的很多东西。意象之物既是反映的原型,又是认知思维的产物,意象成为一种表现手段。

意象的建构性是对现实生活的缺失的塑造过程;或者是一种表达的缺失,需要借助一种可以连贯的相似性来代替;抑或是我们抵达某种目的不能够完善的一种补充;又或者是对原理不满的一种修正。意象始于摹仿的非完善性——我们需要把一些事物说清楚,可是又苦于没有足够的现实证据,尤其是物证,那么借助意象就可以实现这样的目标。我们这样做不需要做到多么精确,只需要把这种

[①] "窥视孔"实验:布鲁纳第一有效实验是在知觉识别和将被感知事物的评价之间的交互作用。10岁的学生将"调节一块光圈的大小,使它分别与5分镍币、1角硬币、2角5分硬币和一个5角硬币大小相配。被试一般来自波士顿富裕地区的学校;另一半来自城市的贫民区。结果发现,硬币的面值越高,对其尺寸大小的过高估计值就越大。而且较贫穷的孩子比较富有的孩子更多地作更高的估计。布鲁纳第二个有效实验是被试根据联想来辨认词汇的相对速度(或快、或慢或平均),迅速地把18个预先选定的单词中的一个呈现给被试,被试必须说出显示的是哪个词。一般来说,辨认一个词所花的时间与提供联想的时间有关。然而,当这些词以某种方式带有恐吓性时,随着缓慢的联想反应,它们比平均更快或更慢地被辨认出来。通常,带有攻击性和情绪性色彩的词要比中性的和不让人讨厌的词更快或更慢地被辨认出来。布鲁纳认为,产生这样结果的原因是词的意义已经被掌握,而且在它有意识地被感知之前已经被作为带有情绪涵义的或中性的词加以分类。(见[英]罗姆·哈瑞:《认知科学哲学导论》,魏屹东译,上海科技教育出版社2006年版,第99页。)

第六章 认知科学研究阐释的意象

思维渗透到他人的印象里即可。意象也成为人类把记忆从远古保存到今天的一种宝贵的思维方法。

意象与心理模仿在本质上具有同一性。模仿是一种选择和修正，模仿是偏离最小的最接近客观事物的。模仿的目的在于灵活选取，在事物中能产生特殊效果的那一部分。模仿需要图式，图式兼具理据性，甲事物不能也不是乙事物一对一的精确描写，只是一种近似值，但二者又不会相差太大，相差太大就失去了模仿的意义。二者的差异性决定了意象作为手段的一种张力，是获得特异的觉知。

意象是不可观察的认知过程。为了了解这个过程就需要适当的科学方法进行处理，必须设计出带有符号和图示的工作模型作为可能存在的认知过程似真的表征，而且模型要包含应用于这些现象产生的抽象或具体的机制。实在论的科学解释的要旨，特别是意象的生成机制模型是：尽管观察者无法感知意象的过程，但对意象所表征之物的产生还是必需的。显然，我们不是盲目地建立模型、形成假设、猜测结果或无拘无束地想象。我们是要用比较严密的似真模型，在必备条件的限制之下，依据这些条件所设想的性质更符合表达人们对世界认识的信念而建构的。

意象不仅是不可观察的过程，有时它的产生是无意识的。意象存在着类似推理、分类和评价的东西，比如我们不自觉地将"面相凶恶"的人归为"讨厌的人"或"坏人"，但感知主体并没有意识到我们如何产生了这样的厌恶之情。那么问题也随之而来：意象预先假定了哪一类的形而上学？意象过程分享了哪种类型的存在？神经心理学可以有效地解释意象过程吗？如果我们无法用简单的唯物主义说清楚这个"隐"的过程，那么包含意义的意象该如何断定？反观哲学层面，笛卡尔的二元论思想的确帮助我们在精神实体的世界里寻找着答案，但是，我们不得不承认，意象不是生物物理学和生物化学语言描述的过程，它显然超越了这些，隐含的思维、意向性和经验都突破了这个窠臼。

使用模型解释认知过程需要两个步骤。我们需要获得一种有意义情形的抽象表征，以及通过在这种情形中思考的有意义产品的一种抽象表征。之后，模型的结构中要体现出预先假定的思维能够运行的一种抽象表征。所有的这些表征必须是动态的理解，是思维过程的显性表达。不可观察的意象过程是从一个确定的来源中建构的抽象的人工智能计算，模型帮助了意象任务的完成。神经过程本身并无意义，但有一个显示意向性和意义的结果。

意象是精神机制的一种，我们缺乏一个恰当的隐喻来表达它在认知中的作用。想要很好地解释意象必须考虑保留认知机制的实质性，这一机制以模型的物质实现。还必须考虑人类能动作用的不可消除性。因此，我们在认知模型的框架内试图给意象下一个定义：**意象是带有主体意向性和内存经验的信息表征方式，是对客观存在的反映与再建构的精神机制，是依赖于大脑神经结构的不可观察的存在。**

关于意象表征的模型有很多种：基于神经元的网络模型、基于视觉和听觉的多水平模型、视知觉理论的表象计算模型等等。我们综合上述模型的特点及从认知角度对意象的分类，提出了"**意象的认知表征模型**"（如图6-4）。

意象的生成首先来自于外界信息的刺激，刺激的信息经由通道的特异性分别进入不同的大脑区域进行编码后的加工和处理，进而形成图像、符号、概念、逻辑关系等，这一生成的过程在空间上是平行的，在时间上是同时性的，分别形成了感觉意象、言语意象、情绪意象和运动意象。感觉意象中主要形成的是视觉意象和听觉意象，前者是直接形成了图像，后者则是将听觉信息转换成了图像、符号或言语信息，这是个间接的过程。言语意象是将言语信息转换成图像、符号或形成概念，这也是一个间接的过程。情绪意象是感

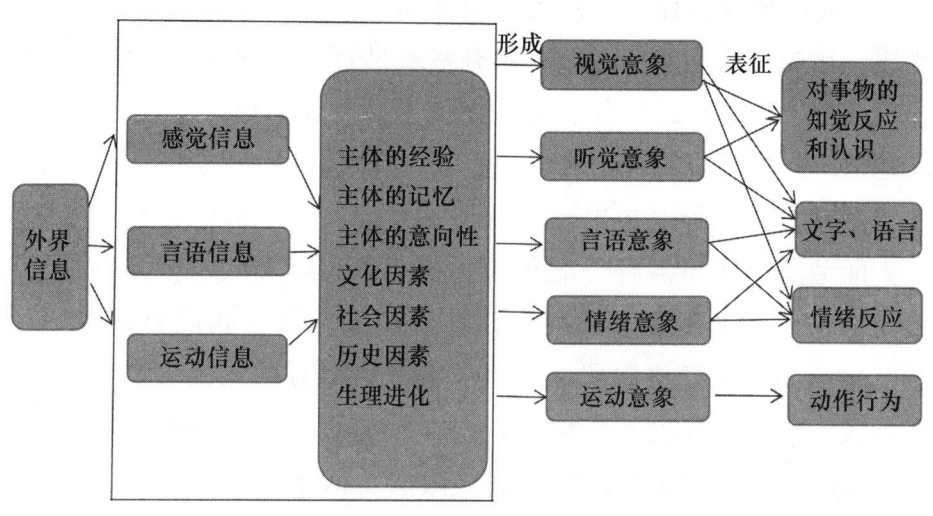

图 6-4　意象的认知表征模型

觉信息或言语信息在生理机制共同的作用下，生成了情绪意象，这个过程是间接和复杂的。运动意象是大脑接受信息后，信息到达中枢神经，中枢神经直接发出指令，形成动作，这是个直接的过程。

在各种意象的生成过程中，主体在神经生理进化的基础上，无意识地融合了自身的经验、记忆和意向性，兼具了文化、社会、历史因素，分别表征出了对事物的知觉反应和认识、文字和语言（并进一步形成文学和艺术作品）、情绪反应和动作行为。表征出的内容或是独立信息的表征结果，或是综合信息表征的结果，比方说文学和艺术作品，就是情感、情绪信息、言语信息、视觉信息等共同作用的结果。意象的表征，因为通道的特异性，内部的信息加工是相对独立的，但除此之外，彼此间是相互联系、交互作用的，最终形成多样、模糊、丰富、生动的意象表征内容。意象表征的过程是人作为主体不断适应外部物理环境进化的结果，意象的存在帮助人们不断地以已知认识未知，用已知创造新的事物，使物理世界不断地生成新的东西和内容，是世界纷繁复杂的"始作俑者"。

意象的形成过程不仅是有意识地加工过程，同时也是无意识地生成，比如视觉意象和动作意象有些就是直接生成的。一般能够直接生成的，都或多或少存在无意识加工。更确切地说，这是主体不断地适应外界环境的进化的结果。

意象表征之所以会出现无意识的情况，一方面是进化的结果，一方面又是"认知吝啬"的作用。我们的大脑输入了太多的信息，要将信息一一处理是非常耗费认知资源的，那么我们会采用"注意"的认知加工初级阶段，去粗取精，选择有用的信息进行加工，在形成意象的时候也不会精确到"一板一眼"，而是形成大概图像或大致记住文字的主要内容，然后做出看似不太"精确"的决定。这样看来，意象的加工不仅是主体决策的主要手段，也是节约大脑资源的主要方法。我们不需要太过准确的计算，我们需要的只是尽快认识外部世界，尽快做出决定，尽快记住一些事情。总的来讲，意象表征过程看似简单、"吝啬"，实则复杂、繁冗，它将空间、时间上的不连续性整合为一个相对完整的过程，帮助人们实现对外部物理世界的认识和再创造。

关于意象表征的问题不仅是认知科学、心理学和哲学需要思考和研究的问题，在其他学科同样存在对"心理表征"这个问题的审视。我们无法通过科学的实验得知我们为什么会"有创造性的想法"，因为我们似乎真的就具备了这样的能力。但是创造性是如何在大脑中诞生的？其过程是什么？这些都是同意识、意象一样的不可观察的心理现象，模型的方法固然有其合理性，但是想要解释清楚这些现象将是以后讨论研究的重点。

第七章　文学、艺术中的意象

意象是主体借助语言符号对感知觉信息和经验的一种表征形式。我们一般认为，语言是服务于某一目的的，或者说，其本质功能之一是表征事物，使语言自身与其所表征事物的结构能够完美吻合。语言又因为意象的表征使其自在自为的自然性臣服于事物的相互关系之中，并使之具有非空间性，而且也必将永远会有这种特性。意象让语言成为联结两事物关系之间的桥梁并相互指涉关系，但又不同于事物之间的相邻性或亲缘性关系。于是，我们似乎可以这样认为，因为意象的存在，语言具有了一种独立于事物的结构；因为语言，意象可以把各种事物联系起来并逐渐将它们完全等同起来，这些事物也被不自觉地冠以名称，经过我们的大脑进入语言系统，进而被概念化处理并以替代方式保存在表征之中。

主体可以用语言记录感知觉，并表达为意象观念。有一种说法是：语言是事实的辩证外衣。[①] 也就是说，事物与意义二元之间的替代关系是语言可以广泛运用的前提；意象既是一种修辞手段也是一种认知的模式。事物与意义之间不是适应范围问题，而是一个对意象功能、性质和结构的深层探索的问题。意象之惑不在于事物与意

---

① ［美］乔治·桑塔亚纳：《艺术中的理性》，张旭春译，北京大学出版社2014年版，第75—76页。

义在思维中的复杂性,而是我们需要说清楚客观存在的事物或现象,借助了意象的想象和创造性功能用另一个事物含混隐匿了我们的真正意图却又很好地表达了这个意图。这个过程就造成了文学的复杂、曲折和生动、形象的特点。

话语中用来表征某一事物的词,必定是构成事物之语境的一部分,因为如果我们只有语言,而不能发音说话(哑巴状态),那么只有通过图像才能交流,意象的内容将直接产生于存在于人们头脑中的观念和身体中随之产生的习惯性反应之间。语言赋予人们的不是一种特殊的辨认能力或行动能力,而是思想交换的媒介。语词的附着性、可分离性以及在语音中容易比较和灵活操控,使它能够发挥普遍意义的功能。

语言因其表征性、指义性和附着性、可分离性等特性,使它确确实实扮演了媒介的角色,语言在一定程度上具有了透明性和对外在现实的部分指涉性。但同时,在其对外在现实的表达中,要为外在现实赋予它本身所不具有的、与语言相亲和的关系。比如文学作品中的双关语。双关语是语言的含混性被用来暗示那些原本不可替代的思想。在一定程度上,语言通过某种方式将其主题从真正的语境中强行抽取出来,然后将其放置在一个重建的二级世界中,即逻辑和反思的世界。人类的思想进步经历了用想象来构建世界的诗性阶段,即便在随后的科学阶段,人们依旧以意象的世界进行探究。

第一节 中国诗词中的泛化意象

文学是语言的一种表现形式,文学作品中的文字是具有意义的符号或象征。文学属于语义学范畴,具有康德所说的先验范畴的功能。文学语言是文字语言,文字语言的使用是象征性的,常以隐喻

第七章 文学、艺术中的意象

来代替，尤其在诗词、诗歌中表现得更为明显。

事物与词语，是物象与语言的互换，是本体与喻体之间、符号和意义之间、词语与释义之间的二元互代关系，二者之间相互渗透又彼此区别的关系都蕴含了思维意象的作用。这表明，我们在认识事物的时候是存在着先在知识的觉知的。因为精神实体不存在于语词之中而存在于人们运用言语的头脑之中，我们的意象思维过程可以转换为各种言语和图示。这些言语和图示以各种各样的面貌反复持续地出现在文学艺术领域中，人类因为个体的差异所产生的各种各样的意象表征之物使得我们以为这只是一种修辞手法，而忽略了它作为认知活动的最初特征。

中国古诗词文学的范畴中，意象是"意中之象"或"心中所构之象"。早在《周易》中，"观物取象"和"圣人立象以尽意"[①]就表明了"意"与"象"的辩证关系，以及"象"来源于认识又高于认识的特点。意象是主体情感、情绪、情态与外界实物、环境的一种融合产物和表征过程，它具有模糊性、非严谨性、不确定性、创造性、意向性、情境性等非常独特的特点。

泛化意象，顾名思义就是将本来描写的对象，对其描述的过程增添了原本不属于该对象特征的东西，或增加了细节，或增加了象征性的东西，或增加了作者的情感，等等，使之在原有物象特征的基础上融入了更加生动和形象的东西，让描写的对象更具体、更灵动、更有血有肉。意象本身是感、情、意和具体物象结合的东西，泛化意象是将其更扩展、更延伸、更形象、更具情感地表征。意象因其特点被分为四种：仿象、兴象、喻象、抽象。**仿象**是指主体通过摹仿客体对象的外形、神态、形状而创造出的新形象，其外部形态与原客体对象几乎雷同，甚至达到神似，使真正的客体甘于其后，

---

① 参见高亨：《周易大传今注》，清华大学出版社2010年版，第115—117页。

就像我们现在的蜡像。**兴象**是主体借助客体对象（真实的物象），筑自己的情感于其中，并将自己的想象赋予其上，从而形成一种带有饱满情绪和情意的画面，形成意象世界，这个世界是主体情感、联想，客体重塑、活现的象。我们在这里主要讨论的就是兴象，即通过唐诗宋词来理解主体意象之情。**喻象**是主体在客观世界摄取物象，赋予其一定的主观想象，使新生成的象带有一种象征意义，这是一种带有人工痕迹的意象。第四种是**抽象**，指创造主体将一些具体的、具有相似形态和内容的客体经过自己的认知加工，提炼、升华成带有共同特征和性质的形式符号（比如水果、家具、动物等），舍弃原先的具体物象而生成的意象，多半在文学和艺术作品中出现。

因唐诗宋词更具兴象的品质，故此处我们以唐诗宋词来理解主体意象之情的表达。比如边塞诗人王昌龄在《芙蓉楼送辛渐》中写道："寒雨连江夜入吴，平明送客楚山孤。洛阳亲友如相问，一片冰心在玉壶。"这首诗描写了作者等人在寒雨淋漓的夜晚渡江进入吴地，至天亮时，作者与送行的客人即将分别，这样凄凉的心情，看着远处的楚山就好似现在的自己，孤孤单单。尤其这首诗第二句乃千古流传表明真情实意的句子：临别前，我嘱咐我的朋友，繁华之地——洛阳的朋友如若问起我的情况，那么请告诉他们，我的心一如既往地像放在玉壶里的冰心一般纯洁。这首诗表达了诗人的离情别绪以及高风亮节的品质。王昌龄并不写实际物象来描绘秋景，而是以听觉和想象来间接表达满江烟雨的凄凉之感，从而用浩大的气魄烘托了一种开阔的意境。"一片冰心在玉壶"则不仅表达了对友人的情意，更抒发了自己坚持操守的信念。故而，屹立的楚山与置于壶中的冰心在对比之间形成一种意象之境的呼应，不禁使诗人孤介傲岸、冰清玉洁的形象呈现于读者（即接受者），也将雨中明澈的意境与之浑然天成，不留痕迹且含蓄蕴藉，回味无穷。

再比如王昌龄的《出塞诗》："秦时明月汉时关，万里长征人未还。但使龙城飞将在，不教胡马度阴山。"诗中第一句表述了战事的地址在边塞"秦月、汉关"，但是战事给人民带来深重的灾难——"人未还"。渴望像"李广"一样的将军能够再次出现以赶走外族（胡马）的进犯。诗人怀揣悲壮却并不凄凉、绝望，满腹慷慨而不显露。

王昌龄的诗充分体现了"兴象"的特点：以主体的客观世界的物象为引导，比如寒雨、楚山、秦月、汉关等都是以物寄托其意，表达其情，并非着重写物，而实则表情。上述两首诗的后半句才为诗的精神的绽放，也成为千古名句："一片冰心在玉壶""不教胡马度阴山"。这是情感的激发所至，亦是联想后意象世界唤起的契机，由此形成诗人独特的兴象。

再比如，宋代词人苏轼以其诗词题材广泛、清新豪健、善用夸张比喻而自成一派。其中有一首记梦词《江城子》表达了诗人一种郁郁不得志、孤独苦闷的心情。他写道："十年生死两茫茫，不思量，自难忘。千里孤坟，无处话凄凉。纵使相逢应不识，尘满面，鬓如霜。夜来幽梦忽还乡，小轩窗，正梳妆。相顾无言，惟有泪千行。"这是苏轼因梦见早逝的爱妻，而写下的悼妻词。意象有一种功能就是可以想象、追忆，因为意象的对象不在眼前，只在头脑中出现，因此，这种追忆式的文字在文学作品中就充分体现了作者以当下背景、睹物思情、睹物思人的情怀。结合苏轼在当时的状况是：反对王安石变法，被不断地贬谪、流放，其压抑之情、愤懑的心境以记梦的方式宣泄出来，使读者（接受者）也能感受到其深深的悲恸和痴情苦心。

诗词中的意象发挥了"移用"的作用，即把属于某一类事物的名词借来转义、寓意、讽刺另一类事物。也就是说，用甲事物代表乙事物，二者之间有拼贴和类比的关系。于是，意象成为一种庞大的修辞术，它不断地被隐喻，变成了象征物，河流、山川、战场、洞穴等都会变成象征之物。从精神分析的角度看，人类的一切行为和语言都是个体深层心理的潜意识的表征，那么我们可以这样认为，诗人的诗句表达的都是其持久坚持的信仰、观念和思想。用象征之物代替另一事物，搭建起了诗人主体对现实的想象，它富含意义，内嵌相似性和近景性，这是事物之间连贯关系的表现。

第二节 中国小说中的"梦"中意象

梦与现实生活紧密相连，现代医学证明，人们在睡眠时因体内各种刺激因素作用于大脑特定的皮层以及残留在大脑中的兴奋痕迹联合作用而形成。这些刺激包括视觉的、听觉的、运动觉的、触觉的以及生理、心理、病理等各种内外相关因素，激发并形成每个人特有的梦境。梦主要发生在快波睡眠期，兴奋的细胞群因彼此间正常的联系无法进行，就导致了我们的梦境离奇古怪甚至不可思议。

梦境的形成与外界环境的刺激息息相关，也与主体的身体状况密不可分。白天外部环境的刺激，使得我们对一些事物、事情形成想法和思维，以图像的形式保存在大脑中，导致部分细胞一直处于工作的兴奋状态中；进而在夜晚入睡后，又以图像的形式出现，于是以非正常的细胞间关联而形成了光怪陆离的梦境。甚至有研究发现，睡梦中人们的知觉反应也会发生意想不到的梦境表现。比如，如果在睡眠时往胸中放一块轻微的小东西，睡眠中的人就会梦到巨石压身；如果在睡眠时闻到花香或其他香味（香水的味道），那么，就会梦见自己身处百花或花园之中；如果将冰凉的东西置于额头，那么就会梦到严寒的冬天；如果梦到狗咬腿，醒来时仍隐隐作痛，那么可能会患有腿部疾病（经后来诊断可以证实）。一般来讲，白天身体焦躁不安、疲劳或无精打采，晚上就会多梦易醒。这是由于有上述情况的人其大脑皮层相应部位的神经细胞一直处于过度兴奋的状态,而睡眠时难以抑制这种兴奋,导致其继续活跃,从而引发多梦。

梦境作为意象的一种表征方式,也具有模糊性、粗糙性,甚至错误性和离奇性的特点,人们常常会梦到从未谋面的人、过去曾经经历的事情与现在的事情异常地相关联的场景以混乱的形式出现。于是人们将这些怪诞的梦境记录下来,加以夸张的文学手法,叙写了关于"梦"的相关文学作品,比如清代小说《聊斋志异》。

清代小说家蒲松龄的小说《聊斋志异》,其中有很多篇是描写关于梦境的。因为梦境的虚拟性和社会背景反映的现实性,以此种方式呈现的文学作品就具有民间的可接受性,其丰富的、可被群众接受的思想基础,使得作品能够被广泛认同,是意象对现实的表征与再现、意识与潜意识的有效融合,因而成为文化心理的产物。

其次,作者以梦抒情与唐宋诗词的直抒胸臆有异曲同工之处。多愁善感的文人易写诗词,易做梦,而这些梦境往往为创作主体提供了纷繁复杂的意象材料。这些材料不受时间、空间的限制,超时空、逾生死,天马行空地寄寓了人的真实情感,以虚拟的方式表露着作者的信念、欲望和理想,同时也是用一种独特的表征手法反映人的情绪状态和情感历程。古代这样多愁善感的文人多数是失意者,就像前述的王昌龄和苏东坡,他们以文寄情,以象寄意,以"梦"喻实,以离奇表达诉求。

主体可以将丰富多彩的意象资料加以整合、重组,依托梦的形式来表达其深刻的思想体悟和感慨。由于不受时空限制,梦者可以与古人切磋,可以与陌生人对谈。例如,蒲松龄在《续黄粱》故事末尾写道:"福善祸淫,天之常道。是时方寸中,宫室妻妾,无所不有。然而梦固为妄,想亦非真。彼以虚作,神以幻报。黄粱将熟,此梦在所必有,当以附之邯郸之后。"以黄粱之梦反映当时腐败的官场，民不聊生、百姓凄苦，即使今日之人来读，也能够引起深刻的反思。而且，用"梦"的方式可以乔装改扮，将梦中情景和人物以隐匿的方式加以呈现，更形象、具体、生动地刻画了人物的形象，反映了当时的社会现状。就像蒲松龄在《梦狼》中的虎狼世界，既是现实的乔扮，又是本质的现实。梦境是含蓄委婉、生动灵活、犀利讽刺并存的和谐统一体。从某种程度上讲，这是对意象的绝佳应用，将其特性、功能发挥得淋漓尽致。

意象具有创造性的功能，而梦境的发挥之处在于其预设性。因为做梦的时长具有非确定性，可能漫漫长夜一夜无梦，也可能短短打盹时间梦境离奇曲折，或大梦不醒，缠绕不去；或乍现即逝，再觅无处。因此，作者可以借梦自由创作，挥之即去。于是，蒲松龄运用这种"自由"，以梦的语言设伏，制造冲突、转移矛盾，《聊斋志异》中的诸多篇章都是作者以梦大胆预设的故事，但情节环环相扣、引人入胜。

明代思想家王廷相认为："梦，思也，缘也，感心之迹也。"梦是一种主观体验，它是人在睡眠时产生想象的影像、声音或感觉，是潜意识的作用，非有意的行为。因为在睡眠状态下，脑部部分区域、大多数器官、组织处于休眠状态，梦中的意象资料得不到比较、修正、补充，因而整个意象过程信息混乱无序、漏洞百出、荒诞离奇，这不仅构成了梦的特性，也反映了意象的"准思维"的非严谨性、非可信性和非周密性的特点。

无论是"观物取象"还是"梦境小说"，中国哲学的意象观都非常注重道德伦理，强调"天人合一"。哲学家们并不崇拜或宣扬"自然"物理环境的神秘，而是将这种外部世界和人的主观意象及意向相结合，形成了区别于西方哲学的"现象现而不实"的以人本为主的意象观。他们并不将意象理解为一种"空幻"，而是将意象作为主体理解外物世界的工具，即将外物世界当作主体的一部分来看待，于是，就形成了"主体与现象"合二为一的哲学观和意象观。又因为其强调伦理道德，因此，在中国哲学家的观点里都会有人性论渗透于其中，这是东方哲学的一大特点——与价值观紧密相连。

用意象的象征之物代替真实形象，暗示出事物所具有的普遍意义。真实形象和意象的形象都是形象，用仿真替代了真实，是社会、文化、心理、政治、影像、信息和媒介等一个综合形象的符号产生过程，其所代表的真实形象的本质没有发生实质性变化，但是却变成了更为复杂和标签更为明显的东西。以此，意象的形象是历史的产物，是社会形态和社会制度的反映，主体或文学作品的作者将其思想和生活寄托在这个符号象征的物象之中。中国古代的表象意涵的形式限于情与景、汇成意与象，含蓄表达了意蕴。中国的意象以物观物，讲究事物与事物之间的贴合与类比，是广义的象征，而深刻的寓意式写作则是事物与意义之间的联系、渗透、映射、矛盾和张力，写出了另一番精神世界。

第三节　外国文学中的以物托象

这里"以物托象"中的"物"特指动物，我们在这里重点讨论的是外国文学作品中的"动物"所隐喻的现象。通常，文学作品中的"意"是意念，哲理性观念或一种辩证的思考；"象"则赋予在某物之上，所以，这是一种哲理性的至境意象。作者通常用一种抽象思维将其思考或情感寄托在对某种物件或动物的具象上，将深刻的涵义渗透于文字之中。

以十九世纪法国著名的诗人波德莱尔的《鹅》为例。

意象哲学

> 一只从笼中逃出的天鹅，把嘴伸向一条干涸的小溪。它心里怀念着故乡美丽的湖泊，说道："水啊，你何时才流？雷啊，你何时才响？这不幸的怪物几次伸长抽搐的脖子，望着无情的天空，向上帝吐出它的诅咒。"①

这里的天鹅被赋予了一种悲情的色彩，尽管它逃出了囹圄，但又陷入了新的困境，似乎苦难一直如影相随，天地之大，竟无容身之地！它无助地哀嚎与诅咒，是无奈之举，更是一种控诉！显然，这是作者波德莱尔本人苦闷心情的一种表达，他用天鹅向上帝发出的诅咒，他满腔的对现实的思想枷锁的不满得不到宣泄，于是渴望以这样的物、这样的语言来寻求心理的平衡。

又比如英国著名作家哈代的小说《苔丝》。在作品中作者以鸟为意象来诠释主题刻画人物命运。

> 在每一阵风中，她都听到了悦耳的声音；在每一声鸟儿的鸣唱中，她都悟出了快乐的音符。
>
> 唯有一只嗓音粗哑的声音，从河边丛中用悲哀、板滞的声音向她问候，那声音好似断交的故友似的。②

鸟儿的每一声啼啭、飞翔、鸣叫，鸟儿的命运都映衬着主人公彼时的处境与心境以及心理状态的变化。悦耳则快乐，粗哑则悲伤；鸟儿悲鸣，则苔丝陷入苦境；鸟儿欢叫，则苔丝单纯快乐。世间多难，鸟儿悲惨；世人伪善，苔丝多难；世间薄情，苔丝受尽磨难。淳朴的苔丝本来是无忧无虑的少女，但是却受尽了摧残和折磨，这是时代和制度对人性的摧残和践踏。

---

① 伍蠡甫：《现代西方文选论》，上海译文出版社1983年版，第27页。
② 参见[英]哈代：《苔丝》，吴笛译，浙江文艺出版社1991年版，第49—56页。

第七章 文学、艺术中的意象

文学作品中的"物"和"形象"实际上是"意"的载体。奥地利诗人赖内·马利亚·里尔克以直觉形式象征人生和表达自己的情感。他在作品《豹》中讲述了巴黎动物园的一只豹子。

> 它的目光被那走不完的铁栏缠绕得这般疲惫,什么都不能收留,它好像只有千条的铁栏杆,铁栏杆后面没有宇宙,强韧的脚步迈着柔软的步容,步容在极小的圈中旋转,仿佛围绕一个中心,在中心,一个伟大的意志昏眩……①

这只豹被千万条栏杆困于其中,无奈地徘徊,无奈的心境,折磨耗尽地翻出图圈的斗志都被生存处境的凄楚所充斥,再也不能驰骋于辽阔的世界,再也不能领略多姿多彩的世界。这只豹迷茫、困惑、苦闷、意志逐渐消沉。这种借助客观、冷峻世界抽象的观念的种种意象,通通以作者哲理式的主观经验表达出来,反映了它那种顺从、颓废的意愿发泄和想要摆脱困境的急切愿望。作者里尔克在现实里期望寻找一个安全自由之地,怎奈孤寂的灵魂找不到可以寄托的家园,于是他苦苦地挣扎、冥想。里尔克很好地运用"豹"这个物象验证了哲学的存在主义,即有机体并非机械地对刺激作出反应,而是有意识地控制着感觉——存在先于本质。

文学的语言是一种话语与实用性无关且直接被使用的一种境况。一种语词或一种话语,必定是在一定的语境下产生,在具体的状态下,由一个具体的主体为了表达自己的感知觉经验或情感而被使用。主体凭借自己的经验来理解它所看到的、听到的、触摸到的东西,并把这种感知觉以语言符号或图像储存在大脑中,将其思想的语言形式传递给其他人,达到了主体本身感知觉意象的表

---

① 转引自袁可嘉等选编:《外国现代派作品选》第一册(上),冯至译,上海文艺出版社1980年版,第77页。

征。这种表征可能会发生实质性的内涵变异，也可能会真实地再现"变化的事实"，但这些都只是文字形式的意象呈现罢了。

将现实世界转换成思想观念是文学的功能。科学试图揭示存在的隐秘结构，即尽可能地将具体世界还原为可以辨识的、简单的物理实在。而文学拒斥任何与现实事物无关的、无助于言说事物之间关系的、毫无意义的华丽辞藻和繁复铺陈。但与此同时，文学又试图消化那个限定它的外在现实，将其转化为适合于心灵的理想性物质和质料。文学透过文字用一种戏剧化的眼光来审视世界——在这种眼光的处理下，原本彼此分离、毫无关系的事物被整合成为一些有机的、甚至是人格化的统一体；文学通过意象的表征和语言的工具将这些事物统摄起来，并将发生过某些作用的、偶然的、次要的事物或事件保存了下来。

文学的目的是为了更清楚地解释现实世界，通过想象将其本身的灵动性转化为更为贴切、更为具体的东西，并将主体的情感融入其中。主体的情感置于文学作品中，表明人的这种抽象思维不是鲁莽的冲动和无责任感的附加，因为主体有语言傍身，语言具有一定的象征性，因而文学的表达是自上而下的，是高尚的，意象表达给予了文学一种高尚的美，功用性则体现了道德价值。

文学从另一个侧面反映出人是有智慧的，即人总是以思想来构想和行动，不以洞察为己任的话语不具有认知性，缺乏认知性的话语则无法将其忽视或通过现实力量从粗鄙的外在性中拯救出来，因而也就不能将这些力量转化为理性生活的促进因素。[①] 语言的基本功能本来是机械地记录一些经验，它是经验的浓缩，意象赋予语言表征一种新的、具体的价值——在表征前，客体不可能拥有这种价值。

---

① [美]乔治·桑塔亚纳：《艺术中的理性》，张旭春译，北京大学出版社2014年版，第115—118页。参考原文：Discourse that absolved itself from that observant duty would not be cognitive; and in failing to be cognitive it would fail to redeem the practical forces it ignored from their bruteexternality, and to make them tributary to the Life of Reason.

豹并不绝望，绝望的是作者的心境；鹅向上帝诅咒，鸟儿的悲痛哀嚎等都是寄托了作者价值观和情感的动物或事件，表明意象本身成为一种表达的媒介，它浓缩了存在，将其提升至一种综合、复杂的观念。这恰恰又是主体理性的过程，也即用反思的方式来理解事物的运动和发展的倾向，从而掌握事物的法则和目的。理性将意象这种表征性媒介引入生活，并对生活产生了影响。

语言以"善意"的失真拓展了主体认识世界的视阈；语言的隐喻和句法结构为主体提供了一个观察经验的视角。语言虽然未能真实表达其所言说的经验，但它将一种经验的意义与另一种经验联系在了一起。话语中，尤其是在文学作品中，物中所寄托的情感基本上是作者自己经验的一种转述，两种经验是被视为相同的、共同的积淀，因而其性质接近。这就是为什么我们能够清楚地记着这些特殊的文学形象，如若换成本初机械地记录和描述这些经验，那么就不会再有什么经典之作了！

事实上，文学透过意象将具体事件转化成为了一种思想。这一思想丰富且兼具了情感和价值判断。

第四节　意象与艺术作品

解释的逻辑及其相关的方法，用于显现某一语词、某一故事分别与其他语词、其他语句、其他故事的不同，它是作为一个自律的话语或一种语义体系的，也就是说，解释起到了一种关联的作用，这种关联性的发挥依赖于意象的机制。因为对于事物、事件或某种艺术作品的解释是一个揭示被解释的意义所拥有作为前提的象征意义在内的问题，换句话说，我们理应对字典中、叙述中的意义与象征意义的各自的性质及其他们之间的关系给予细致的分析。

一、非文字语言的解读

语言的模式是能够被发音或标记的文字语言。中文、拉丁文、法语等所有这些自然语言均属于文字语言的个例。所有文字语言自成一个体系，且在各自的体系中，由能够被分析的词汇组成。以这些词语为基本单位，构成一个语句或一种话语，从而生成一种意义。通过"花""是""美"等词汇，能够得出"花是美的"这一语句。此外，"花""是""美"这些知觉对象，作为单独的词语而拥有某种意义，同时，它们之所以能够被所有听或读这些语词的人们都以某种意义进行传达，其依据是社会的约定。换句话说，这些语词只有根据社会的约定，才有可能决定"花"和"美"这些事物的形态以及它们之间的逻辑关系。学习某种语言无非就是学习这样的约定。也就是说，这些语词只有根据社会的约定，才有可能决定"花"和"美"这些事物的形态以及它们之间的逻辑关系。学习某种语言无非就是学习这样的约定内容，即规则。我们对语句的理解、对文学作品的分析、对上述文字意义的阐释都是解释这些语言文字意义的过程，其前提是我们必须熟知关于这些文字和语句的句法关系及其所处的文化背景，否则，这些意义的解释将大相径庭或走向歧途。

以艺术作品为例，艺术作品也是以一种语言或一种话语作为前提的，我们认识某一作品，一定是通过语言的描述和形容来达到理解的。比方说，构成一件艺术作品的一些要素：色、线、形象、音或各项活动等，理应用多种词语或语句进行解释。然而，它们是如何被"美""亮""明快""优美"等词汇来分析的，且它们之间的关系又是如何用"山是壮美的"这样的语句来说明的呢？在一幅画中，我们能够辨认出人、山、河、太阳及其他事物，首先可以觉知这些具象的事物，并用词汇加以区分，即可以用语言对这些符号加以考察。当然,这些具象的事物与真实的事物之间是有区别的,并非完全一致。若它们的意义完全一致,那作为绘画或雕塑作品的表现的独立性将无从得到说明。不同艺术形式的独立性是无法否认的事实,这也许是承认了它们所显现的意义存在着差异。然而,"山"一词与以更人为的比拟"山"时,"山"的绘画是在最为自然的经验的层面上,我们无意识赋予了意象的功能。古代埃及及中国古代的文字多为"象形"文字,这一现象并非偶然,且这恰恰可以作为具象艺术作品的诸形象拥有文字功能的充分的证据。只具有表象功能的绘画或其他艺术作品中的形象与文字语言的区别在于,前者较后者不够抽象化或概念化,即带有不太确定的约定性,或者借用西方早期文化中的"共相"与"殊相"来解释的话,那么前者是"殊相",后者则是"共相"。当然,某种意义上来讲,艺术作品可能也是一种"共相"。

具象艺术作品是一种语言,仅凭它从视觉上所具有的、可认知的某种形象是无法给予充分说明的。之所以能够构成一幅画,是因为山、水、人物和那些形象的背景以及包括那些形象和背景在内的涵盖其整个作品的线条和色彩等等,这些观者可辨的所有形象都是知觉的对象。那么,所有这些东西也应当可以用某个词语、某语句进行分析和解读。在某种意义上,一条线、一个点、一种色彩并不停留在作为感觉事物的对象上,而在是否可以当作传达某种意义的词语或语句来理解这一问题尚未得到阐明之前,无法将具象艺术作品视为呈现一种语言或一个世界的话语。①

我们通常会认为,红色代表热烈,蓝色代表宁静,绿色代表生命;直线代表淳朴,曲线则意味着想象。其实,这只是我们对某种色彩、线条所赋予的特殊意义而已。色彩、线条并非文字符号,仅

---

① [韩]朴异汶:《艺术哲学》,郑姬善译,北京大学出版社2013年版,第124—125页。

凭其自身是无法获得任何形象的，但它们似乎拥有着一种语言的功能。不可否认，色彩和线条对于所有人来说，绝不是一致地象征着同一东西或履行同一种功能，表达同一种诉求。一条线、一种颜色虽然可以通达人类共同的意义，但由于文化或社会背景的差异，或者个体的不同人生经历，其语言功能的象征意义也必定不同。虽然一条线、一种颜色既非文字，也非形象，但却可以超越知觉对象，在某种语境中意味着什么且被使用着。某一事物被视为艺术作品，这意味着不能将其视为单纯的知觉对象，即感觉的事物，而视之为拥有能够传达某种意图的意义。遵循上述观点，艺术作品中的线、点、色等感觉对象，也有可能被理解为词语或语句。若这些都是事实，那这些要素也如同出现在绘画中的形象一样能够以一种语言来解读。

倘若能够将艺术作品的所有非具象要素与从中所发现的形象一样具有作为一种语言来被解读的可能性，那么，非但非文字艺术，甚至连完全排除具象性的抽象画或抽象的音乐等都能够以相同原理被当作语言来对待，并且那些语言的意义有可能得以解释。正如柴可夫斯基所秉持的：交响曲不只是和声、节奏和音调，它必须包含着语言的功能，表达着抽象的情感，比如"悲怆""命运""大海"等。即便有时音乐所传递的主题未能为听众所明晰，但是每一首乐曲、每一个音符都是音乐家某种意图的表达或表现，从这一点来讲，它突显了语言的功能。甚至像有些音乐家将嘈杂的都市声音或鸟鸣音录下来作为一种作品发表的时候，这些声音也并非单纯的物理现象，而是与认为这是一首曲子的作曲家的某种意图或想法具有关联。所以，无论是构成一幅抽象画的线、色、空间，还是构成一首曲子的音调、音色、音阶或节奏，均可能想象为组成文字艺术作品的语词或语句。虽然根据不同的文化和社会语境会存在着一些差异，但某一形态、某一颜色、某一声音或某一曲调往往分别象征着愤怒、热情、悲伤、喜悦、哀怨等。当然，颜色或声音分别象征着 X 或 Y 这种语言的约定，这远不如"黄色"或"鸟鸣"分别指称黄色或鸟鸣这样明确的概念表述。然而，在一个文化圈内或在某种特殊的语境中，某一颜色或某一声音在一定程度上意味着 X 或 Y。即便如此，这并非意味着颜色 C 或声音 S 总是意味或象征着同样的东西。同一种颜色和同一种声音，在作品 A 中有可能表象着 X，而在作品 B 中则有可能表现为 Y。

综上所述，非文字艺术作品只是使用不同的符号而已，它与艺术作品一样被视为一种语言，若不把它视为语言，也就无法将其看作艺术作品。然而，这一主张并不意味着必须承认非文字艺术作品必须是一种语言，它只是借助意象的功能，传达了作者的意图，传递了某些非文字所不能传递的信息。我们还可以这样认为，线条、颜色、音符、节奏等都是单个元素，是语言将其综合起来形成意象图景，从而表达了作者的意图，阐释了作品的真正内涵，这是个整体、整合的过程和结果，这是对艺术作品的真正逻辑解释。

二、文字语言的解读

倘若将绘画、音乐、雕塑等非文字艺术作品均视为语言，且能够将各自构成艺术作品的所有要素用语词或语句加以解释，那么，我们便可以说能够分别理解和解释其作品意义。然而，即便将非文字艺术作品的组成要素以语词 X、Y 或者语句 X、Y 来进行分析，且将其作品意义解释为 X、Y，这也并不意味着一件艺术作品的解释工作由此便结束了。此项工作无非就是一种对某一艺术作品解释问题的准备活动。其理由是，即便读懂了构成作为文字艺术作品的某一文学作品的所有语词或所有语句，也无法断定已理解了其作品意义。在文学作品的解释中，已经将上述语言的解读能力作为前提。文字的解读能力只有在语言的文字意义得到理解的情况下，才有可能着手其作品的解释问题。文字艺术作品的解释与非文字艺术作品的解释的区别仅仅在于，后者需要将前者无须进行的预备工作重新再进行一次，即特别需要对非文字的颜色、线条、音符、节奏等解释成文字。比方说我们读高尔基的《海燕》，欣赏贝多芬的《命运交响曲》，观察雕塑"维纳斯"，也许我们能高声朗诵、也许能将节拍和音程分毫不差地弹奏出来，但是我们依然不能放弃对作品创作初衷的追问。

通过解读文字或符号所获得的意义与以那种解读为基础所获得的意义之间存在着差异。倘若将前者称为"字面意义"或"首意义"，那么后者则可以用"隐喻意义"或"次意义"来表示。我们所面临的"艺术作品的意义"中的"意义"所意指的是"隐喻意义"，且艺术作品的解释问题就是一项阐明"隐喻意义"的工作。况且，隐喻意义就是一种"意象意义"或"象征意义"。那么，"隐喻意义"具体指什么呢？是如何表征的呢？

对于"隐喻意义"可以分为两个阶段进行考察。首先可以从构成一件作品的包括非文字要素的广义上的那些词语或语句的层面个别地进行考察；其次，将以此考察为基础进行解释的作品视为不可分割的一个统一的整体，并在此层面上进行重新考察。以整个人类的共通的经验或根据文化背景所获得的蕴含的意义为基础，可以将"玫瑰花"或"龙"分别解释为"爱情"或"幸运"这样的隐喻意义，而"鸽子"或"鹤"等形象分别理解为"和平"或"高傲"这种隐喻来传达。对宗教的信仰，可以用"十字架""佛珠"等来表示。又比如，音乐呈现了一个别样的世界。声音很容易获得观念价值，它具有俘获人心的内在魅力，同时，由于其多样性，它还可以转化为其他事物的象征物。单就其直接功能而言，声音往往被比作一种刺激物。然而，与一般刺激物不同，声音呈现给心灵的是一种与外界刺激完全契合的知觉。聆听就意味着理解。数学演算或辩证思维的过程往往被称为理解，因为在那一过程中，自然序列被完全转化为一系列观念化术语。声音观念性与此类似，因为声音也是将客体的某种有效结构呈现给感官。声音将音乐的音符一个个渐次呈现，成为一段完整的旋律。不过在这一过程中，许多与此段旋律相互缠绕的其他旋律则被完全弃之不顾。在此意义上，即作为差不多完全自足的世界，音乐与数学是相似的。这个世界覆盖整个经验领域：从感官因素到完美的思想和谐无所不包。然而，音乐展现出的一个新的生命世界，并非仅仅是依附于另一种存在的幽灵，它也属于自己的情感的激动、痛苦的选择或难以预测的突变。在这个世界里，音乐抽象的能量被转化为沛然的生机，无论是在高潮还是低潮部分，它所呈现出的巨大激情，与身体愉悦或道德冲突一样令人震撼。

如果一件艺术作品的主题最终意味着艺术作品的隐喻意义，那么，如何解释艺术作品所要表达的，就应当是作者创作的初衷或主题，或作者内心的一种反省。那么蒙克的绘画作品《呐喊》所具有的独创性、个别性以及唯一性是否真正地给予了充分的说明呢？也就是说，《呐喊》所阐述的特殊意义能否以某种观念或概念予以解释呢？因为每个艺术作品具有唯一性，因此，不能将其完全概念化，即说艺术作品的意义并非与该作品作为日常意义的主题相一致。作为"隐喻意义"或"象征意义"的艺术作品的意义，不可能还原为一个概念或一种命题。其意义只有在构成此种意义的具体的艺术作品中才能得以发现，并且只有用具体的艺术作品这一语言才有可能表现出来。特别是对于艺术品来说，其风格、形式等与所谓的内容不可分割的原因就在于此。所以，要使一件艺术作品能够与其他语词能动地发挥某种意义，则必然需要具备某种程度的普遍性，即能够概念化的层面，同时还要使其语言作为艺术作品来存在，此外，还应当确保其意义的唯一性或特殊性。由此可见，艺术作品的意义明显具有萨特曾针对克尔凯郭尔的主观哲理所使用过的"普遍特殊者"这一既矛盾又冲突的性质。艺术作品的隐喻意义引起特殊性从一开始就不允许对其进行解释或翻译,但由于其所蕴涵的普遍性则容易给予解释或翻译。此处存在着艺术作品的内在冲突或内在矛盾。若一件艺术作品得到解释,那么,被理解的艺术作品的意义将会丧失原来的意义;若其作品的意义得不到解释,那么,因其作品无法呈现其意义,从而将会丧失作为艺术作品的资格。

尽管丹托将艺术作品的意义视作作品本身且只能由自身才能找到的艺术作品的隐喻意义称之为"主题",但"世界"似乎要比"主题"更为贴切。世界这一意义虽说有些矛盾,但非概念性的意义必须要得到解释或澄清,否则将会丧失其意义。因此,世界也可作为解释的对象而存在,只有在它得到解释的情况下,世界才会具有意义。

我们对于事物形象的反映可以是直接的、也可以是间接的。以意象出来的形象是特指的形象,是五官可以感知的,或能看到或能听到或能触摸到,于是就有了文学、美术、音乐等等。我们需要了解的是这些艺术作品的内涵形式,因为它存在着意义和功能。因此,我们不能只满足于它的表象。表面的象是不稳定、不确定和朦胧的,我们只有把握了内在涵义,才能使所表之象成为经典,成为最有力的原型。

艺术作品从审美的角度看,它们是意象的艺术辩证法的结果。所表之象可以是积极的,也可以是消极的,但我们尽量将其表现为一种积极崇高的艺术形象。艺术形象代表了时代的价值观和审美情趣,它是社会和文化纷纭复杂的综合体现,它有时晦涩、有时明朗、有时活泼、有时教条、有时温柔、有时暴力,不只是对单个形象的表意,更是对完整社会背景的整体体现。所以,欣赏一件艺术作品,我们需要寓身于时代的语境之下,体会作者深层的寓意,将行为与价值观综合考虑，才能真正感受到意象之美。

事物以类型式存在，人是以个体存在，物象则是以纯一的方式存在于类属之内。但物象却包含了类型和意义，因此，不同语境会显示意义的矛盾性。又因为，人是多重复杂的内涵体、矛盾体，于是，想要建立个体和对象物之间的关系也必须借助具有强大功能性的媒介来联结二者。意象担当了这个重任，而且"乐此不疲"，不但很好地将事物感知，还进一步创造出了新的事物和新的关系。意象的神秘性就体现在它的意蕴既稳定又不稳定，既很难知晓又易于捕捉，既表面又深层，既内容又意义，既关联又独立。

第五节　文学作品的解释

一件文学作品是由作家的意图、作品所出现的历史及社会背景和作家所接受的教育、环境等因素影响的，借助诸多条件和因果关系中进行说明并以此阐明其意义，即被解释这一事实作为前提。大部分对文学作品的研究历来都是在上述前提下且以上述方式完成，这并不言过其实。不过，只要稍加反思就不难看出，传统的批评存在着许多难题。第一，此方法论已默认将人文科学的方法论与自然科学的方法论之间并不存在的差异作为前提。如果遵从此方法论，那么，作品的解释不过就是作为结果的作品与作为原因的作品，即阐明作品外部诸多条件的因果关系的一项工作而已。然而，某一作品的意义究竟该如何在非语义的事物现象与因果关系中得到考察呢？《傲慢与偏见》和《巴黎圣母院》这两部作品，如何被视为是单纯地只从因果关系中得到的结果？倘若此问题的答案是肯定的，则此种答案是以严重的形而上学作为前提的，而这些形而上学也根本不堪一击。即便有此种形而上学作为前提，却并不能将一位作家所受到的影响或教育、历史状况、意图等当作某一个别作品的原因来严格地进行考证。对于某一作品的因果说明，正如在前面考察作品意义时所指出的意图的谬误那样，会犯下发生学的说明的谬误。意象表征的语言符号独立于其发生学的依据，仅凭自身便能充分地显现其意义且能够得到解释。一旦意象符号形成文字或一种有形的物品（艺术作品），其唯有以自身独立的形式存在着，也就是说，以其自身自足的存在来出现。第二，有关发生学的说明，更为严格地说是因果说明，它处于无法挣脱的两难处境。假如发生学的说明是正确的话，那么发生学的解释方法就并非人文科学所固有，而是从以因果法则为基础的自然科学中导入的，而且，该方法同样也包含着上述的难点。与其相对立且能够替代的方法唯有内在的方法，即构造主义对意象的内在解释。

对于非实证对象的解释，似乎发生学是比较不错的、内在的解释方法，因为以语言符号的分析，能够找出本体、视像、象征或如同形式一样的具体的属性，且以那种发现为基础，可以以整体意义加以解释和说明。带有意象表征的语言符号的解释更为抽象，其逻辑结构包含诸多外部要素的功能，这种立场属于构造主义①的立场。

中国有个古老的故事：盲人摸象，每个盲人只摸到了大象的一部分，了解了大象的一部分功能，以为这就是大象整体的样子。这个故事告诉我们在解释意象所表征的符号的时候，具体来讲，比如一篇文章、一部书、一件艺术作品，不论其构成的段落、章节、要素等的特点或特性是如何被提出和描述的，只要它们尚未在整个表征中被把握，即便是以零星的、深刻的标准来提取一个整体意义，那么，指称此种意义的根据也不会令人满意。当与之相应的新批评

---

① 构造主义——与机能主义相对，其主要观点为：心理学应该研究人们的直接经验即意识，并把人的经验分为感觉、意象和激情状态三种元素。感觉是知觉的元素，意象是观念的元素，而激情是情绪的元素。所有复杂的心理现象都是由这些元素构成的。在研究方法上，构造主义强调内省方法。

第七章 文学、艺术中的意象

主义的非体系性、非客观性，根据整体结构的框架，使一部分功能在逻辑上得到阐明时，可以修正为构造主义的理性，即客观性。无论你再怎么部分地观察和描述大象，但仅凭某一点并不能说明展示了大象的全貌。大象的所有部分和所有属性，只有在大象这一整体中，进行具有"相关性"的说明时，才可能把握住大象的所有部分和所有属性的真实意义，且以此能够来探明大象的整体。从上述可知，构造主义比新批评主义更向前了一步，这一点至少在理论上可以得到判断。由于构造主义理论以能够保证一定程度的普遍性的语言学作为根基，因此，对于意象符号（非实证对象）的解释，构造主义的方法论能够保障更多的科学性。现代语言学所发掘出的重点在于，当阐明个别的词语或个别的命题时，其含义只有在与个人的个别语言行为相独立的语言体系中，才可能得以显现。由此可见，语言的意义与个人的意图或命题的状态无关而客观存在着。

然而，一个语句、一种话语或一个文本的意义是构成其文本的诸多的、个别的词语或者诸多语句的结构，那么，由于其意义所依赖的是个别的词语或语句，所以，理应首先阐明结构的或整体之前的个别的词语、个别语句的意义。在尚未把握这些意义之前是无法去考虑一件作品的结构的。但是，认识那些词语或语句的意义，意味着领会了它们所表象的是何种对象或履行的是什么功能。一种语言并非是单纯的结构体系，而是与外在于它的什么，即非语言的、语言之前的事物现象或状态必然地发生着关联。简言之，语言虽然以一种体系作为前提，但它又必定要拥有外在于它的什么以及所谓的语义论的范畴。不然，它将无法具有作为传达思想或者表象事物现象的功能。

作为方法论的说明与理解问题，原本是由狄尔泰和韦伯等人提出的，他们率先将人文科学的方法论与自然科学的方法论之间的异同点进行了研究。所谓的"解释"指的是，将某一个别现象通过因果定律进行实证性的演绎推理。比如，苹果落地、海水的涨退潮现象是从牛顿的万有引力定律中演绎推理出来时，我们便认为那种个别现象得到了说明。但是，自然科学的说明和人文科学的解释还是有区别的，二者虽不能对立起来进行考察，但也不能含糊地混为一谈。

保罗·利科将构造主义的方法论视为"说明的"，而将与此相对立的现象学或现象学方法论视为是"理解的"。同时，他认为这两种方法仅凭其中之一是不够充分的，且主张此种辩证法的互补性。意象符号或语言表征并非是一般的自然现象，而是在某一特定的场所和时间里的一种事件，其意义不能脱离事件独立思考。也就是说，它包含着语义论的层面。把握某一事物现象的语义论层面，就是要对其内容进行表征，这便是保罗的"理解"。这是一项把握构成其内容所指称或陈述的对象的工作。然而，既然作为包含那种对象的事件的语言符号，且这种符号不能脱离所传达的意义规则，那么，"理解"就必须以整体意义进行把握。如此看来，保罗的理解似乎是正确的。

对于文本的理解，倘若能够依照保罗所阐释的理解和说明以及经过再理解的过程而可能得以实现，那么，对于这些过程必然要适用一种辩证法的逻辑。理解是通过说明来保障其客观性，而说明又反过来依赖理解而拥有非空洞的内容，同时，这又借助于说明得以确定或被修正。从上述所考察的立场来看，理解与说明无非就是一种推测与合理性的表征关系。部分依赖整体，诸个别要素借助结构，具体的实施依据理论等，它们以此来进行有根有据的说明；相反，整体依赖部分，结构依赖个别要素，理论借助具体实施等，以此能够得到充分的理解。同样，对于艺术作品的解释，只有通过辩证法的逻辑以循环、螺旋式上升，并揭示更综合、更具有根据的意义，才可能更接近某一作品的世界。

第七章 文学、艺术中的意象

对于这种解释结构，换个角度观察或许有些荒唐，但却与自然科学论成立的结构别无二致。自然科学理论首先观察作为研究对象的具体现象，并借助于此种观察，凭借想象假定一般的命题，再依据假设验证具体的现象。假如凭借其假设无法去说明具体现象，则需要重新研究和制定出新的假设。假说被个别现象控制着，而个别的具体现象则通过假说得到阐明。假说与个别现象之间维系着一种循环辩证的关系。科学理论成立的这一过程中的逻辑被称为"假说演绎法"。解释一件"意象表征的作品"也与自然科学一样，具有相同的假说演绎的逻辑在起着作用。倘若要把握整体意义，那么，就需要以可从整体上给予说明的一般命题作为假说。当然，这种假说是建立在某一作品的文本或作为话语要素的词语或语句的首次意义上。假如借助此种假说所生成的所有部分，即生成作品的所有词语或所有语句能够在逻辑上一贯地呈现出某种秩序，那该假说便可能上升为作品的整体意义。

对非实证对象的解释进行假设和验证的工作有别于作为自然科学的操作过程，它并非是证实事物，而是一项寻找那些富有零散意义的一贯性的工作。在这一点上，我们可以将其解释的假设及验证其正当性的工作比喻为一种拼图游戏。众多零碎的图片具有一贯性地组装成一种形象，从而拥有一种秩序，同样，构成意象表征的作品的所有部分也以一种统一的意义井然有序地进行组装，这便是对意象表征的作品的解释。通过描述或直叙的方式指出表征的作品的诸多部分，这并不意指该表征的作品得到了解释。从作为假设的整体上的观点来看，那些部分在其整体之中拥有自身意义，而通过那些部分有机地加以把握的整体，才可能作为意象表征的作品的意义来得以理解。

具体而言，立足于构成作品的所有部分，设定构成作品的整体意义的假说并依据该假说重新把握部分意义的结构便是解释的逻辑，以及当假说只能由一种命题来表现时，或许会得出"一件作品的意义可能被诠释或还原为一种命题"的结论。然而，倘若这些结论是不可避免的，那么，作品的意义有可能完全由某一概念所取代，也就没必要将足以用清晰的概念便可能表达出的思考或含义，非要借助模糊不清的意象作品这种语言来表现，即意象作品将会失去其存在的理由。假如意象作品具有作为意象作品存在的理由，而其意义又不能以概念来命题化，那么，意象作品的意义无法依据对构成它的所有部分进行说明的假说来把握。

意象作品的部分可以依据以一种命题所取代的假说得以说明，倘若未设立那种假说，其作品的解释也就无法存在，这也是一种事实。尽管如此，却也无法就认定唯有其假设才是作品的意义。作品的真正意义就是与那些假设和所有部分的有机的整体。只有在把握两者之间的有机关联的前提下，我们才可能领会一件作品的含义，而将它们相互隔开就无从谈论作品的意义。基于这种立场来看，将作品的意义称之为一个世界而非一种观念或一种命题，显得尤为妥当且很合理。因此，《战争与和平》的含义"战争是残酷的、悲惨的"是在该小说中所把握到的内在的秩序和关联的整体。意象作品的意义是唯有在其作品中内在的且无法还原为命题的一个世界。

"多样性"与"单一性"。我们对于一件意象作品的解释是依据不同的假设还是单一的假设进行说明，这个问题体现了意义的"多样性"和"单一性"。比如，我们看到的一幅图画，如果从视觉的角度来讲，那么这个东西具有"唯一性"，可是一旦将其解释开来，那么必然呈现多样性。这也就是说，看到的是一回事，表征和想象的又是另一回事。

有一个非常有趣的研究，心理学家钱伯斯和雷斯伯格的研究用到了可逆图形的加工：鸭—兔图，如图7-1。他们给被试简短展现图形，然后让他们形成图形的表象。在图形消失前，被试只有足够的时间对图形做出一些解释，但是要求被试努力进行第二种解释，被试无法完成这样的任务。随后让被试在纸上画出图形，看他们是否能够重新解释，这时被试就能够完成任务。这一结果表明视觉表象不同于图像，同一种事物并不可能同时成为兔子和鸭子，而这幅图则随着观察角度的不同，有可能以两种形象来加以解释，且根本无法证明其中的哪一个是正确的。虽然无法将它视为树或人，但它既可能被视为鸭子，也可能被视为兔子。也就是说，根本无法指出其中的哪一个观点是错误的。

图7-1　鸭—兔图

如若意象作品的解释可以比喻为探究这幅"鸭—兔图"形象的工作，那么，理应得出"意象作品的意义并不是'单一的'，而是'多样的'"结论。对于一件意象作品具有诸多解释的这一事实，至今尚未找到唯一的且未能及时形成绝对的解释，那么，是否以此可以断言根本不存在那种"唯一的"且"绝对的"解释呢？否则，若那些所有的解释各自具备妥当性和合理性，那它们各自是否都是一种正确的解释呢？

然而，视觉表象的东西所形成的世界的"唯一性"是意象表征出的作品的充分必要条件。"多样性"来自于"解释"，而且没有哪一种解释可以声称是绝对正确的依据。那么，如何消解这种"单一性（唯一性）"和"多样性"之间的矛盾呢？不妨重新回到"鸭—兔图"。假设这幅图在完全被隔离的前提下单独被考察时，对它的解释无论是兔子还是鸭子都是合理的。因为并不存在必须要选择两者之一的任何逻辑的、直觉的根据。不过，假使该画的作者生活在没有兔子而只有很多鸭子的地方，且从未想象过兔子这一动物会生活在其他什么地方，那么，这幅图理应解释为是鸭子，而非兔子。反之，假定这幅图是在教室里说明兔子时使用的，那么，这幅图当然表现的就是兔子了。当单独观察这幅图时，仅凭它时而被视为兔子，时而被视为鸭子是无法证明哪一观点正确，或者无法选择其中的一种解释。就像某种意象作品必须是由某个特定的人在某一特定的时空且在某一特定的情况下创造出来的作为前提时，若意象作品的意义模糊不清，则可以依据外在于它的、非可视的诸多具体脉络充分地做出更为恰当且绝对的解释。由此，意象作品的唯一性便可得到保障和阐明。

再比如，有一首古诗可以作为对"单一性"和"多样性"的解释。

见山是山，见水是水。
见山不是山，见水不是水。
见山是水，见水是山。
见山又是山，见水又是水。

诗中第一句和第四句，从字面上来看完全一致。对于这两句的意义是否也应给予相同的解释呢？事实上，这两个句子的意义具有相当大的差异。第一句作为知觉的、逻辑的命题，从视觉上观察是"山是山"，从逻辑上观察也是"见山是山"，这是一个不证自明的真理。然而，第四句则是形而上学的或者宗教的命题，即是一种唯有在宗教的层面上达到某种境界时，才可能表达出的语言。此种命题只有经过第一、第二、第三句的思维过程，才可能拥有被理解的含义。那么，从表面上看，对于文字几乎相同，第一句和第四句，有可能给予两种解释，而在各自的情形中，唯有两种解释中的一种解释才是正当的。对于上述诗句，即使能够以第一句或第四句的含义来给予解释，也无法说明这两种解释都是正确的。第一句的解释并非与第四句的解释处于同一个层面，而仅能当作到达解释第四句的一个过程或程序。总之，意象作品能够拥有多种解释这一事实，并不足以证明其意象作品的意义是多样的。意象作品在其定义里是唯一的语言，那么，其意义，即世界也理应是唯一的。

通过何种方式才能找到其唯一的意义呢？如何才能从诸多解释中探明其唯一的解释呢？又是凭借何种依据，才可能从诸多解释的综合中提出更为恰当的解释？假如的确存在一种"见山是山，见水是水"这样的意象作品，且能够以命题1或命题4来解释该意象作品，那么，如何才能从中挑选出唯一的命题来呢？这一系列问题并非唯有在作品中才能得以观察，而且通过考察作品的历史、思想等外在于它的语境亦可做出决定，倘若上面所假设的命题发生于日常对话的语境，那它只能以命题1的意义给予解释；反之，假如它是在某一宗教的或者哲学讨论的语境中，由某位哲学家或宗教人士提出的，那其意义有可能以命题4的含义来予以解释。同样，假设文学作品《傲慢与偏见》《巴黎圣母院》各自存在着诸多不同的解释，那么，通过挖掘这两幅作品的文学史、音乐史乃至文化史的脉络，则可能从诸多解释中辨别出唯一且绝对的一种解释。上述"寻求意象作品的单一的且唯一的客观意义便是解释的目的"这一主张，并不表明这些目标实际上已经实现，也不表明总有一日实现的可能性。它仅说明在逻辑上有实现的可能性而已。即使根本上不可能真正去实现，我们也应努力去实现需求所有意象作品的"单一的"

意义，即"唯一的"世界这一理想。解释便是一项追求这种理想的工作。

第六节 小 结

以意象为前提的文学和艺术学，作为人文学科的代表，其解释的方法论与自然科学的方法论相比，仍然存在着差异。这是因为，自然科学的研究对象——自然现象与人文学科的研究对象——语言符号，当作为实证对象研究的时候是完全不同的，后者是找不到实证对象的，它是意象出来的。这好似"外显"和"内隐"两种表征方式的论辩形态。自然现象强调对象的外部联系，语言符号则强调内在关系的解释，即从历史的、社会的或心理的角度出发，将符号进行发生学[①]的说明，以解构、解释、解读为方法，以便接近所谓的意义。

无论是中国古诗词中的泛化意象，还是外国文学中的"以物托象"，都是作品作者对当时自身状况、当下情感的一种间接表达，是以物托物、以象表情的形式。文学作品借助语言的媒介特殊性和丰富性，不仅用类比、比喻、象征和拟人的手法抒发了作者的情绪，而且以含蓄隐匿的表述表征了作者的情感。在文字表征的过程中，不仅有很明确的逻辑关系的呈现，还有历史、文化背景的反映，所以，文字或语言的表象表征是人作为社会主体表达对自然的敬畏和依赖的非常有效的途径，更是人类自身适应物理世界的进化结果。

---

① 发生学——多学科嫁接的工作用语和逻辑方法，指在地球历史发展过程中生物种系的发生和发展，不仅用于动物种系的发生与发展，还会用在系统学各个层面的分类单元上面。它是跨学科的自然-社会研究路径，其本质上是历史科学的方法论。它反映和揭示自然界、人类社会和人类思维形成发展、演化的历史阶段、形态和规律的方法。其特点是将研究的对象作为发展的过程，注重历史过程中主要的、本质的、必然的因素。

第七章　文学、艺术中的意象

文学很好地融合了哲学、逻辑学、美学等不同的学理，其罗列齐全、博大精深。文学的模糊性、表述的丰富性，表征的情感性都是意象特性的综合体现，从文学作品独立绝缘的意象来看，其中是不包含任何实用的目的和科学的认识的。正因为如此，通过意象表征的文学作品可以引导人们认识社会、认识自然、认识人作为社会主体的主导性和人的心灵世界的反映特性。文学作品的种种功能性也是意象功能性的集中体现，比如教育性或政治思想性。文学作品不会以直接的方式阐释哲理，但却可以深刻地教育人们如何对待人生、对待他人、对待世界，这是比直接说教更能影响人们价值观的方法。我们以意象传达理念和价值观，通过意象使他人产生同样的意象，是以"意"传"意"的过程。

鉴于意象在文学作品中的特殊作用，我们在此对意象的定义是：**意象是借助可观察对象传递主体思想、观念、欲望和价值观的过程，是以"象"达"意"和以"象"传"意"的形象化、模糊化、情感化的过程。**

结　语

　　研究在本质上都源自于好奇心——一种寻找事物发生的方式和原因的愿望，比方说情绪和意象究竟是哪一个先发生的？意象和记忆的关系是什么？为什么我们能够在心里做图像的旋转？等等。该如何回答这些问题呢？可能，我们首先想到的是科学实验研究，但是，科学实证研究滋生了一种观念，即对某个问题有一种固定的一劳永逸的答案。这种错觉使我们形成了一种常见的但却是不幸的倾向，倾向于接受或严格地坚持对非常复杂的问题给予过分简单的解答。尽管确定性对我们有吸引力，但它却违反了科学的基本前提：只要有新的观点或证据作保证，那么所有结论都应该被看成是暂时的和允许改变的。"研究"这一术语可以指任何一种在某一特殊领域，以假设为前提，经由认真的、细致的、系统的观察和调查研究去验证假设，发现或建立事实。然而，在几乎所有的研究中，我们发现，似乎"假设"对于研究的过程和结果更重要一些，那么，这些假设是如何提出的呢？意象，也就是想象，根据当前事物、当前情境，通过种种联系，想象可能会出现的相关关系、因果关系、逻辑关系、历史关系产生出新的关联、新的事物、新的情境等等。于是，我们可以据此认为，研究是一种批判性的分析。

　　事实上，研究者总是对我们所生活的世界做出了大量无根据的假设。研究或者提出大量哲学的问题，或者提出语言学的问题，或者提出伦理学的问题，又或者提出政治学的问题，这些问题涉及生活的方方面面、角角落落、时时刻刻。

以"意象"的研究问题为例，这首先是我们对客观现实的质疑，从哲学的角度看，没有任何方法能够证明"意象"是否"真实存在"。就像没有任何方法能够最后向他人证实：我正在看称之为"鼠标"的东西（别人可能看不到它；他们说不出我在看哪里；我可能正在打盹）。此外，很容易证明不同的人对同一人、行动或时间的描述会相当不同——这使得一些研究者得出这样的结论：任何被称之为客观实在的事物都是不存在的，存在的只是个人的（和不同的）感觉，这一观点的隐含意义是，任何探索这一"真实"世界之知识的行动注定都是要失败的。这种"真实"也包括意象在内，似乎有陷入不可知论的嫌疑！

不可否认，我们不曾也永远不可能"证实"任何事物是真实的，我们也无法否认人们对事物的感觉是互不相同的。然而，我们可能会争辩说，我们对客观实在的常识性概念（即绝大多数有知识的人一致认为存在的东西就是所谓的真实），已经使人类解决了许多问题。

其次，关于沟通的质疑。首先假设我们承认有些事物是"真实"的。即便如此，还是会有人表示，事实上我们不可能表明我们使用了同样的术语来表示这些事物，例如，意象，从哲学和文学的角度我们称为"意象"，从心理学的角度我们称之为"表象"，从日常的角度我们又可以叫做"想象"。尽管其本质和过程都是相同的，但是，因为立场和角度不同、文化背景不同，就会采用不同的方式来表达同一个事物或抽象概念，陈述事物的过程始终是不能够达到精确的，即便是约定俗成的"概念"或"定义"。因为，那些关系和定律，事物或现象之间的联系的描述是不可能达到精确的。

此外，我们也不得不承认，人们在理解某个词汇或短语的意义时常常存在分歧。然而，大多数研究者都会认为，我们是能够清楚地定义一个术语的，以便不同的人能够对这一词汇的意义有明显一致的理解，并用这些术语相互沟通和因此继续获得有用知识。

第三，关于未阐明的假设的质疑。假设是任何被认为理所当然而不需要检验或验证的论断。这里的假设既适用于研究者对特定研究的一般性假设，也适用于具体假设。一些假设如此普遍地被接受，以至于几乎所有的社会研究者都认为它们是理所当然的。其他假设就更值得质疑。可是，在很多社会科学研究中，一旦改变某些对假设起作用的条件，就会导致不同的结果。所以，在进行一个研究时，研究者不仅要假设结果是理想的，而且假设研究结果会对其他方方面面产生一定的影响。否则，该研究就只不过是一种学术训练罢了。其实，我们很多的研究运用到实际的生活中是很困难的，但是，研究者仍然有责任说明假设并探讨假设的合理性。

第四，关于研究价值的质疑。研究者在研究之前会预设结果或者是理想的，或者是不理想的，并且还会解释为什么会如此。然而，人们却很少对引出某个特定研究结果的价值问题进行探讨。之所以研究这些结果，是否是因为人们认为它们更重要？或是因为它们是传统观点？或更易被社会所接受？

关于意象的研究，其实它在哲学的纷繁复杂的概念或关系中并不是一个主要的探讨话题，甚至可以说是一个边缘概念，只是我们质疑了某些问题和一些假设。当然，我们不希冀将这个问题变成多么复杂或难解的问题，也只是兴趣所致想思考意象所带给我们的影响，因为结果可能不是很重要，但是，分析的过程却是让人头脑清晰的一个过程。来自各方面的假设、证据和讨论，不一定给出确切的答案，却以价值的形式呈现于我们眼前——这个问题是值得思考的，我们却忽略了。

结　语

　　从进化的角度看，意象是人类为了生存进化而来的一种天生本能的能力；从意识和潜意识的角度看，意象以潜意识本能上升为理性指导，指导我们进行创造性的实践活动；从行为学的角度看，意象依赖于"原型"，它是在接受感知觉刺激后的反应与认知加工的结合；从信息加工的角度看，即便没有外在刺激信息，意象仍然能够对记忆信息进行加工、提取，进而生成意象表征物；从神经科学的角度看，刺激引发了知觉，知觉导致了与之相关的意象的产生，所以意象被分为了视觉意象、听觉意象、运动意象等；从认知的角度看，意象是一种表征方式，包括自我中心表征和他我中心表征，或者说是一种"影子"的表征。

　　各种研究方法都试图解释"意象"的"真实存在"及其产生机制和过程，但是正如前述——所有的研究或者解释都只不过是对假设的一种解释，至于"意象是否存在"这个问题，我们也还只是停留在"意象"的阶段。

　　意象的问题很宽泛。意象不仅可以从客观的心理现象中去考察，也可以从认知主体的动机或信念等角度进行考察，还可以从艺术审美的角度去考察。意象亦可以从心理学、认知神经科学、文学的角度加以考虑。然而，我们在这里仅仅是用认知哲学的观点，更为确切地说，我们希望可以在概念性范畴和信息加工模型、现象学等非经验层面探究意象的本质和过程。

　　即便将有关意象的问题限定在上述意义上的哲学问题的范畴内，除了我们所论及的，即意象的哲学溯源、意象的特点、意象的分类以及各学科视阈下的意象等，仍遗留许多问题有待解决。尽管我们从某个角度或某种方法对意象进行了考察，但意象的多样性和易变性也使得其许多细节的、深层的问题在一定程度上得不到阐释，具体现象更是无法在真正意义上深刻地理解。

　　本研究虽立足于哲学的角度，但其中蕴涵着心理学，尤其是认知心理学研究的背景，因而，笔者清醒地认识到，对书中未涉及的哲学问题应在今后的研究中另行给予分析和阐明。

关于意象的价值问题，笔者认为，意象是非物理存在的"客体"，实证研究的假设、分析、验证的过程在某种程度上对意象来讲是牵强的，当然，我们在这里不是要将自然科学研究和社会科学研究对立起来，主要是想说明"内省"的、解释的方法可能更适用于这种特殊的对象客体。所以，语言的理解、图像的呈现成为意象存在的必要条件。心理解释之所以能够实现，首先就是进入意象的状态，重新建构原初精神状态和外部世界信息，将之与认知主体的过去经验有机融合，成为非事实存在的存在，或者是形成"创造性的新世界"，以达到对现象、事理或其他主体认知的分析与理解。

诚然，我们每个人对意象的内省都是具有明显价值取向的，并将其固定下来成为意义的确定性。这种思想状态在认知主体那里，已经不是能够简单任意处理的对象，因为它不是物理现实，而是经由意象本身所生成的从真理到价值的过程，并且是被价值所导向的真理之过程，于是越是可以建构成完整意象并记忆深刻的东西，其价值就越明显。

我们在对意象的分析过程中，试图用隐喻、模拟、解释、模型等方法消除逻辑实证主义和形而上学的缺陷，希望能够借此批判用物理主义的语言统一人文社会科学的一切领域的观点，然而，就像我们无法对认知神经科学的成果视而不见一样，我们必须承认，科学的方法毕竟可以微观、细化对现象的认识，而且这是心理现象存在的物质基础，也是自然遗传的客观事实，只有将技术建构和解释策略双向结合，才能达到事半功倍的效果。

术语表

1. 失读症（alexia）：阅读出现障碍但口头语言理解以及物体识别能力均完好。

2. 类比表征（analogical repressention）：一种心理表征，它有时与事物的客观世界的结构相似，如表象与物体的真实的空间组织类似。

3. 类比（analogy）：指知识的两个范畴之间的比喻式比较。类比可使被试做出正确或错误的推论（如原子就像一个缩微的太阳系）。

4. 失音症（anarthria）：一种脑损伤引起的认知功能障碍，患者不能进行言语表达，但具有完整的一般语言知识，有时也称为构音障碍。

5. 失语症（aphasia）：因脑损伤而引起的语言能力损害的现象。

6. 知觉性失认症（apperceptive）：视觉性失认的一种形式，在这种认知功能障碍中，患者对熟悉物体的识别出现困难。

7. 联想主义（associationism）：一种哲学范式，强调知觉、记忆和思维的联想性特征（这种范式最初是由英国经验主义者休谟、洛克和贝克莱提出）。

8. 态度（attitudes）：是对一种特殊物体以特殊的方式做出认

知、情感、行为的后天习得的反应倾向。这个物体可以是任何东西。

9. 可得性启发式（availability heuristic）：人们常常根据从长时记忆中提取相关信息的难易程度来估计事件发生的频率。

10. 可得性谬误（availability fallacy）：人们会根据最容易到手的例子，判断潜在结果出现的可能性，并根据此结论做出选择。

11. 基本认知面谈技术（basic cognitive interview）：根据记忆痕迹包含许多特征的假设而设计的改善目击证人记忆的方法。

12. 基本水平（basic level）：在一个概念层级中抽象的一个中间水平。这个类别水平通常能提供最丰富的信息，如椅子和桌子。

13. 类别间相似性（between-category similarity）：类别之间的形似性，由上位概念负责组织。

14. 捆绑问题（binding problem）：当进行物体是识别时，不同信息的整合所带来的问题。

15. 盲点偏差（blind spot bias）：指的是当事人意识到他人身上存在的各种认知偏差，以及这些偏差的影响，但却看不到自己身上也存在同样的偏差。

16. 自下而上加工（bottom-up processing）：直接由环境刺激引起的认知加工。

17. 个案语法（case grammar）：Fillmore 提出的一个针对关系概念的类图式表征，它利用了个案推理［如代理者、物体和受纳者可以表征为 hit（代理者、物体和受纳者）］。

18. 类别言语知觉（categorical speech perception）：模糊言语声音类别以一种全或无的方式被表征为特定的因素。

19. 特异性类别命名障碍（category-specific anomia）：一种认知功能障碍，症状表现为选择性地损害了对特定类别中物体的命名能力，但关于这些物体的语义信息加工保持完好。

20. 中枢执行系统（central executive）：工作记忆的一个成分，

它具有不受感觉的限制且容量有限的特征。

21．特征属性（characteristic attributes）：一个概念的语义特征，这些属性不是必要的，但出现在一个概念的许多实例之中。

22．认知失调（cognitive dissonance）：一种由于态度和行为的不一致，或者两种相抵触的态度造成的不舒服的感觉。

23．认知经济性（cognitive economy）：这是一个主要用于类别理论的原则，即人类知识的组织是以尽量增大类别之间的区别并尽量减少类别内贮存的信息项目的数量，也就是说减少我们需要学习、知觉、提取和识别的信息量为原则的。

24．认知神经心理学（cognitive neuropsychology）：通过脑损伤患者的认知功能来为正常人认知研究提供有价值的资料。

25．认知神经科学（cognitive neuroscience）：通过运用一些技术手段（如脑功能成像技术）研究大脑功能以理解人类认知。

26．共病性（comorbidity）：同一个人在同一时间存在两种或以上的障碍，如一个人同时患有抑郁和酗酒。

27．认知科学（cognitive science）：通过构建各种计算模型来理解人类认知。

28．能力（competence）：人们在完成某一任务时需要一种基本能力（如语言能力、逻辑能力）。因为多方面的原因（如工作记忆负荷），这种能力在完成任务时不一定能体现出来。

29．计算机模拟（computer simulation）：常常和口语记录法在一起使用。使用这种方法的基本设想是：如果计算机和人在某种作业上的操作模式具有同样或类似功能，那么知道计算机的程序就能很好地解释人怎样完成这一作业。

30．认知地图（cognitive map）：个体关于环境的空间布局的内部表征。

31．概念（concept）：是具有共同属性的一类事物的心理表征。

32. 概念层次（conceptual hierarchies）：不同抽象水平类别之间的类包含关系（如，动物包括所有狗和猫）。

33. 概念空间（conceptual spaces）：经某些语义参数定义的知识或观念集的范围；概念空间常常是多维的。

34. 概念驱动加工（conceptually driven processes）：以自上而下方式进行的加工。

35. 确认偏向（confirmation bias）：被歪曲的记忆受到个体期望而不是实际所发生的事情的影响。或者说是偏爱能够确认先前存在的观点或信念的信息而忽略或低估矛盾的证据。

36. 联结主义（connectionism）：一种关于思维的学说，它运用联结主义网络或者神经网络来构建心理的计算模型。

37. 聚合思维（convergent thinking）：指人们根据熟悉的规则解决问题，或者利用已知的信息产生某一逻辑结论。这是一种有方向、有范围、有条理的思维方式。

38. 创造性（creativity）：思维过程的产品之一。它在某种意义上是新颖和多产的，它要超越某一个体或群体以前所知道的东西。

39. 线索依赖性遗忘（cue-dependent forgetting）：记忆痕迹尚保存于记忆系统中但因提取线索不够而导致信息不能被提取出来的遗忘现象。

40. 演绎（deduction）：演绎或演绎推理涉及从一组前提中推出一个结论，而这个结论必定来自一个前提为真的假设。

41. 深层失读症（deep dyslexia）：一种认知功能障碍，患者阅读不熟悉单词的能力受到损害，同时还会表现出语义阅读错误。

42. 深层失语症（deep dysphasia）：一种功能障碍，患者在重复口语单词时会产生语义错误，而且重复非词的能力也很差。

43. 定义属性（defining attribute）：一个概念的语义特征，这些特征是定义一个实例是否是概念成员的必要充分条件。

44．要求性特征（demand characteristics）：实验情景的一些特征，它们促使被试对所期望行为作出推论。

45．发散思维（divergent thinking）：指人们沿着不同的方向思考，重组眼前的信息和记忆系统中储存的信息，产生出大量独特的新思想。

46．发散性思维（divergent thinking）：产生多种可能或想法的思维；创造力的主要元素（比如为回形针寻找尽可能多的用途）。

47．双重分离现象（double dissociation）：一些个体（常常是脑损伤患者）在任务1上表现正常，而在任务2上表现异常；而另一些个体在任务2上表现正常，在任务1上表现异常。

48．构音障碍（dysathria）：因控制言语的肌肉组织有关的系统损伤所引起的言语障碍。

49．生态学范式（ecological approach）：吉布森提出的视觉研究范式，强调知觉的首要功能是促进个体与环境的直接交互作用。

50．生态学效度（ecological validity）：指那些从实验室中获得的发现适用于日常生活的程度。

51．联想性推论（elaborative inference）：对文章内容加以修饰或添加一些细节。

52．经验主义（empiricism）：这是一种哲学观点，认为人类的绝大部分知识是通过外界经验而获得的；哲学上存在天性（nature）与养育（nurture）之争，经验主义常常与先天论相对立。

53．禀赋效应（endowment）：为了捍卫自己已经有的东西，我们愿意付出的资源和精力多于去夺取别人东西时的投入。

54．面孔倒置效应（face inversion effect）：指识别面孔的能力在刺激以倒置方式而不是正立方式呈现时会显著下降的现象。

55．家族同一性（family resemblance）：维特根斯坦针对一个类别内成员的相似性类型的术语，后来 Rosch 和 Mervis 计算了家族同一性分数。

56．前馈网络（feed-forward network）：一种联结主义模型，它具有很多分层组织的联结单元，并且具有一个学习规则。

57．民间理论（folk theory）：指关于客观世界某一特征的一个常识性解释的心理表征（如关于物体怎样跌落、弹跳或破碎等），它可能在实际发生时会有变化；有时称之为心理模型（mental models）或朴素理论（naive theories）。

58．框架（frame）：贮存于长时记忆之中的关于世界、事件或人的有组织的信息集；也称之为图式。

59．模糊类别（fuzzy categories）：指那些没有清晰边界的类别，这一术语出自 Zadel 的模糊逻辑。

60．幻想（hallucinatory image）：指在意识障碍时所产生的某种奇特的意象。这种意象可能是现实中不存在的一些事物的形象。

61．启发法（heuristic method）：运用经验规则（rule-of-thumb）解决问题的方法。这种方法不能保证问题能够解决但解决的可能性还是很高的。

62．后视偏差（hindsight bias）：指的是人们利用当前知识重建过去的倾向。

63．混合模型（hybrid model）：一个综合了标准符号模型（产生式系统）和联结主义模型（如前馈网络）两方面思想的模型。

64．图像贮存（iconic store）：指视觉信息保持非常短暂的感觉贮存。

65．意象值（imagery value）：该值的测定是让被试按照意象是否容易形成，在一个量表上（先用5点量表，后用7点量表）对所选定的每个单词作出评定。

66．无意象思维（imageless thought）：即思维过程中不含有感觉经验的成分在内。

67．内隐学习（implicit learning）：指在学习一些复杂材料时，被试不能报告事实上已经掌握了某些知识的现象。

68．内隐记忆偏向（implicit memory bias）：在内隐记忆测验中，被试对负面信息的测验成绩要比中性信息更好一些的现象。

69．不可能的创造力（impossibilistic creativity）：Boden 提出的一种创造性思维，即它通过改变基本传统或规则而产生以往从未有过的观点。

70．不太可能的创造力（improbabilistic creativity）：Boden 提出的一种创造性思维，即根据熟悉观念的新组合而产生一些不太可能的或者低概率的观念。

71．归纳（induction）：一个推理过程，可以通过逻辑或者统计手段来实现，这种普遍性是根据样例或样本而获得的。

72．内涵（intension）：一个概念的内涵由一组属性构成，属性定义了一个概念的成员的充分和必要的语义特征。

73．团状间回（interblobs）：位于初级视觉皮质的一些区域，构成部分 P 通路，负责对比、方位和朝向加工。

74．内在效度（internal validity）：指在研究情景自身所指条件下研究结果的效度。

75．解释偏向（interpretative bias）：指被试倾向于把意义模糊的刺激解释为威胁性刺激而不是中性刺激。

76．内源情境（intrinsic context）：指对需要被记忆的项目的意义和作用有直接影响的情境。

77．内省（introspection）：指检查或观察一个人的内部心理过程。

78．同型关系（isomorphs）：指问题的深层结构或表征方式相同，而问题表达的形式或问题的一系列细节则不同。

79．心脑同型观（isomorphism）：即大脑的物理组织与心理结构之间存在具有重要意义的对应关系。

80．杂乱性失语症（jargon aphasia）：一种因脑损伤而引起的认知功能障碍，患者在口语表达时语法基本正常，但不能说出恰当的单词。

81．运动深度效应（kinetic depth effect）：一个物体的二维表象的旋转可以促进对三维结构的准确知觉。

82．知识状态（knowledge state）：指关于实际或想象事件的一个可能状态的心理表征。

83．小数法则（law of small numbers）：人们倾向于相信较小的样本规模对总体更具代表性。

84．词典（lexicon）：所贮存的关于单词的详细信息，包括正字、语音、语义和语法等方面的知识。

85．逻辑实证主义（logical positivism）：根据逻辑实证，只有两种来源的知识：逻辑推理和实证经验，前者是解析经验，后者则是合成经验，因此，合成的先验不存在。

86．脑磁图（magneto-encephalography，MEG）：一种无创伤性大脑扫描技术，其原理是记录因大脑活动而产生的磁场。

87．意义值（meaningfulness value）：该值的测定是让被试在1分钟的时间内，尽可能多地说出由每个单词所引起的联想。联想起的单词越多，该单词的意义值越高。

88．心智逻辑（mental logic）：在推理时，人们会使用证据获取系统的某一形式。

89．心理模型（mental model）：一个事件状态的心理表征，这个可以是描述性的（如一组个体的某些特征）或者对一个特别现象的解释。

90．定位法（method of loci）：是一种古老的记忆术。它的成功依赖于家里对物体的一系列意象。人们要学会使用这种方法，必须通过反复练习，记住家里或街道上的一些东西，如房间内的柜子、沙发、书桌……厨房的水池、冰箱等等。当这些东西放置的地方在头脑中已被记得滚瓜烂熟，闭上眼睛每次都能按相同顺序"看到"这些物体时，就可用定位法来帮助记忆。

91. 心理定式（mental set）：坚持用过去用过的而不是新颖的解决问题的策略的倾向。

92. 纯粹显露效应（mere exposure effect）：被试对前面呈现过的刺激存在积极的情感反应（根据被试的偏好判断来评定），但没有证据表明被试对刺激进行了认知加工（根据再认记忆成绩来评定）。

93. 模态逻辑（modal logic）：一种逻辑形式，涉及解释充分性和必要性的陈述。

94. 模块化（modularity）：一种认知加工假设，即认知系统由相对独立的处理器或模块组成。

95. 心境依赖性记忆（mood-state dependent memory）：指学习和提取时保持心境一致会比心境不一致更能促进提取的现象。

96. 朴素理论（naive theory）：对于客观世界的某一特征的常识性解释（如关于物体下落、弹跳和破碎）的一种心理表征，这种表征可随实际情况而变化；也称之为心理模型或者民间理论。

97. 先天论者（mativist）：持这种哲学观点的人坚持认为绝大多数知识都是天生的，是在出生时就已经建构于机体内的；它是先天与后天之争的核心内容，与经验主义相对。

98. 算子（operators）：指行动的心理表征，在搜索问题空间时，它能促使个体完成给定认知活动。

99. 视觉性失语（optic aphasia）：一种认知功能障碍，患者表现为尽管视觉信息已抵达大脑皮质但仍然具有严重物体识别障碍。

100. 范式（paradigm）：根据库恩的观点，范式指某一领域的科学家普遍认可的一种理论指导。

101. 顶叶皮质（parietal cortex）：顶叶紧靠额叶的区域，负责对来自不同感觉道德信息进行整合和解释。

102. 模式识别（pattern recognition）：指对以视觉形式呈现的二维或三维物体进行辨认或分类的过程。

103. 知觉性因果关系（perceived causality）：指个体认为一个物体引起另一个物体运动的印象。

104. 知觉性内隐测验（perceptual implicit tests）：指在学习时，刺激是以模糊的形式呈现的内隐记忆测验；被试完成这类测验时不要意识性加工的参与。

105. 音素（phonemes）：蕴涵语义的基本语音。

106. 语音失读症（phonological dyslexia）：一种认知功能障碍，患者在拼读不熟悉词和非词时存在困难。

107. 实用图式（pragmatic schema）：指一些用来进行情景推理的规则或图式，这些图式涉及许可或职责等。

108. 前额叶皮质（prefrontal cortex）：一般指整个额叶区域，与人格塑造有关，它接受来自皮质和皮质下结构的信息输入，而且功能特异性在处理信息时需要指引行动。

109. 偏见（prejudice）：一种学习到的、对于一个群体成员的普遍负面态度，它包括思维（模型）、感觉和行为倾向（可能的歧视）。

110. 问题空间（problem space）：对一个问题情景中所有可能的事件状态的抽象描述。

111. 命题类比（propositional analogies）：类比常常被用在智力测验中，并以命题的方式呈现，即 A：B：C：D 可悲描述为"A 对 B 就像 C 对 D（如，Red is to Stop 就像 Green is to Go）。

112. 命题表征（propositional representation）：一种类语言的心

理表征，它规范了思维的概念性内容。

113. 面孔失认（prosopagnosia）：一种因大脑损伤引起的认知功能障碍，患者表现为不能识别熟悉面孔但能识别熟悉物体。

114. 心理不应期（psychological refractory period）：当两个连续呈现的刺激在时间上相距很近时，被试对第二个刺激的反应会变慢。

115. 近因效应（recency effect）：指在词表呈现结束和回忆之间插入一个短任务会严重损害对最后几个项目的回忆的现象。

116. 识别（recognition）：人们对熟悉事物的重新知觉。

117. 表征（representation）：指重新指代实物的任何符号或符号集（notation、sign 或 set of symbols）：，通常这一实物没有呈现。

118. 表征问题（representing problems）：指分析和理解问题，包括分析问题的起始状态和目标状态，建构问题空间，从长时记忆中提取有关的信息等。

119. 典型性谬误（representative fallacy）：根据与总群或产生过程本质特征的相似度，对事件做出判断。更常见的是，碰到判断可能性或频率的复杂任务时，人们会采用有限的标准，简化判断的难度。

120. 代表性启发式（representativeness heuristic）：指一个类别中具有代表性的或者典型的成员会最频繁地进入意识加工的假设。

121. 资源限制（resource limitations）：指认知加工的有限性常常受到工作记忆容量限制的影响。

122. 重构（reconstructing）：格式塔学派提出，知觉场景或问题情景发生某种变化以重新解释知觉或问题情景。

123. 逆行性遗忘症（retrograde amnesia）：指患者通常对遗忘症发作前所发生的事件存在很大的记忆困难。

124. 图式（schema）：指贮存于长时记忆之中的那些组织良好的关于自然世界、事件、人物和行动的知识组块。

125. 脚本（scripts）：由桑克和阿伯尔森（1977）提出的代表那些典型事件（如去餐馆就餐）的图式搜索。

126. 搜索（search）：指在问题解决过程中，对问题空间进行系统的心理探究。

127. 语义特征（semantic features）：指构成所有概念的语义基础的基本语义单位；也称为语义标记（semantic markers）、语义根词（semantic primitives）或语义属性（semantic attributes）。

128. 语义记忆（semantic memory）：一种长时记忆形式，它由关于客观世界、语言等一般性知识组成。

129. 语义网络（semantic networks）：它们由通过各种关系（如is-similar-to）而互相连接的概念组成。

130. 语义启动效应（semantic priming effect）：指当在目标刺激之前呈现一个与之语义相关的启动词时，对目标词的辨认会提高的现象。

131. 同时性失认（simultanagnosia）：一种脑损伤而引起的视觉障碍，患者表现为在一个时间点上只能知觉到一个物体。

132. 刻板印象（stereotype）：一种定式的信念，认为群体中某个成员的特点可以泛化到所有的群体成员；同时，它也是偏见的认知成分。

133. Stroop 效应（Stroop effect）：指当命名色词的颜色时，命名速度会受到色词本身所代表某种颜色这一语义信息的干扰的现象，如单词"红"以绿色打印。

134. 下位水平（subordinate level）：在概念层次中，一种低水平的（不一定是最低的）抽象概念，它常常与非常具体的类别相对应。

135. 上位水平（superordinate level）：在概念层次中，一种高水平的抽象概念，它常常与非常一般的类别相对应（如动物）。

136. 三段论（syllogism）：一种逻辑论证方式，它由两个前提和一个结论组成。它常常涉及以下形式：如果所有的 X 都是 Y，或者一些 X 是 Z；三段论构成了亚里士多德的逻辑体系的基础。

137. 符号（symbols）：一般指在实物不在的情况下指代这一实物的任何标记。

138. 自上而下加工（top-down processing）：刺激加工受到个体期望和经验的影响。

139. 典型性梯度（typicality gradient）：即类别内各成员根据典型性分数进行排序。如知更鸟比金丝雀更能代表鸟，而金丝雀又比企鹅更能代表鸟。

140. 效用（utility）：一个给定结果的主观价值。

141. 失认证（visual agnosia）：一种视觉障碍，患者表现为严重物体识别障碍，但视觉信息可以抵达视觉皮质。

参考文献

中文著作：

[1][芬兰] 埃罗·塔拉斯蒂:《存在符号学》,魏金凤、颜小芳译,四川教育出版社 2012 年版。

[2][美] 安东尼奥·R. 达马西奥:《感受发生的一切：意识产生中的身体和情绪》,杨韶刚译,教育科学出版社 2007 年版。

[3][美] 安德森:《认知心理学》,杨清、张述祖等译,吉林教育出版社 2001 年版。

[4] 白洁:《记忆哲学》,中央编译出版社 2004 年版。

[5][美] 斯蒂芬·P. 斯蒂克、特德·A. 沃菲尔德:《心灵哲学》,高新民、刘占峰、陈丽等译,中国人民大学出版社 2014 年版。

[6] 车文博:《西方心理学史》,浙江教育出版社 1998 年版。

[7] 陈嘉映:《哲学、科学、常识》,东方出版社 2007 年版。

[8] 陈英和:《认知发展心理学》,浙江人民出版社 1996 年版。

[9][美] 丹尼尔·卡尼曼、保罗·斯洛维奇、阿莫斯·特沃斯基:《不确定状况下的判断：启发式和偏差》,方文、吴新利等译,中国人民大学出版社 2008 年版。

[10][奥] 弗洛伊德:《精神分析引论》,高觉敷译,商务印书

馆，1984年版。

［11］胡壮麟：《认知隐喻学》，北京大学出版社2004年版。

［12］胡霞：《认知语境研究》，浙江大学出版社2000年版。

［13］［美］华生：《行为主义》，李维泽，浙江教育出版社1998年版。

［14］［美］怀特海：《过程与实在》，杨富斌译，中国城市出版社2003年版。

［15］［英］吉尔伯特·赖尔：《心的概念》，刘建荣译，上海译文出版社1988年版。

［16］［美］伽德纳：《心灵的新科学：认知革命史》，张锦等译，辽宁教育出版社1991年版。

［17］姜宇辉：《德勒兹身体美学研究》，华东师范大学出版社2007年版。

［18］［英］卡尔·波普尔：《科学知识进化论》，纪树立编译，生活·读书·新知三联书店1987年版。

［19］［美］卡伦·霍夫曼：《行动中的心理学》，苏彦捷等译，中国人民大学出版社2011年版。

［20］李雅琳：《认知发展心理学导论——新皮亚杰派的理论及其观点》，广州出版社1995年版。

［21］［意］洛伦佐·马格纳尼：《发现和解释的过程：溯因、理由与科学》，李大超、任远译，广东人民出版社2006年版。

［22］罗中枢：《人性的探究——休谟哲学述评》，四川大学出版社1995年版。

［23］［法］马利坦：《艺术与诗中的创造性直觉》，刘有元等译，生活·读书·新知三联书店1992年版。

［24］［美］马斯洛：《存在心理学探索》，李文湉译，云南人民出版社1987年版。

[25] [美] 迈克尔·舍默:《当经济学遇上生物学和心理学》,闾佳译,中国人民大学出版社 2009 年版。

[26] [法] 梅洛·庞蒂:《知觉现象学》,姜志辉译,商务印书馆 2001 年版。

[27] 孟昭兰:《情绪心理学》,北京大学出版社 2005 年版。

[28] [美] 乔治·赫伯特·米德:《心灵、自我与社会》,赵月瑟译,上海译文出版社 2008 年版。

[29] 倪梁康:《中国现象学与哲学评论》,上海译文出版社 2001 年版。

[30] [瑞士] 皮亚杰:《发生认识论原理》,王宪西等译,商务印书馆 1985 年版。

[31] [韩] 朴异汶:《艺术哲学》,郑姬善译,北京大学出版社 2013 年版。

[32] [美] 乔治·桑塔亚纳:《艺术中的理性》,张旭春译,北京大学出版社 2014 年版。

[33] 邱仁宗:《国外自然科学哲学问题》,中国社会科学出版社 1991 年版。

[34] [法] 萨特:《想象》,杜小真译,上海译文出版社 2014 年版。

[35] 沈正:《认知神经科学导论》,内蒙古教育出版社 1995 年版。

[36] 史忠植:《认知科学》,中国科学技术大学出版社 2008 年版。

[37] [德] 叔本华:《作为意志和表象的世界》,商务印书馆 1986 年版。

[38] [美] 布莱恩·特纳:《身体与社会》,冯海良、赵国新译,春风文艺出版社 2000 年版。

[39]《王阳明全集》，上海古籍出版社1992年版。

[40] 吴彤主编：《科学技术的哲学反思》，清华大学出版社2004年版。

[41] 李平主编：《科学认知意识——哲学与认知科学国际研讨会文集》，江西人民出版社2004年版。

[42] 魏屹东：《认知科学哲学问题研究》，科学出版社2008年版。

[43]［英］休谟：《人性论》，关文运译，商务印书馆1980年版。

[44]［美］约翰·安德森：《认知心理学及其启示》，秦玉林、程瑶等译，人民邮电出版社2010年版。

[45]［美］约翰·海尔：《当代心灵哲学导论》，高新民、殷筱、徐弢译，中国人民大学出版社2006年版。

[46]［美］詹姆斯·卡拉特：《生物心理学》，苏彦捷等译，中国人民大学出版社2010年版。

[47] 张士嵘：《认知科学导论》，人民出版社1992年版。

[48] 郑荣双：《形而上学心理学》，上海教育出版社2008年版。

[49] 周燕、闫坤如：《科学认知的哲学探究：观察的理论渗透与科学解释的认知维度》，人民出版社2007年版。

[50] 朱智贤：《心理学大辞典》，北京师范大学出版社1989年版。

中文论文：

[1] 白洁：《论认知吝啬》，载《西北师范大学学报（哲学社会科学版）》，2013年第1期。

[2] 白洁、王姝彦：《认知视阈下情绪生成问题的探讨》，载

《山西大学学报》,2013 第 3 期。

[3] 白洁:《记忆重构与意象表征》,载《自然辨证法研究》,2014 年第 6 期。

[4] 白洁:《心理表征的生存语境认知模型》,载《哲学动态》,2014 年第 10 期。

[5] 白洁:《心理学研究方法的哲学思考》,载《福建江夏学院学报》,2014 年第 10 期。

[6] 白洁:《西方哲学意象观的历史演进》,载《山西高等学校社会科学学报》,2014 年第 8 期。

[7] 白洁:《认知视阈下的意象与思维》,载《井冈山大学学报》,2016 年第 3 期。

[8] 白洁:《意象建构论》,载《福建江夏学院学报》,2016 年第 10 期。

[9] 费多益:《记忆的建构研究》,载《哲学动态》,2010 第 8 期。

[10] 费多益:《当代进化认知论评析》,载《哲学研究》,2009 年第 11 期。

[11] 费多益:《从"无身之心"到"寓心于身"——身体哲学的发展脉络与当代进路》,载《哲学研究》,2011 年第 1 期。

[12] [德] H. M. 梅勒:《中西哲学传统中的记忆与遗忘》,载《时代与思潮 (7) —世纪末的文化审视会议论文集》,2000 年。

[13] 宫睿:《论休谟"想念"概念的多重含义》,载《外国哲学》,2004 年第 16 期。

[14] 何静:《身体意象与身体图式——具身认知研究》,浙江大学博士学位论文,2009 年。

[15] 胡潇:《论思维与想象的互生机制》,载《求索》,1996 年第 5 期。

[16] 江雨：《浅析笛卡尔的二元论和西方近代哲学中的身心关系问题》，载《华中师范大学研究生学报》2011 第 1 期，第 26 页。

[17] 康澄：《象征与文化记忆》，载《外国文学》，2008 年第 1 期。

[18] 李恒威：《第二代认知科学的认知观》，载《哲学研究》，2006 年第 6 期。

[19] 李笑春、张君：《认知文化：知识社会的实验室研究》，载《自然辩证法通讯》，2004 年第 5 期。

[20] 李侠、郭巧懿：《论思想语言与心理表征的语义加载问题》，载《自然辩证法研究》，2010 年第 1 期。

[21] 刘晓力：《认知科学研究纲领的困境与走向》，载《中国社会科学》，2003 年第 1 期。

[22] 刘晓力：《交互隐喻与涉身哲学——认知科学进路的哲学基础》，载《哲学研究》，2005 年第 10 期。

[23] 林美茂：《柏拉图"洞喻"问题再认识》，载《南开学报》，2006 年第 3 期。

[24] 鲁卡：《意象与意象油画分析》，河北师范大学硕士学位论文，2011 年。

[25] 马莲芳：《平凉地区农村普通中学高中学生数学学习态度研究》，西北师范大学硕士学位论文，2004 年。

[26] 庞学铨：《身体性理论：新现象学解决心身关系的尝试》，载《浙江大学学报》，2006 年第 6 期。

[27] 任灵华：《意象论》，载《名作欣赏》，2008 年第 16 期。

[28] 邵鹏：《媒介记忆与个人记忆的建构与博弈》，载《当代传播》，2012 年第 4 期。

[29] 邵显侠：《王阳明的"心学"新论》，载《哲学研究》，2012 年第 12 期。

[30] 孙德忠:《西方哲学意象观的历史演进》,载《武汉理工大学学报》,2008年第4期。

[30] 孙绍邦、孟召兰:《"面部反馈假设"的检验研究》,载《心理学报》,1993年第3期。

[31] 谭洁:《论王弼的"自然亲爱为孝"观》,载《长春师范学院学报》,2003年第2期。

[32] 唐娟:《休谟:从时空观念到因果关系》,载《重庆工学院学报》,2008年第6期。

[33] 王曼:《从还原主义批判到个例物理主义:福多身心关系思想探析》,载《广西大学学报》,2011年第1期。

[34] 王建军:《论海德格尔对康德的"现象学诠释"》,载《安徽大学学报(哲学社会科学版)》,2013年第4期。

[35] 王姝彦:《当代心灵哲学视阈中的意向性问题研究》,山西大学博士学位论文,2005年。

[36] 王晓阳:《论意识地认知神经科学研究及哲学思考》,载《自然辩证法研究》,2008年第6期。

[37] 王习胜:《创造性思维机制的认知解读》,载《科学技术与辩证法》,2004年第6期。

[38] 魏屹东、苏玉娟:《科学革命发生的语境解释及其现实意义》,载《自然科学史研究》,2009年第3期。

[39] 魏屹东:《计算——表征认知理论的认知语境分析》,载《自然辩证法通讯》,2003年第1期。

[40] 魏屹东:《科学哲学方法论:走向社会语境化》,载《科学学研究》,2002年第2期。

[41] 许波:《国外关于进化心理学的研究》,载《心理学探新》,2004年第1期。

[42] 许春玲、赵华鹏:《康德的"先验图式说"解集》,载

《河南科技大学学报》，2003年第4期。

[43] 许珍琼、高度：《突现论与心身问题》，载《武汉大学学报》，2004年第6期。

[44] 徐献军：《国外现象学与认知科学研究述评》，载《哲学动态》，2011年第8期。

[45] 杨足仪：《心灵哲学的脑科学维度：埃尔德曼的心灵哲学及其意义》，华中师范大学博士学位论文，2009年。

英文著作：

[1] Bartlett, F. C., *Remembering*, Cambridge: Cambridge University Press, 1932.

[2] David E. Rumelhart & James L. McCelland, *Parallel distributed processing: Explorations in the microstructure of cognition*, Volume 1, The MIT Press, 1987.

[3] George Dickie, Aesthetics (Indianapolis, 1971) & Arthur Danto, *The Transfiguration of the Commonsence*, Cambridge: Cambridge University Press, 1981.

[4] Gordon, I. E., Theories of visual perception. Chichester, UK: John Wiley & Sons, 1989.

[5] Heal, J., "Replication and Functionalism", in J. Butterfield (ed.), *Language, Mind and Logic*, Cambridge: Cambridge University Press, 1986, Reprinted in *Davies and Store*, 1995.

[6] Hinton, G. E., McClelland, J. L. & Rumdlhart, D. E., "Distributed representations", in D. E., Rumdlhart J. L., McClelland, the PDP Research Group (Eds.), *Parallel distributed processing: Volume 1, foundations* Cambridge MA: MIT Press, 1986.

[7] Kosslyn, S. M., Image and mind Cambridge, MA: Harvard

University press. 1980.

[8] Kosslyn, S. M., *Image & brain: The resolution of the imagery debate*, Cambridge MA: MIT Press, 1994.

[9] Lofus, E. F., *Eyewitness Testimony*, Cambridge MA: Harvard University Press, 1979.

[10] Nichols, S., Stich, S., Leslie, A., Klein, D., "Varietie of Off-Line Simulation", in Carruthers, P., Smith, P. (ed.), *Theories of Mind*, Cambridge: Cambridge University Press, 1996.

[11] Paivio, A., "Coding distinctions and repetition effects in memory", in Bower, G. H. (Ed.), *The psychology of learning & Motivation (Vol. 9)*, New York: Academic Press, 1975.

[12] Paivio, A., "Psychological processes in the comprehension of metaphor", in A. Ortony (Ed.), *Metaphor and thought*, New York: Cambridge University Press, 1979.

[13] Paivio, A., *Mental representations: A dual coding approach*, Oxford: Oxford University Press, 1986.

[14] Smith, E. E., "Concepts and thought", in R. J. Sternberg E. E. Smith, (Eds.), *The psychology of human thought*, Cambridge: Cambridge University Press, 1988.

英文论文：

[1] Alexander, P. A., Schaller, D. L., Hare, V. C., "Coming to terms: How Researchers in Learning and Literacy Talk about Knowledge", *Review of Education Research*, 1991, 61.

[2] Baddeley, A. D., "Neuropsychological evidence and the semantic/episodic distinction", *Behavioral & Brain Science*, 1984, 7.

[3] Bauer, R. M., Verfaellie, M., "Electrodermal recognition of

familiar but not unfamiliar faces in prospagnosia", Brain & Cognition, 1988, 8.

[4] Behrrmann, M., Moscovitch, M., Winocur, G., "Intact visual imagery and impaired visual perception in a patient with visual agnosia", *Journal of Experimental Psychology: Human Perception & Performance*, 1994, 20.

[5] Bisiach, E., Luzzatti C., "Unilateral neglect of representational space", *Cortex*, 1978, 14.

[6] Blaga, L., "Spatiul mioritic (Folk soul space)", *Humanitas*, 1994.

[7] Bower, G. H., "Imagery as a relational organizer in associative learning", *Journal of Verbal Learning & Verbal Bchaviov*, 1970, 9.

[8] Bower, G. H., "Mental imagery and associative learning", in L. Gregg, (Ed.), *Cognition in learning and memory*, New York: Wiley, 1972.

[9] Brooks, L. "The Suppression of Visualization by Reading", *Quarterly Journal of Experimental Psychology*, 1967, 19.

[10] Bruce, V., Valentine, T., " Semantic priming of familiar faces," Quarterly, *Journal of Experimental Psychology*, 1986, 38A.

[11] Bruce, V., Young, A. W., "Understanding face recognition", *British Journal of Psychology*, 1986, 77.

[12] Bruton, A. M., Bruce, V., "Naming faces and naming names: Exploring an Interactive activation model of person recognition", *Memory*, 1993, 1.

[13] Collins, A. M., Quillian, M. R., "Does category size affect categorisation time", *Journal of Verbal Learning & Verbal Behavior*, 1970, 9.

[14] Davidson, R., Schwarrtz, G., "Brain mechanisms subserving self-generated imagery: Electrophysiological specificity and patterning", *Psychophysiology*, 1977, 14.

[15] Decety, J., Jeannerod, M., Preblance, C., "The Timing of mentally represented actions", *Behavioral and Brain Research*, 1989, 34.

[16] Decety, J., Jeannerod, M., Germain, M., Pastene, J., "Vegetative response during imagined movement is proportional to mental effort", *Behavioral Brain Research*, 1991, 34.

[17] Domine, P., Decety, Brouselle, E., Chazot, G., Jeannerod, M., "Motor imagery of a lateralized sequential task is asymmetrically slowed in hemi-parkinson's patients", *Neuropsychologia*, 1995, 33.

[18] Farah, M. J., "Specialisation within visual object recognition: Clues from prosopagnosia and alexia", in Farah, M. J. & Ratcliff, G. (Eds.), *The neuropsychology of high-level vision: Collected tutorial essays*, Hillsdale NJ: Lawrence Erlbaum Associates Inc, 1994.

[19] Farah, M. J., "Neuropsychological inference with an interactive brain: A critique of the 'locality' assumption", *Behavioral & Brain Sciences*, 1994, 17.

[20] Farah, M. J., Wilson, K. D., Drain, M., Tanaka, J. N., "What is 'special' abour face perception?", *Psychological Review*, 1998, 105.

[21] Franklin & Tversky, "Reprinted by permission of the publisher. Journal of Experimental", *Psychology: General*, 1990.

[22] Frinke, R., Kurtzman, H., "Mapping the Visual Field in Imagery", *Journal of Experimental Psychology: General*, 1981, 110.

[23] Kanwisher, N., McDermott, J., Chun, M. M., "The fusi-

form face area: A module in human extrastriate cortex specialised for face perception", *Journal of Neuroscience*, 1997, 9.

[24] Kosslyn, S. M., Albert, N. M., Thompson, W. L., Maljkovie, V., Weise, S. B., Chabris, C. F., Hamilton, S. E., Rauch, S. L., Buananno, F., "Visual mental imagery activates topographically oraganized visual cortex: PET investigations", *vourmal of cognitive Neuroscience*, 1993, 5.

[25] Kosslyn, S. M., "Can imagery be distinguished from other forms of internal representation?: Evidence from studies of information retrieval time", *Memory & Cognition*, 1976, 4.

[26] Kosslyn, S. M., "Measuring the visual angle of the mind's eye", *Cognitive Psychology*, 1978, 10.

[27] Kosslyn, S. M., Shwartz, S. P., "A simulation of visual imagery", *Cognitive Science*, 1977, 1.

[28] Kosslyn, S. M., Alpert, N. M., Thompson, W. L., Maljkovic, V., Weise, S. B., Chabris, C. F., Hamilton, S. E., Rauch, S. L., Buonanno, F. S., "Visual mental imagery activates topographically organized visual cortex: PET investigations", *Journal of Cognitive Neuroscience*, 1993, 5.

[29] Kosslyn, S. M., Ball, T. M., Reiser, B. J., "Visual images preserve metric spatial information: Evidence from studies of image scanning", *Journal of Experimental Psychology: Human Perception & Performance*, 1978, 4.

[30] Kosslyn, S. M., Sukel, K. E., Ely, B. M., "Squinting with the mind's eye: Effects of stimulus resolution on imaginal and perceptual comparisons", *Memory & Cognition*, 1999, 27.

[31] Lakoff, G., "Categories and cognitive models", *Berkeley*

Cognitive Science Report No. 2, 1982, 11.

［32］Loewenstein, G., Adler, D., "A bias in the prediction of tastes", *The Economic Journal: The Quarterly Journal of the Royal Economic Society*, 1995, 105.

［33］Malone, K. R., Morris, H. H., Kay, M. C., Levin, H. S., "Prosopagnosia: A double dissocation between the recognition of familiar and unfamiliar faces", *Journal of Neurology, Neurosurgery, & Psychiatry*, 1982, 45.

［34］Medin, D. L., Goldstone, R. L., Gentner, D., "Similarity involving attributes and relations: Judgements of similarity and difference are not inverses", *Psychological Science*, 1990, 1.

［35］Medin, D. L., Golestone, R. L., Gentner, D., "Respects for similarity", *Psychological Review*, 1993, 100.

［36］Metzler, J., Shepard, R., "Mental rotation of three-dimensional objects", *Science*, 1971, 171.

［37］Murphy, G. L., Medin, D. L., "The role of theories in conceptual coherence", *Psychological Review*, 1985, 92.

［38］Paivio, A., "The empirical case for dual coding", in J. C. Yuille (Ed.), *Imagery, memory & cognition: Essays in honor of Allan Paivio*, Hillsdale, NJ: Lawrence Erlbaum Associates Inc, 1983.

［39］Paivio, A., te Linde, J., "Imagery, memory and brain". Canadian *Journal of Psychology*, 1982, 36.

［40］Paivio, A., Yuille, J. C., Madigan, S. A., "Concreteness, imagery and meaningfulness values for 925 nouns", *Journal of Experimental Pshchology Monographs*, 1968, 78.

［41］Parsons, L., "Temporal and kinematic properties of motor behavior reflected in mentally simulated action", *Journal of Experimental*

Psychology: *Human Perception and Performance*, 1994, 20.

[42] Rips, L. J., Shoben, E. J., Smith, E. E., "Semantic distance", *Memory and Cognition*, 1987.

[43] Roland, P., Larsen, B., Lassen, N., Skinhoj, E., "Supplementary motor area and other cortical area in organization of voluntary movements in man", *Journal of Neurophsiology*, 1980, 43.

[44] Searcy, J. H., Bartlett, J. C., "Inversion and processing of component and spatial-relational information in faces", *Journal of Experimental Psychology*: *Human Perception & Performance*, 1996, 22.

[45] Sirigu, A., Duhamel, J., Pillon, B., Cohen, L., Dubois, B., Agid, Y., "Mental simmulation of movement in patiernts with posterior parietal cortex lesions", Astract, Society of Neurosciences Meeting, *Brazilian Journal of Psychiatry*, 1995, 11.

[46] Thorndyke, P. W., "Cognitive structures in comprehension and memory of narrative discourse", *Cognitive Psychology*, 1977, 9.

[47] Weisberg, R. W., Alba, J. W., "An examination of the alleged role of 'fixation' in the solution of several insight problems", *Journal of Experimental Psychology*: *General*, 1981, 110.

[48] Weisberg, R. W., Suls, J., "An information processing model of Duncker's candle problem", *Cognitive Psychology*, 1973. 4.

[49] Wisniewske, E. J., Medin, D., "On the interaction of theory and data in concept learning", *Cognitive Science*, 1994, 18.